복 있는 사람

오직 여호와의 율법을 즐거워하여 그 율법을 주야로 묵상하는 자로다.
저는 시냇가에 심은 나무가 시절을 좇아 과실을 맺으며 그 잎사귀가 마르지 아니함 같으니
그 행사가 다 형통하리로다. (시편 1:2-3)

제자들의 책은 추천하지 않는다는 아집을 깰 정도로 잘 쓴 새신자반 교재가 등장하였다. 초신자들이 최대한 이해하기 쉽게 쓰려다가 복음의 굵직한 내용들이 빠지거나 어설프게 다루어진 기존의 교재들과는 달리, 이 책은 삼위일체와 같이 어려운 신학적 주제를 감히 전면에 내세운다. 하지만 복잡하고 심오한 내용을 처음 믿는 신자들에게도 쏙쏙 들어가도록 전달하는 기발한 은사를 발휘한다. 딱딱한 음식을 소화하기 쉽게 잘근잘근 씹어서 아이의 입에 넣어 주는 목회자의 섬세한 배려와 지혜와 재치가 깊이 배어 있다. 믿음으로 시작하는 새로운 삶의 부요한 의미를 삼위일체적 관점에서 풀어냄으로 쪽복음 식의 전도 메시지를 획기적으로 쇄신하고 한층 더 업그레이드된 새신자 교재를 선보였다. 당장 우리 교회에서부터 교재로 사용하고 싶다.
박영돈 고려신학대학원 교의학 교수

처음 신앙생활을 시작하는 분들을 위해 복음을 잘 소개하고, 또 복음이 주는 힘으로 살아가도록 도울 수 있는 책이 나와서 참으로 감사하다. 『새가족반』은 그리스도인이 되어 교회의 일원이 되기 원하는 새가족이 해야 할 많은 것들을 말해 주기 이전에, 하나님께서 그들을 위해 행하신 일들을 말해 주는 책이다. 특히 기독교 교리를 지루하지 않게 하나의 짜임새 있는 이야기로 쉽게 전달한다는 점이 이 책의 강점이다. 새가족은 이 책을 통해 기독교 복음의 기초를 탄탄히 닦을 수 있을 것이고, 새가족을 인도하는 이들은 어렵지 않게 복음의 전체 이야기를 들려줄 수 있을 것이다.
이찬수 분당우리교회 담임목사

교회의 새가족에게는 세심한 돌봄이 요구된다. 다양한 필요로 어른사리 문턱을 넘어 복음 앞에 와 있는 분들이기 때문이다. 그들에게 진리를 전달할 교육 교재의 중요성은 간과될 수 없다. 이 책은 천편일률적 틀에서 벗어나 '행복을 찾는 여정'으로 복음을 소개한다. 이와 더불어 교회를 개척해 한 영혼 한 영혼을 사랑으로 키워 낸 목자의 정성이 본문 곳곳에 배어 있다. 새가족들이 영원한 행복의 여정으로 초대받아 복음의 놀라움을 더 깊이 경험하게 되기를 기대한다.
송태근 삼일교회 담임목사

루터의 설교를 들은 사람은 또다시 그의 설교를 듣고 싶어 했다고 한다. 이정규 목사의 책을 처음 읽었을 때 나도 그런 느낌이 들었다. '아, 이분 책을 좀 더 읽고 싶다.' 지금까지 나왔던 책들도 다 좋았지만, 이번 책은 이전 책들보다 더욱 업그레이드되었다. 역시 훌륭한 저자는 갈수록 발전하는가 보다.

이 책의 장점은 너무나 많다. 첫째, 이 책은 기독교 교리를 하나의 드라마로 그야말로 흥미진진하게 소개한다. 교리 서적을 읽으면서 다음 장이 궁금해지는 경우는 많지 않을 것 같은데, 이 책은 계속해서 읽고 싶게 만드는 흡입력이 있다. 둘째, 이 책은 굉장히 통합신학적이다. 성경신학, 교회사, 조직신학, 실천적 영역에 이르기까지, 성경적이고 정통적인 신학이 이 책 안에서 거의 완벽한 조합을 이루고 있다. 셋째, 이 책은 너무나 인격적이다. 책을 읽노라면 저자의 신앙고백과 고민과 확신과 인품과 숨결을 느낄 수 있다. 성경과 참된 기독교 신앙에 대한 확신과 열정이 없다면 발견할 수 없는 생생한 영적 진리로 가득하다. 중간중간에 들어가는 예화나 표현들은 어쩌나 실제적이고 문학적인지! 감탄을 연발하게 된다. 그러나 앞에 나온 장점들을 다 합쳐도 모자랄 가장 큰 장점이 있으니, 이 책은 "하/나/님/사/랑"으로 가득 차 있다는 점이다. 에티엔느 질송은 하나의 사상이 '사랑'으로 수렴될수록 그 사상은 더욱 아우구스티누스적이 된다고 했는데, 이 책은 그게 어떤 느낌인지를 분명하게 보여준다. 기독교에서 이해하기 힘든 교리일수록 '사랑'을 중심으로 이해하면 보다 잘 이해할 수 있다는 사실을 이 책은 너무나 멋지게 증명하고 있다. 왜 책의 제목이 그저 『새가족반』인가? 내가 보기에 이 책은 모든 그리스도인이 읽어야 할 필독서다.

우병훈 고신대학교 신학과 교의학 교수

우리가 사는 시대는 가볍다. 두꺼운 책들은 절반이나 그 이하로 줄인 축약판이 출간되고 있으며, 많은 책들을 열 페이지 내외로 요약해서 보여주는 서비스도 등장했다. 깊은 사고보다 가벼운 지식이 더 인기를 얻는 시대다. 기독교도 예외가 아니어서 가벼운 기독교가 되어 버렸다. 복음은 오 분 안에 설명이 가능한 사영리(四靈理)로 축소되어 버렸다.

『새가족반』은 시대의 이런 흐름을 거슬러 가려는 하나의 시도다. 저자는 기독교가 간단한 복음의 정보가 아니라, 무한하고 영원하신 삼위 하나님에 관한 깊고도 심오한 진리의 체계임을 명쾌하게 보여준다. 이 책은 진지하게 하나님과 복음을 알기 원하는 사람들과 구원을 열망하는 사람들을 향한 저자의 응답이며 설명이다. 이런 책은 진작 나왔어야 했다. 한국교회가 가벼운 기독교에서 진지한 기독교로 돌아가는 길목에서 이 책이 귀하게 쓰이기를 바란다.

김형익 벧샬롬교회 담임목사

새가족반

새 가족반

이정규

복 있는 사람

새가족반

2018년 1월 23일 초판 1쇄 발행
2025년 9월 11일 초판 22쇄 발행

지은이 이정규
펴낸이 박종현

㈜ 복 있는 사람
주소 서울특별시 마포구 연남동 246-21(성미산로23길 26-6)
전화 02-723-7183(편집), 7734(영업·마케팅)
팩스 02-723-7184
이메일 hismessage@naver.com
등록 1998년 1월 19일 제1-2280호

ISBN 979-11-7083-245-4 03230

이 도서의 국립중앙도서관 출판예정도서목록(CIP)은
서지정보유통지원시스템 홈페이지(http://seoji.nl.go.kr)와 국가자료공동목록시스템
(http://www.nl.go.kr/kolisnet)에서 이용하실 수 있습니다. (CIP 제어번호: 2017034797)

ⓒ 이정규 2018

이 책의 저작권은 저자와 ㈜ 복 있는 사람이 소유합니다.
신저작권법에 의하여 한국 내에서 보호를 받는 저작물이므로 무단전재와 복제를 금합니다.

영원한 행복으로의 여정을 시작하는 당신에게

차례

시작하는 말 10 • 이 책의 인도자를 위하여 16

I 가족으로의 초대

1 영원히 행복하신 사랑의 하나님 24

사랑이신 하나님 | 아버지 하나님과 아들 하나님 | 성령으로 사랑하시는 하나님 | 사랑으로 인한 기쁨 | 사랑으로 행복하신 삼위 하나님 | 왜 이것을 알아야 하는가
◆ **삼위일체란 무엇인가**

2 행복으로 초대받은 인간 52

하나님은 왜 세상을 창조하셨을까 | 하나님께서 영광스러워지시는 방법 | 하나님의 거대한 열정, 세계 | 하나님 열정의 절정, 인간 | 인간이 누리던 관계의 행복

II 거절

3 인간이 불행하기를 선택하다 76

왜 세상에는 악이 존재하는가 | 에덴 동산의 금지 | 유혹을 받다 | 타락하다

4 관계의 붕괴 96

아담과 하와의 관계가 깨지다 | 인간과 인간의 관계가 깨지다 | 인간과 세상의 관계가 깨지다 | 인간과 하나님의 관계가 깨지다

5 심판 앞에 서게 되다 114

아담이 범한 죄가 전가되다 | 인간이 죄를 즐거워하다 | 죄에 대한 책임 | 하나님의 진노, 인간이 처한 가장 커다란 문제
◆ **우리의 대표, 아담**

III 회복

6 불행을 선택하신 행복하신 분 146

구원자를 주시겠다는 약속 | 구원자가 오시다 | 끔찍한 십자가 | 성부 하나님께 버림받다 | 독생자를 주신 하나님의 사랑

7 되찾은 행복 174

예수께서 부활하시다 | 부활의 의미 | 예수님의 죽음과 부활, 우리의 죽음과 부활 | 누가 '그리스도 안'에 있는 자인가 | 구원받는 믿음의 두 가지 특징 | 믿고 회개하십시오

8 지금 누릴 수 있는 행복 202

그리스도와 함께 의롭다고 여김받음 | 그리스도와 함께 거룩해짐 | 그리스도 안에서 확신하게 하심 | 그리스도 안에서 자녀 삼아 주심 | 삼위 하나님과의 교제

9 행복 안에 계속 머무르기 232

하나님이 복음이다 | 하나님의 말씀 읽기 | 하나님께 기도하기 | 말씀으로 기도하며 하나님 누리기

IV 새로운 가족

10 하나님의 행복한 가족으로 264

하나님이 우리에게 사랑을 명하시다 | 교회, 하나님의 사랑 안에 머무는 법 | 그러나 지상 교회는 불완전하다 | 우리를 보존하시기 위한 우리 구주의 기도

11 장래의 행복 290

땅 역시 구원받는다 | 우리의 몸도 구원받는다 | 죽음의 죽음 | 그리스도인의 소망

나가는 말 310 · 주 312

시작하는 말

저는 당신이 누구인지 모릅니다. 그저 가만히 앉아 머릿속에 떠올려 볼 뿐입니다. 그렇지만 이렇게 한 권의 책으로 당신을 만나게 되어 기쁩니다. 저는 그리스도인이 보편적으로 믿고 있는 이야기를 전하기 위해 이 책을 썼고, 당신 역시 그 이야기를 들어 보기 위해 이 책을 집으셨다고 생각합니다. 먼저 이 부분에 대해 고마운 마음을 전하고 싶습니다. 사실상 기독교에 대한 이미지가 바닥을 치고 있는 이 시대에, 글을 읽는 수고와 더불어 교회에서 이 내용을 나누고 있는 당신이 참으로 고맙습니다.

저는 이 책을 읽는 당신을 세 부류로 상상했습니다. 첫째는 그리스도인이 되고 싶고, 그래서 교회의 교사나 리더, 목회자의 도움을 받아 기독교의 기본이 되는 내용을 이해하고 싶은 당신입니다. 아직은 교회가 낯설고 어색하실 것이라 생각합니다. 낯선 공간에서 예배를 드리고, 나 말고는 다른 모두가 서로 알고 지내는 공동체에 새롭게 합류하는 것은 나름의 기대감도 있겠지만 적응해야 하는 스트레스도 상당하지요. 그럼에도 교회 공동체에 합류해 주셔서 너무 고맙습니다. 이 새가족반이 진행되는 동안 하나님의 은혜가 당신에게 임하기를 간절히 구합니다.

둘째는 이미 그리스도인이며 교회 생활을 오래 해왔지만 기독교의 기본 내용을 잘 이해하지 못해서 이 책을 집어든 당신입니다. 앎을 추구하는 당신의 열정을 응원해 드리고 싶습니다. 저는 이 책을 읽는 당신에게 두 가지 유익이 있을 것이라 생각합니다. 하나는 이미 알고 있지만 여기저기 흩어져 있던 지식들이 연결되어 하나의 체계가 생기는 유익입니다. 그리고 다른 하나는 그저 명제로만 알고 있던 내용들, 예를 들어 "예수님은 우리의 죄를 위해 죽으셨다"라든지 "하나님은 삼위일체시다"와 같은 지식들에 대한 의미 있는 이해입니다. 당장 이 질문에 답해 보십시오. "그저 우리가 회개하면 용서해 주시면 되는데, 왜 예수님은 십자가에서 죽으셔야 했지?" 이 책을 덮을 때쯤이면 이 질문에 기쁨과 환희에 찬 고백으로 답할 것이라 생각합니다.

위의 두 부류에 속하는 당신에게 조금 더 이 책을 소개해 드리고 싶습니다. 이 책은 11장 전체가 흐름을 가지고 있는 하나의 이야기입니다. 바꿔 말하자면, **하나의 드라마**라고 볼 수 있겠습니다.[1] 일반적으로 기독교회가 성경을 통해 가르치는 내용이 '따분한 교리'라고 생각하기 쉽지만, 사실 그것은 따분한 교리가 아니라 흥미진진한 드라마입니다. 그것도 세상이 생기기 전부터 세상이 완성될 미래에 걸친 흥미진진한 드라마지요. 저는 이 드라마 전체를 4막 11장으로 구성했고, 이러한 구조가 당신이 이 드라마를 재미있게 이해하는 데 도움이 되기를 바랍니다.

여기에는 세 주인공이 있습니다. 첫 번째 주인공은 성경이 말하는 사랑의 하나님입니다. 본래 사랑이신 하나님은, 세상이 생기기 전부터 완성될 때까지의 이야기를 주도하고 계획하신 분입니다. 그 이야기의 절정에는 십자가에서 죽으시고 부활하신 예수 그리스도가 계시지요. 두 번째 주인공은 바로 당신(을 포함한 모든 인간)입니다. 당신은 사랑으로 지음받았지만 타락했고, 그래서 하나님의 진노 아래 처하게 됩니다. 그럼에도 이 이야기의 절정에 이르러서는 용납되고, 다시 사랑받으며, 마침내 하나님의 가족으로 입양되게 됩니다. 그리고 비중은 작지만 세 번째 주인공은 온 세상입니다. 세상 역시 예수 그리스도의 하신 일 때문에 화목과 기쁨, **행복의 하나됨**으로 들어가게 되지요. 그러한 의미에서 이 이야기는 해피엔딩입니다. 아마 각 장의 제목만 보아도 이 이야기가 '행복한 끝'을 향해 달려간다는 것을 확인할 수 있을 것입니다.

이 이야기를 듣고 이해하는 것은 「반지의 제왕」이나 「스타워즈」 같은 드라마를 이해하는 것보다 어렵지 않습니다. 다만 이 드라마들에서도 알아둬야 하는 생소한 세계관이나 용어가 있듯이, 성경이 말하는 기독교 세계관에도 생소한 세계관이나 용어가 있습니다. 생소한 것이 무작정 어려운 것이 아니듯, 어렵다고 생각하기보다는 이 여정을 함께할 동료(교회의 교사나 리더, 목회자)에게 물어가며 즐기셨으면 좋겠습니다. 가령 우리가 믿는 성경의 드라마에는 '칭의'나 '삼위일체' 같은 용어들이 있는데, 마치 「스타워즈」를 볼 때 '포스'나 '제다이'의 의미가 무엇인지 물어보듯 알아가면 된다는 것이지요.

다만 이 드라마의 세계관을 이해하는 것은 훨씬 더 재미있을 뿐 아니라 실제적입니다. 왜냐하면 현실 세계에서 포스나 제다이, 절대 반지 같은 것들은 존재하지 않지만, 성경의 드라마에 나오는 모든 개념은 실재이기 때문입니다. 무엇보다 성경이 말하는 하나님이 살아 계시고, 우리 역시 그분 없이는 살 수 없는 존재들이기 때문이지요. 따라서 이 드라마는 단순히 재미나 감동, 교훈만을 위한 것이 아닙니다(물론 이러한 부분도 있습니다). 오히려 우리의 실제 삶, 그것도 영원한 삶을 위한 드라마지요. 만일 당신이 이 이야기를 듣고 첫 번째 주인공인 그리스도를 인격적으로 만나 믿게 된다면, 당신은 영원한 행복 속으로 즉시 들어가게 될 것입니다.

따라서 저는 당신이 즐거운 마음으로 이 드라마를 듣고 읽되, 진지하게 이 이야기 앞에 서기를 권하고 싶습니다. 많은 사람들이 이 이야기 앞에서 자신을 돌아보고 하나님을 바라봄으로 영원한 행복 속으로 들어갔습니다. 저는 당신에게 이러한 행복을 기대해도 좋다고 말씀드리고 싶습니다.

참, 마지막 세 번째 부류이자, 교회를 사랑하고 세상을 섬기기 위해 교사나 리더, 목회자로 부름받은 당신에 대한 이야기도 해야 할 것 같습니다. 당신을 위해서는 따로 글을 써 두었으니 꼭 읽어 주셨으면 좋겠습니다('이 책의 인도자를 위하여' 참조). 그래도 여기서 당신을 향한 고마움을 표현하고 싶습니다. 교회를 사랑해 주셔서, 하나님을 사랑해 주셔서, 그래서 많은 사람들을 복음의 이야기로 인도해 주셔서 정말 고맙습니다. 우리가 서로 보지는 못하지만 언젠가 마지막 날, 복음의 이야기를 끈질기게 전하며 함께 동역하던 당신을 대면하여 고마움을 나눌 날을 꿈꾸겠습니다.

마지막으로 이 책이 나오기까지 도움을 주신 분들께 감사의 말을 전하며 글을 맺겠습니다. 이 책은 제가 시광교회를 7년간 섬기면서 새로운 가족이 올 때마다 전했던 복음을 정리한 것입니다. 함께해 준 모든 새가족분께 감사드립니다. 이 책의 내용이 여전히 여러분 마음에 기쁘고 감격스러운 복음이었으면 좋겠습니다. 지금까지 함께 새가족을 섬겨 준 박현진, 배훈민 전도사님께 감사드립니다. 두 분의 도움이 없었다면,

시광의 가족을 잘 섬기기는커녕 한 주 한 주 제대로 버텨내지도 못했을 것입니다. 두 분과 더불어 삼위 하나님과 그분의 가족을 섬기는 일은 저에게 항상 즐거움으로 다가옵니다.

또한 이 책의 원고를 정성껏 검토해 준 분들께 감사드립니다. 특히 김형익, 이재국, 황영광 목사님과 우병훈 고수님은 신학 용어를 바로잡고 보다 나은 표현을 제안해 주었습니다. 이 과정에서 저의 부족함을 느꼈을 뿐 아니라 귀한 격려도 받았습니다. 또한 이 책의 출간을 흔쾌히 허락해 준 복 있는 사람 출판사 박종현 대표님과, 한 권의 책으로 완성되기까지 원고 전체의 흐름과 분위기를 잡고 섬세하게 매만져 준 문준호 편집자님, 표지와 내지를 아름답게 꾸며 준 박은실 디자이너님에게 감사의 말을 전합니다.

무엇보다 제 영원한 가족, 사랑하는 시광교회의 형제자매들께 감사드립니다. 저는 이 책의 내용을 전함으로 여러분을 섬길 뿐이었지만, 여러분은 이 책의 내용을 살아냄으로 저를 섬겨 주셨습니다. 특별히 혈육 된 가족, 아내와 두 딸에게도 고마움을 전합니다. 나의 가족인 동시에 하나님의 가족으로 함께 살아줘서 고마워요.

2018년 1월
이정규

이 책의 인도자를 위하여

이 책으로 새가족반(새신자반) 혹은 소그룹 모임을 인도하시는 분을 위해 『새가족반』의 집필 의도와 구성 및 사용법을 간단히 소개하고자 합니다. 이 책은 제가 섬기는 교회의 새가족들에게 소그룹 혹은 개인별로 강의했던 내용을 묶은 것입니다. 기독교의 기본 진리를 이해하기 쉬운 표현으로 담으려고 노력했는데, 그럼에도 이 책이 '기독교란 무엇인가', '복음이란 무엇인가' 등의 제목이 아닌 '새가족반'이라는 이름으로 출간된 데에는 몇 가지 이유가 있습니다.

첫째로, '기독교란 무엇인가'와 같은 포괄적이고 광범위한 제목을 붙이기에는 이 책이 다루는 영역이 상대적으로 좁기 때문입니다. 엄밀하게 말하면 '기독교의 핵심 진리'와 같은 제목이 더 어울릴지도 모르겠습니다. 하지만 그러한 제목 역시 사용하지 않았습니다. 왜냐하면 저는 이 책에서 성례를 다루지 않았는데, 성례가 기독교의 핵심 진리 중 일부라는 것을 부인하고 싶지 않기 때문입니다.

둘째로, 말 그대로 이 책은 한 개교회가 새가족반을 운영할 때 사용하기 좋은 형태로 구성되었기 때문입니다. 이 책은 한 명의 인도자가 새가족반에 모인 사람들에게 강의하는 형태로 구성되어 있고, '나눔을 위한 질문'을 담고 있습니다. 이는 개교회에서 한 시간에서 한 시간 반 정도 진행되는 새가족반을 운영할 때 적합한 분량의 글입니다. 내용도 대체로 기독교 신앙에 입문할 때, 그리고 교회에서 설교를 들을 때 사람들이 반드시 알아야 할 기본 지식을 전하는 형태로 이루어져 있습니다.

셋째로, '새신자반'이 아니라 '새가족반'인 이유는 세 가지인데, 하나는 이 책이 결국 그리스도로 말미암아 우리가 '하나님의 가족'이 되는 것으로 복음을 설명하기 때문입니다. 즉 "영접하는 자 곧 그 이름을 믿는 자들에게는 하나님의 자녀가 되는 권세를 주셨으니"(요 1:12)라는 말씀이 이 책의 제목에 반영된 것입니다. 다른 한 가지 이유는, 대부분의 개교회에 처음 등록하는 이들 가운데는 기독교 신앙을 처음 접한 사람도 있지만 이미 교회 생활을 오랫동안 하다가 교회를 옮긴 사람도 있기 때문에, 그 모든 사람을 아우르는 측면에서 '새신자'라는 표현보다는 '새가족'이 더 적절하다고 생각했습니다.

마지막 이유는 더 중요한데, 이 책이 다루는 범위에 변증이 거의 포함되어 있지 않기 때문입니다. 다시 말해, 무신론자를 설득하여 신이 존재한다는 것을 변증하는 내용은 이 책에 담지 않았습니다. 오히려 막연히 하나님이 계신다고 생각하지만 그 하나님이 어떤 분이신지, 우리를 위해 무엇을 행하셨는지 모르고 궁금해하는 사람들을 위한 내용이 이 책의 핵심입니다. 사실 교회에 '들어와' 무엇인가를 배우는 대다수가 여기에 포함되며, 강경한 무신론자나 불가지론자를 설득하는 변증은 주로 교회 바깥에서 필요하지요. 물론 그러한 변증이 필요하지 않다는 것은 절대 아닙니다. 특히 21세기 초반 한국의 상황에 맞춘 변증의 글은 절실하게 필요합니다. 저는 (주께서 허락하신다면) 향후 『새가족반』의 전편 격인 『새신자반』을 출간할 계획입니다.

여기서 '이 책이 가장 집중하고 있는 내용은 무엇일까?'라는 질문이 떠오를 것입니다. 그 대답은 이렇습니다. 이 책은 **삼위 하나님께서 역사 전체를 통해 인간을 사랑과 행복으로 이끄신 이야기**에 관한 책입니다. 저는 이 이야기를 최대한 쉬우면서도 자세하게 설명하고자 노력했습니다. 예를 들어, 저는 성경이 말하는 삼위일체 교리를 '신앙이 깊어진 이후에 배워도 되거나, 배워 봤자 알 수 없는 골칫거리 교리'로 여기지 않습니다. 어차피 우리는 복음을 설명할 때 "예수를 믿으라"는 말을 해야 하는데, 듣는 사람은 자연스레 "네? 그러면 예수가 아버지라 부르는 분과 예수는 다른 분인가요? 하나님은 한 분이 아닌가요?"라는 질문을 하게 마련이기 때문입니다. 아주 기초적인 복음을 전해도, 삼위일체는 피해갈 수 없는 개념입니다.

  이 질문에 대해 다음과 같이 대답했다고 합시다. "아, 그건 아니고, 삼위일체라고 있는데 그건 어려운 교리예요. 설명하기 어렵고 이해하기도 힘드니 그냥 넘어갑시다. 일단 예수님을 믿으세요." 그러면 당장의 어려움을 모면할 수는 있겠지만, 오히려 기독교 진리를 쉽게 이해하기보다는 이해를 포기하게 하는 결과를 낳습니다. 결국 예수님을 믿으라는 말은, 이해되고 사랑할 만한 말이 아닌 공허한 구호로 남아 버리게 되지요. 그래서 저는 기독교 신앙을 처음 가지려는 사람들에게도 성부와 성자의 관계를 설명하는 데 망설이지 않습니다. 결국은 "당신이 예수님을 믿으면, 예수께서 아버지라 부르는 그분을 당신 역시 아버지라 부르며 놀라운 특권을 누릴 수 있습니다. 하나님의 가족이 되는 것이지요!"라고 말하는 데까지 그들을 이끌고 갑니다.

  이 놀라운 드라마를 납득시키고 감동적으로 설명하기 위해서는 자세한 설명이 필수적입니다. 죄에 대해 자세히 이야기하지 않고서 십자가와 용서를 말한다면, 감동보다는 오히려 황당함이 밀려들겠지요. 그래서 이 책은 죄와 진노에 대해서도 상세하게 설명합니다. 그래야 십자가와 용서, 확신, 하나님의 자녀됨 같은 기쁜 소식이 정말 기쁘게 느껴지기 때문입니다. 저는 이 책에서 교회 생활에 관한 내용(예배, 봉사, 개인 경건 생활 등)을 다루지 않았습니다. 먼저 복음을 충분히 깊이 있게 이해하게 하고 난 다음에 다루는 것이 옳다고 생각하기 때문입니다. 사실상 그동안 한국 교회의 많은 폐해가 여기서 나왔다고 생각합니다. 그러한 의미에서, 이 책의 내용은 어쩌면 기존 신자들에게 더 필요할 수 있습니다. 아직도 많은 신자들이 삼위 하나님에 대하여, 그리고 삼위 하나님과 맺는 관계에 대하여 잘 모르는 상태에서 봉사를 하거나 직분을 맡고 있기 때문입니다. 복음을 충분히 이해하지 못한 상태에서의 삶은 쉽게 율법주의를 낳게 되지요.

따라서 이 책의 집필은, 교회에 들어온 새가족들에게 기독교 신앙의 부요하고 아름다운 영광을 드러내고 자랑함으로 그들에게 기쁨을 주는 대신, '쉽게 기초만 가르쳐 준다'는 명목하에 기독교 신앙을 대충 가르치고 온갖 봉사와 윤리적 실천으로만 새가족들을 내몰아 버리는 세태에 대한 저항이기도 합니다.

그래서 저는 힘을 다해, 제 생각에는 새가족들이 성경의 배경지식 없이도 이해할 수 있는 극한까지 기독교 신앙의 풍요로움과 영광스러움을 이 책에 담아내려고 노력했습니다. 그래서 목청껏 외치고 싶었습니다. "여기를 보십시오! 기독교는 단순히 예배당을 키우기 위해 이런저런 일들을 하는 것도 아니고, 그저 착하게 살아가라는 윤리체계만도 아닙니다. 삼위 하나님과 더불어 누리는 영원한 교제, 그 영광스러운 부요함이 바로 여기 있습니다. 이 부요함을 값없이 와서 누리십시오!"

 마지막으로 이 책의 사용법에 관해 말씀드리고 글을 맺겠습니다. 이 책은 총 11장으로 구성되어 있고, 12주 정도의 새가족반을 염두에 두고 기획한 것입니다(11장은 내용이 짧기 때문에 마치고 난 이후에 소감을 나눌 수 있습니다). 실제로 12주 모임을 계획한다면, 나머지 한 주는 자유롭게 사용하시면 좋을 것 같습니다. 진행 방법은 각 주에 다룰 내용을 미리 읽어 오도록 합니다. 모임 때에는 '나눔을 위한 질문' 중심으로 진행하셔도 좋고, 인도자가 책의 내용을 직접 강의하셔도 좋습니다. 효과적으로 강의하기 원하는 분들을 위해 장마다 논문 요약을 실어 두었습니다. 독자가 읽으면서 어렵다고 느낄 만한 단어는 하단에 용어 풀이를 달아 두었고, 보다 자세한 설명이 필요하거나 전문서적을 참고한 부분은 미주에 밝혀 두었습니다.

 그리스도의 사랑의 강권하심을 받아(고후 5:14) 새가족을 섬기는 당신에게 위로와 평안이 넘치기를 기도합니다. 주께서 당신의 수고를 잊지 않으실 것입니다.

I

가족으로의 초대

1

영원히 행복하신 사랑의 하나님

인간은 사랑 안에서만 행복합니다. 사랑하고 사랑받을 때 말이지요. 굳이 가족과 연인과 같은 '공식적' 관계가 성립되지 않더라도 인간은 사랑하는 대상이 자신을 사랑해 줄 때 행복을 느낍니다. 사랑하는 그 사람이 내게 '예스'라고 말할 때, 사랑의 결실로 태어난 갓난아이가 울음을 터뜨리며 내 손가락을 잡을 때 느끼는 행복감과 만족감을 어떻게 표현할까요. 인간은 사랑할 때 만족을 느낍니다. 그러한 의미에서 사랑은 인간 존재가 행복할 수 있는 유일한 근거입니다.

사랑은 존재를 지탱하게 해주는 근거이기도 합니다. 제게 첫째 딸 시영이가 생겼을 때, (당시 회사원이었던) 저희 부부는 직장생활 내의 긴장과 격무, 야근을 버텨 낼 거대한 힘을 얻었습니다. 누군가는 이것을 단순한 책임감으로 여길지도 모르지만, 그 책임감 역시 사랑으로부터 옵니다. 그래서 사랑의 대상을 잃은(혹은 없는) 사람들은 존재의 의미를 잃고 방황하며 고독감과 외로움, 더 나아가 고통을 느낍니다. 이는 연말이 되었는데도 아무도 곁에 없는 이삼십 대 청춘들의 괴로움이며, 친구와 연인, 배우자와 헤어진 사람들이 겪는 시련이고, 한쪽이 죽음으로 말미암아 관계가 단절되어 버린 많은 사람들의 지워지지 않는 상처입니다. 사람은 사랑 없이 살 수 없습니다.

왜 인간은 사랑 안에서만 행복한 것일까요? 그것은 그들을 만드신 분이 본질적으로 사랑이기 때문입니다. 그리고 인간에게 사랑이 그토록 중요하듯, 그들을 만드신 분께도 사랑은 절대적으로 중요합니다. 그래서 성경은 하나님이 사랑이라고 말해 줍니다. "하나님이 우리를 사랑하시는 사랑을 우리가 알고 믿었노니 **하나님은 사랑이시라**"(요일 4:16).

사랑이신 하나님

사실 "하나님은 사랑이시라"는 표현은 교회에 처음 오신 분이라도 한 번쯤은 들어 보셨을 것입니다. 교회를 홍보하는 현수막이나 전도지 등에 이 말씀이 많이 쓰여 있으니, 이보다 더 유명한 기독교 표어는 없을 것입니다.

하지만 이러한 하나님의 성품을 이해할 때는 조심해야 합니다. 자칫 이 말을 듣고 하나님을 그저 무기력하면서 착해 보이는, 좀 바보스러운 할아버지같이 상상해 버릴 수 있기 때문입니다. 만일 하나님이 인간이 무슨 죄를 짓든 무엇을 믿든 벌하지도 않고 바로잡으려 하지도 않는다면, 그분은 정의로운 하나님이 아닙니다. 하나님은 사랑이시지만 동시에 정의로우시며, 때로는 진노하는 분이시기까지 합니다.

그래서 『나니아 연대기』를 쓴 C. S. 루이스는 하나님이 사랑이시라고 해서 사랑이 하나님이 되는 것은 아니며, "사랑은 신이 되기 시작하는 순간, 악마가 되기 시작한다"고 말합니다.[1] 하나님이 사랑이시라는 진리는 중요하지만, 동시에 그분은 정의로우시고(요일 2:29) 거룩◆하십니다(벧전 1:16).

그럼에도 하나님이 사랑이시라는 말은 아주 독특하고 중요한 진리를 포함하고 있습니다. 요한은 하나님께서 "사랑하신다"라고 말하지 않고 "사랑이시다"라고 말합니다. 하나님의 모든 행동은 사랑의 행동이기 때문입니다.[2] 예를 들어, 하나님께서 "사랑하신다"고 할 때는 하나님께서 모든 만물을 "다스리신다"(시 97:1)고 할 때와 같이 단지 하나님의 또 다른

◆ **거룩** 본래 히브리어로 '구별' 혹은 '분리'라는 뜻을 가진 단어다. '하나님이 거룩하시다'라는 말은 다른 창조물과 절대적으로 구별되시며, 죄나 악한 것들과 절대적으로 분리되어 계시다는 의미다.

행동을 말하는 것이 아닙니다. 하나님께서는 모든 것을 사랑으로 다스리시기 때문입니다. 그분의 모든 행동은 사랑으로 펼치시는 행동입니다.

즉 하나님의 사랑은 그분의 가장 중요한 본성입니다.[3] 따라서 하나님은 영원 전 곧 이 세상 그 무엇이 존재하기 이전부터 사랑이셨습니다. 그렇다면 우리는 여기서 한 가지 중요한 질문을 하게 됩니다. '아무것도 존재하지 않을 때, 하나님은 과연 누구를 사랑하고 계셨을까요?' 하나님만 홀로 존재하셨는데 말입니다. 오래전부터 많은 신학자들은 이 문제와 관련하여 요한의 말을 묵상해 왔습니다. 18세기 미국 신학자 조나단 에드워즈는 이렇게 이야기합니다.

> 요한일서의 "하나님은 사랑이시라"는 말씀은 하나님 안에 하나 이상의 위격person◆이 존재한다는 것을 보여줍니다. 이 말씀은 하나님에게 사랑은 본질적이고 필연적인 것이며 하나님의 본성이 사랑이라는 것을 보여주고 있기 때문입니다. 그리고 이는 영원하고도 필연적으로 **사랑의 대상이 존재함을** 의

◆ **위격** 라틴어 페르소나(*persona*)에서 온 말로, 지성, 감정, 의지를 가진 주체를 의미한다. 인간의 경우에는 '인격'이라고 하지만, 하나님은 인간처럼 개별적으로 분리된 방식으로 이해해서는 안 되므로 위격(位格)이라는 단어를 사용하여 구별한다.

미합니다. 모든 사랑은 다른 존재 곧 사랑받는 존재가 있어야 하기 때문입니다.[4]

즉 아무것도 없고 오직 하나님만 존재할 때도 하나님이 사랑하는 대상은 분명히 있었다는 것입니다. 그 대상이 누구일까요? 다음은 하나님의 아들이신 예수께서 기도하실 때 하신 말씀입니다.

> 아버지여, 내게 주신 자도 나 있는 곳에 나와 함께 있어 아버지께서 창세 전부터 나를 사랑하시므로 내게 주신 나의 영광을 그들로 보게 하시기를 원하옵나이다(요 17:24).

보십시오! 하나님은 창세 전 곧 인간이 존재하기도 전부터 예수님을 사랑하셨습니다. 그분은 영원 전부터 하나님의 아들이신 예수님을 사랑하고 기뻐하셨으며, 그래서 예수께서 이 땅에 오셔서 활동하시기 시작하실 때 그분을 가리켜 "이는 내 사랑하는 아들이요 내 기뻐하는 자라"(마 3:17)고 말씀하셨습니다. 하나님 안에는 예수님을 향한 기쁨과 사랑이 폭포수같이 솟아오르고 있었습니다.

> 오직 내가 아버지를 사랑하는 것과 아버지께서 명하신 대로

행하는 것을 세상이 알게 하려 함이로라(요 14:31).

예수님 역시 하나님의 넘치는 사랑을 받아 누리고 기뻐하며 하나님을 사랑하셨습니다. 하나님을 '아버지'라 부르며 그분을 기뻐하시고, 또한 아버지께서 명령한 모든 것을 순종하셨지요. 그래서 예수께서는 아버지 하나님께 "아버지께서 내게 하라고 주신 일을 내가 이루어 아버지를 이 세상에서 영화롭게 하였사오니"(요 17:4)라고 기도하셨습니다. 이렇게 영원 전부터 아버지와 아들은 지극히 서로를 사랑하며 기뻐했습니다. 우주와 지구와 인간과 천사가 존재하지 않을 때, 즉 하나님 외에 아무 존재도 없을 때도, 하나님은 사랑이셨고 사랑하셨습니다.

아버지 하나님과 아들 하나님

하나님이 사랑이시라는 것, 그리고 그분이 영원 전부터 사랑하시는 분이었다는 사실이 좀 이해가 되시나요? 하지만 어딘가 헷갈리기도 할 것입니다. "하나님이 한 분이신데 **서로를 사랑할 수 있었다면, 하나님이 한 분이 아니신 것 아닌가?**" 하는 의문이 드실 테니까요. 이것은 자연스러운 질문입니다. 물론 이 질문에 대해 완전히 만족할 만한 깔끔한 답을 드릴 수는 없습니다. 이는 하나님께서 우리의 이해를 넘어서는 대단히 신비로운 방식으로 존재하시기 때문입니다(이러한 하나님을 우리는 '삼위일체' 하나님이라고 부릅니다. 이번 장 뒤에 수록된 '삼위일체란 무엇인가'를 참조하시기 바랍니다).

그래도 위에서 말한 아버지 하나님과 아들 하나님의 사랑을 좀 더 설명하기 위해서, 우선 '아버지' 하나님에 대하여 좀 더 깊이 생각해 보겠습니다. 교회에 다니는 모든 그리스도인이 하나님을 '아버지'라고 부른다는 것은 대부분 알고 계실 것입니다. 다른 종교에는 없는 아주 독특한 특징이지요. 그리고 교회를 이미 어느 정도 다녀 보신 분들은 하나님을 아버지라 부르신 적도 있을 것입니다. 그러면 질문을 하나 던져 보겠습니다. 왜 성경은 하나님을(정확히 말해, 하나님 중 한 위를) '아버지'라 부르는 것일까요?

"우리가 아버지라고 불러서 아버지 아닌가?" 하는 생각이 드실 수도 있습니다. 그러나 성부^{聖父} 하나님은 창세 전부터 성부 하나님이십니다. 즉 아버지라는 그분의 이름이 우리와의 관계 속에서 붙여진 이름이 아니라는 것이지요. 그렇다면 왜 아버지일까요? 바로 예수 그리스도의 아버지시기 때문입니다.

- 찬송하리로다. 하나님 곧 우리 주 **예수 그리스도의 아버지**께서 그리스도 안에서 하늘에 속한 모든 신령한 복을 우리

에게 주시되(엡 1:3).
- 우리가 너희를 위하여 기도할 때마다 하나님 곧 우리 주 **예수 그리스도의 아버지께** 감사하노라(골 1:3).
- 우리 주 **예수 그리스도의 아버지** 하나님을 찬송하리로다 (벧전 1:3).

그렇습니다. 성부 하나님은 예수 그리스도의 아버지십니다. 그래서 '성부' 하나님과 대비하여 예수님을 '성자聖子'라고 부르지요. 그렇다면 "예수 그리스도의 아버지"시라는 것은 무슨 의미일까요? 성부 하나님께서 혼자 계시다가 심심하셔서 예수님을 만드셨다는 의미일까요? 그래서 성부 하나님은 계신데 성자는 계시지 않던 때가 있었던 걸까요? 그렇지 않습니다. 예수께서는 "태초에 하나님과 함께 계셨"습니다(요 1:2). 게다가 예수님 역시 완전한 하나님이십니다. 그래서 성경은 예수님을 "우리의 크신 하나님 구주 예수 그리스도"(딛 2:13)라고 부릅니다.

성경이 하나님을 '아버지'라 말할 때, 우리는 우리를 세상에 있게 한 우리 육체의 아버지를 생각하며 하나님을 이해해서는 안 됩니다. 오히려 하나님이 어떤 분이신지 생각하며 우리 육체의 아버지가 어떤 존재여야 하는지 이해하려 해야 합니다. 마찬가지로 성경이 예수님을 '독생자'라 부를 때, 이 역시 우리가 이해하는 부자 관계에 빗대어 생각해서는 안 됩니다.

성부 하나님께서 아버지신 이유는, 그분이 사랑의 원천이요 샘이며 출발이신 분이기 때문입니다. 예수께서 성자 곧 아들이신 이유는, 그분이 사랑을 받으시는 분이며 또한 성부의 사랑을 받아 기쁨으로 성부께 돌려드리는 분이기 때문입니다. 물론 예수님도 성부 하나님을 사랑하시지만(요 14:31), 성경은 대체로 성부를 사랑하시는 분으로, 성자는 사랑을 받으시는 분으로 표현합니다.[5] 성부 하나님과 성자 하나님은 동등하시고 완전하신 하나님이시지만, 성부는 사랑의 출발과 근원이 되시며, 성자는 받는 사랑을 기뻐하시고 반응하시는 분으로 계십니다. 성부와 성자는 영원 전부터 지금까지 이렇게 서로를 사랑하십니다.

성령으로 사랑하시는 하나님

또한 성부께서 성자를 사랑하실 때, 항상 성령 하나님을 보내심으로 사랑하십니다.[6] 특히 예수께서 이 땅에 오셔서 처음 세례를 받으실 때, 성부께서는 주체할 수 없이 터져 나오는 기쁨의 외침을 다음과 같이 표현하셨습니다.

> 예수께서 세례를 받으시고 곧 물에서 올라오실새 하늘이 열리고 하나님의 성령이 비둘기같이 내려 자기 위에 임하심을

보시더니 하늘로부터 소리가 있어 말씀하시되 이는 내 사랑
하는 아들이요 내 기뻐하는 자라 하시니라(마 3:16-17).

성부께서 성자 하나님을 "내 사랑하는 아들이요 내 기뻐하
는 자"라고 말씀하실 때, 하나님께서는 성령을 보내셨습니다.
그분은 비둘기처럼, 즉 온유와 사랑이 넘치는[7] 모습으로 내려
오셔서 예수님과 함께하셨지요. 성령님은 성부께서 성자를 너
무 사랑하셔서 주시는 선물이셨습니다. 이렇게 "성령으로" 함
께하시는 하나님의 사랑은 예수님의 생애 내내 계속됩니다.

예수께서 이 땅에 오실 때, 즉 동정녀의 몸에서 **탄생**하실
때도 하나님께서는 성령으로 예수님과 함께하셨습니다. "예
수 그리스도의 나심은 이러하니라. 그의 어머니 마리아가 요
셉과 약혼하고 동거하기 전에 성령으로 잉태된 것이 나타났
더니"(마 1:18). 성부 하나님께서는, 자기 백성을 위해 연약한
아기의 모습으로 오실 예수님을 육체로 나게 하실 때 "성령
으로" 잉태하게 하시지요.

또한 예수께서는 자신의 생애 전체를 성령으로 충만한 **삶**
을 사셨습니다. 예수께서는 "예수께서 성령의 충만함을 입어
요단강에서 돌아오사 광야에서 사십 일 동안 성령에게 이끌
리"셨으며(눅 4:1), "성령으로 기뻐하시며"(눅 10:21) 하나님
을 찬양했지요. 하나님의 아들이 행하신 것은 무엇이나 그분

1. 영원히 행복하신 사랑의 하나님   33

의 영이신 성령님으로 말미암아 행하신 것입니다.[8]

예수께서 이 땅에서 사람들에게 하신 **말씀**도 모두 성령님을 통해 하신 것입니다. 예수님께 세례를 준 세례 요한은 "하나님이 보내신 이[예수님]는 하나님의 말씀을 하나니 이는 하나님이 성령을 한량없이 주심이니라"(요 3:34)고 말합니다. 예수께서 하신 모든 말씀은 성부 하나님의 말씀이었고, 사람들은 그 말씀을 듣고 놀라운 능력과 권위를 느꼈는데(마 7:29), 이는 성령님께서 예수님과 함께하셨기 때문이지요.

그뿐 아니라, 예수께서 십자가에 못 박혀 **죽음**을 당하실 때도 성령께서는 함께하셨습니다. 나중에 더 자세히 이야기하겠지만 예수께서는 우리와 같은 죄인들을 대신하여 십자가에서 죽으셨는데, 이때 성령님께서 함께하셨습니다. 그래서 히브리서를 쓴 저자는 예수님을 "영원하신 성령으로 말미암아 흠 없는 자기를 하나님께 드린"(히 9:14) 분으로 묘사합니다. 예수께서 십자가에서 죽으실 때, 성령님은 함께하심으로 능력과 힘을 공급하셨지요.

예수께서는 죽으시고 나서 사흘 만에 성령으로 **부활**하셨습니다. 성경은 그래서 성령님을 "예수를 죽은 자 가운데서 살리신 이의 영"(롬 8:11)이라고 말하기도 하고, 또한 예수님의 부활 사건을 "성결의 영[성령]으로는 죽은 자들 가운데서 부활하사 능력으로 하나님의 아들로 선포되셨으니"(롬 1:4)

라고 묘사하기도 합니다. 예수님의 부활 역시 아버지께서 성령으로 일으키신 사건인 것이지요.

지금까지의 내용을 간략하게 정리하면, 성부 하나님께서는 성자 하나님을 성령으로 사랑하신다는 것입니다. 이것을 4세기 교부 아우구스티누스는 성부 하나님과 성자 하나님이 성령님이라는 "사랑의 끈으로 서로의 하나됨을 유지하십니다"라고[9] 표현하지요. 그래서 하나님께서는 예수님을 가리켜 "보라. 내가 택한 종 곧 내 마음에 기뻐하는 바 내가 사랑하는 자로다. 내가 내 영[성령]을 그에게 줄 터이니"(마 12:18)라고 말씀하십니다!

사랑으로 인한 기쁨

지금까지 배운 내용을 다시 정리해 볼까요? 하나님은 사랑이십니다. 이 말의 의미는 태초부터 성부께서는 사랑의 출발이자 원천으로, 성자께서는 사랑받는 분이신 동시에 기쁨으로 사랑을 돌려드리시는 분으로, 성령께서는 성부와 성자 하나님 가운데 사랑의 끈이요 서로 사랑하게 하시는 분으로 존재하신다는 말입니다. 그래서 하나님은 태초에 아무것도 없을 때도 사랑이셨으며 늘 사랑하셨습니다.

이 말은 결론적으로 하나님께서 창세 전부터 본질적으로 행복하신 분이었다는 의미이기도 합니다. 본래 사랑은 기쁨의 근원입니다. 더 정확히 말하면, 사랑이 없는 사람은 그로 말미암는 기쁨이 존재할 수 없다는 것이지요. 예를 들어 봅시다. 누군가가 나를 사랑해 준다면 기쁠까요? '뭐, 나쁠 것 없지'라는 생각이 들 수도 있겠지만, 내가 사랑하지 않는 사람이 나를 사랑한다면 (좋기야 하겠지만) 부담스러울 것입니다. 하지만 내가 사랑하는 대상이 존재한다면, 설령 그 대상이 나를 사랑하지 않더라도 (만족스럽지는 않겠지만) 즐거움이 있을 것입니다.

조금 더 깊이 생각해 봅시다. 사랑으로 인한 기쁨에는 어떤 단계가 있는데, 이 단계를 가만히 생각해 보면 하나님께서 얼마나 행복하신 분인지 가늠해 볼 수 있습니다.

우선, 방금 이야기했던 것과 같이 **사랑의 대상이 존재해야 합니다**. 사실 아무 대상에게도 애정을 가지지 않고 있다면 어떤 대상에도 열의가 있지 않다는 것이며, 그것은 정서적 기능이 제대로 작동하지 않는다는 것을 의미합니다. 이 상태에서 모든 존재는 무기력을 느낄 뿐입니다. 그래서 인간은 인간이 아닌 사물이라도 사랑하는 대상을 두려고 합니다. 그래서 어떤 사람은 일이나 돈을 사랑하고, 또 어떤 사람은 취미나 게임 같은 것을 사랑하지요. 인간은 그것으로부터 살아 있음과 생명력과 열정을 느끼며 행복해합니다.

두 번째로, 사랑하는 대상에게 받아들여져야 합니다. 내가 애정을 가지고 있는 대상이 나를 사랑하지 않는다면, 결국 우리는 채워지지 못하고 좌절감을 갖게 될 것입니다. 하다못해 애정을 쏟는 대상이 일이나 게임이라 하더라도, 성공하지 못하거나 잘 안 풀리면 좌절하거나 스트레스를 받습니다. 그런데 그 대상이 인격이라면 어떻겠습니까? 아마도 더 큰 좌절과 고통이 찾아올 것입니다. 그러나 자신이 사랑하는 대상이 사랑으로 반응할 때, 인간은 정말 커다란 기쁨을 느낍니다. 청혼한 여성에게 승낙을 받은 남성의 기쁨을 상상해 보십시오. 그는 아마 세상 모든 것을 다 가진 것같이 기쁨을 누리게 될 것입니다.

세 번째로, 사랑하는 대상과의 관계가 지속적으로 유지되어야 합니다. 이것은 많은 사람이 사랑을 하고, 사랑하는 대상으로부터 사랑을 받더라도 행복을 잃어버리는 이유이기도 합니다. 청혼에 성공하여 결혼을 한 남녀라도, 둘 중 하나가 죽어 버린다면 우리는 행복을 쉬이 잃어버릴 것입니다. 굳이 거기까지 가지 않더라도, 우리는 상대에게 느꼈던 매력이 유한함을 알고는 아쉬워하고 권태감을 느끼기도 합니다. 하지만 우리가 사랑하는 대상이 무한하다면, 그리고 그 대상이 나를 사랑하는 것도 무한히 유지된다면 우리는 무한한 기쁨을 누릴 것입니다.

마지막으로, 사랑하는 대상과의 관계가 공동체적으로 정착되어야 합니다. 사랑하는 두 커플이 서로 결혼을 약속하고 기뻐하더라도 주변의 가족과 친구들이 모두 반대한다면, 그들은 지속적으로 행복할 수 있겠습니까? 그들이 가장 행복할 때는 아마도 결혼식에서 모두의 축복과 환호 가운데서 사랑이 공동체적으로 정착할 때일 것입니다. 그리고 그러한 사랑은 세 번째에서 말한 것처럼 어느 정도 지속성과 안정감을 누리게 될 것입니다.

사랑으로 행복하신 삼위 하나님

그렇다면 하나님은 어떠할까요? **우선, 하나님은 하나님의 아들을 사랑하셨습니다.** 조나단 에드워즈가 "성부 하나님의 무한한 행복은 그분의 아들을 향한 기쁨 안에 있습니다. 즉 예수께서는 창세 전부터 날마다 그분의 기뻐하신 바가 되었습니다!"라고 말한 바와 같이,[10] 하나님께는 사랑의 대상이 있었습니다. 그 대상은 완전하고 영원하며 하나님만큼 탁월하고 아름다우십니다. 아들 역시 하나님이시기 때문입니다!

그뿐 아닙니다. **둘째로, 사랑을 받으시는 아들 역시 성부 하나님을 즐거이 영원토록 기뻐하시며 사랑하십니다.** "내가 아버지를 사랑하는 것과 아버지께서 명하신 대로 행하는 것을 세상이 알게 하려 함이로라"(요 14:31). 성부 하나님의 사랑은 짝사랑이 아니었고, 우리가 상상할 수 있는 가장 크고 아름다운 사랑도 무한한 성부와 성자의 사랑에 전혀 미치지 못합니다.

셋째로, 성부와 성자의 사랑은 중단되거나 멈추는 사랑이 아니라 무한하고 영원한 사랑입니다. 하나님은 우리처럼 유한하지 않고 변하지도 않으시는 분이기에, 죽거나 사라지시지도 않으며 질리거나 실망스러운 분도 아닙니다. 한 영원하신 분께서 다른 영원하신 분을 사랑하시며, 그 사랑은 식지 않는 영원한 열정으로 불타오릅니다. 이러한 열정은 성부와 성자 가운데 무한하고 영원히 지속되며, 따라서 하나님의 행복도 영원하고 무한합니다.

넷째로, 무엇보다 **성부와 성자의 사랑은 성령님의 함께하심으로 공동체적입니다.**[11] 성부와 성자의 사랑은 폐쇄적인 사랑이 아닙니다. 오히려 성령님의 함께하심으로 흘러넘치는 사랑입니다. 나중에 더 자세히 보겠지만, 성령님은 성부와 성자만의 사랑의 끈이 아닙니다. 그분은 성부와 성자의 이 영원한 사랑을 창조물들, 특히 예수님을 믿는 하나님의 자녀들에게 넘치도록 부어 주시는 분입니다(롬 5:5). 따라서 성부와 성자의 무한하고 열정적인 사랑을 자기 백성 모두에게 베푸시고 드러내는 일을 하십니다.

따라서 하나님은 본질적으로 사랑이시기에 무한하게 행복하신 분입니다. 성경은 하나님이 **"복되시고 유일하신 주권자이시며 만왕의 왕이시며 만주의 주시"**라고 말씀합니다(딤전

6:15). 여기서 하나님이 '복되시다'고 번역된 그리스어 '마카리오스'는 우리말 성경이 다소 점잖게 번역했는데, 사실 '행복하다'는 의미를 가진 단어입니다.[12] 즉 하나님께서는 행복하시고 유일하신 주권자시라는 말이지요.

한번 상상해 봅시다. 좋은 것을 볼 때마다 자주 생각나고 가까이 있고 싶은 사람이 생겼을 때의 두근거림, 그 사람의 마음이 내 마음과 같다는 것을 확인했을 때의 만족감과 기쁨, 죽는 날까지 하나가 될 것을 약속하고 서로를 누릴 때의 환희, 공동체의 환영과 사랑과 축복 가운데서 사랑의 열매로 새로운 생명을 만났을 때의 감동, 우리가 일반적으로 경험할 수 있는 이 모든 사랑으로 인한 기쁨이 비교할 수 없이 더 크고 거룩하며 영광스러운 방식으로 아버지, 아들, 성령 가운데 넘치는 것을 말이지요. 삼위 하나님은 제한 없이 분출되는 탁월하고도 아름다운 사랑으로 서로를 사랑하십니다. 그리고 그 가운데 터져 나오는 기쁨은 무한이라는 말로도 표현하기 아까우리만큼 거대할 것입니다.

인간이 오직 사랑 안에서만 행복할 수 있는 이유가 바로 여기 있습니다. 하나님은 창세 전부터 사랑으로 인해 행복하셨고, (나중에 우리가 배우겠지만) 인간은 그러한 하나님을 닮도록 지어졌기 때문입니다. 그래서 무생물이나 다른 생물과는 달리, 인간은 고도로 섬세하고 아름다운 사랑의 감정을 지니고 있습니다. 그리고 그 사랑으로 인해 작게는 두 명, 크게는 국가와 같은 공동체를 이루며 하나됨을 누리며 행복하려고 하지요.

왜 이것을 알아야 하는가

자, 지금까지의 내용을 간단히 정리해 봅시다. 하나님은 본질적으로 사랑이시고, 영원 전부터 삼위 하나님은 서로를 사랑하셨습니다. 오직 우리가 믿는 삼위 하나님만이 본질적으로 사랑이실 수 있는데, 왜냐하면 사랑의 대상이 하나님 간에 있기 때문입니다. 그리고 그 사랑은 무한하고 영원해서, 삼위 하나님은 영원토록 행복하신 분입니다.

그렇다면 우리는 왜 이것을 알아야 할까요? 하나님이 우리를 사랑하신다는 말도 아니고, 하나님이 하나님을 사랑하심으로 행복하신 분이라는 진리가 우리에게 무슨 의미가 있을까요? 미국의 목회자이자 신학자인 존 파이퍼는 하나님이 행복하시다는 이 진리가 우리에게는 **복음**◆ 곧 기쁜 소식이라면서 그 의미를 전합니다.

◆ **복음** 그리스어 '유앙겔리온'(기쁜 소식)이라는 단어를 번역한 말이다. 성부 하나님께서 성자 예수님을 통해 성령의 능력으로 **우리에게 베푸신 일들에 대한 소식**을 가리킨다.

누구도 불행한 하나님과 영원이라는 시간을 보내고 싶어 하지는 않을 것입니다. 만일 하나님께서 불행하신 분이라면 복음의 목적 역시 행복일 수 없다는 것이고, 따라서 결국 기쁜 소식인 복음도 없다는 것이지요. 그러나 사실 예수께서는 우리에게 "네 주인의 즐거움에 참여할지어다"(마 25:23)라고 말씀하시며 행복한 하나님과 영원의 시간을 보내도록 초청하십니다.[13]

예를 들어 설명해 보겠습니다. 만일 당신이 만나는 식당의 종업원이나 택시 운전사나 보험 설계사 같은 분들이 불행한 사람이라면, 그것은 그다지 큰 문제가 아닐지도 모릅니다. 그러한 관계는 거래를 하는 잠깐의 시간만 함께하면 되는 것이기 때문입니다. 하지만 당신과 오래도록 함께해야 하는 학교 친구나 직장 동료, 더 나아가서는 가족이나 배우자가 불행하다면 어떨까요? 그들이 늘 불행하고 우울하다면, 그들과 함께하는 긴 시간이 당신에게는 불행한 시간일 것입니다.

하지만 기쁨이 넘치는 행복한 친구와 동료, 가족과 배우자는 당신이 심지어 우울할 때에도 기쁨과 만족이 되어 줄 것입니다. 게다가 그들의 기쁨이 단순한 자기만족이 아니라 슬픔과 고통도 이해해 주고 격려해 줄 수 있는, 인생에 대한 깊은 이해가 있는 기쁨이라면, 더할 나위 없는 즐거움과 만족을 당신에게 줄 것입니다. 이와 마찬가지로 하나님은 영원토록 기쁘고 즐거운 분이시고, 그분의 기쁨은 유한하거나 바뀌거나 중지시킬 수 있는 기쁨이 아닙니다. 삼위 하나님은 불타오르는 열정으로 서로를 만족하고 사랑하시며, 세 분이시지만 사랑으로 완전한 한 하나님이십니다.

그리고 우리가 예수님을 믿음으로 하나님을 섬기는 신앙생활을 한다는 것은 이렇듯 행복한 하나님과 영원을 보낸다는 의미입니다. 그분을 우리의 친구이자 남편이자 영원한 사랑으로 받아들이고 함께 행복을 누린다는 것이지요. 우리가 앞으로 진행할 새가족반은 바로 이 하나님이 누리는 행복을 알고 그분의 행복 안으로 들어가는 여정이 될 것입니다.

자, 기대합시다. 영원토록 사랑으로 행복하신 하나님을 알아가도록 말이지요. 그리고 하나님께서는 영원토록 행복하신 분이라는 이 **복음**을 기뻐하도록 합시다.

1장 돌아보기

1. 사랑이신 하나님
- "하나님은 사랑이시라(요일 4:16)"는 말은 사랑이 하나님의 가장 중요한 본성이라는 것을 의미한다.
- 하나님이 본질적으로 사랑이시기에, 하나님만 홀로 존재하실 때부터 사랑의 대상이 있으셨다.
- 홀로 계실 때, 성부 하나님은 성자 하나님과 더불어 서로 사랑하셨다.

2. 아버지 하나님과 아들 하나님
- '아버지' 하나님이라는 말은 성자 하나님의 아버지시라는 것을 의미한다.
- 성부 하나님은 사랑의 원천이요 샘이며 출발이시고, 성자 하나님은 사랑을 받으시는 분이며 기쁨으로 반응하시는 분이기 때문이다.

3. 성령으로 사랑하시는 하나님
- 성부 하나님은 성자 하나님을 사랑하실 때 항상 성령을 보내신다(마 3:16-17).
- 예수님의 일생은 성령 하나님으로 가득하다.
  - 탄생 : 성령으로 잉태됨(마 1:18)   · 삶 : 성령으로 충만한 삶(눅 4:1, 10:21)
  - 말씀 : 성령님을 통해 하나님의 말씀을 하심(마 7:29, 요 3:34)
  - 죽음 : 성령으로 말미암아 흠 없는 자기를 하나님께 드림(히 9:14)
  - 부활 : 성령은 예수를 죽은 자 가운데서 살리신 이의 영이심(롬 1:4, 8:11)
- 성령님은 성부와 성자 간의 사랑의 끈이 되신다.

4. 사랑으로 인한 기쁨 / 사랑으로 행복하신 삼위 하나님
- 사랑은 기쁨의 근원이며 사랑 없이 행복하지 않다.
- 하나님은 창세 전부터 사랑이시기에, 사랑의 대상과 더불어 항상 행복하셨다.

5. 왜 이것을 알아야 하는가
- 기독교 신앙의 유익은 하나님과 더불어 누리는 행복이기 때문이다.
- 복음은 그분을 친구이자 남편, 영원한 사랑으로 받아들이고 함께 행복을 누리는 것이다. 영원히 함께할 분이 불행한 분이라면 기쁜 소식이 아닐 것이다.

나눔을 위한 질문

1. "하나님은 사랑이시라"는 말을 들을 때 떠오르는 하나님의 이미지는 어떠한가요? 잠시 자신의 생각을 말해 봅시다.

2. 요한복음 17:24에 따르면, 창세 전에 하나님은 무엇을 하고 계셨습니까?(28쪽 참조)

3. 왜 성부 하나님을 '아버지', 성자 하나님을 '아들'이라 부릅니까?(32쪽 참조)

4. 성령은 성부와 성자의 사랑에서 어떤 역할을 하십니까?(35쪽, 고후 13:13 참조)

5. 하나님은 어떻게 사랑으로 행복하실 수 있었습니까? 네 단계로 설명해 봅시다(38-39쪽 참조).

6. 하나님이 창세 전부터 영원토록 행복하신 분임을 아는 것은 왜 중요합니까?(42-43쪽 참조)

▶ 창세기 1-2장을 읽어 보시면, 다음 장을 이해하는 데 도움이 됩니다.

삼위일체란 무엇인가

1장에서 우리는 세 위격으로 계시지만 한 분이신 삼위일체 하나님에 대하여 다루었습니다. 이 교리는 오랫동안 신앙생활을 해온 그리스도인도 비교적 어렵게 느끼는 성경의 가르침이지만, 기독교를 다른 종교와 구별해 주는 가장 중요한 지식이며 또한 우리의 구원에서 필수적인 지식입니다. 따라서 간단하게나마 삼위일체에 대하여 살펴보는 것이 좋을 것 같습니다. 저는 성경이 가르치는 삼위일체를 다음과 같이 네 가지로 정리해 보려고 합니다.

첫째, 성부도, 성자도, 성령도 하나님이시라는 것입니다. 우리는 성부가 하나님이시라는 것은 자연스레 알고 이해합니다. 하지만 예수님 또한 하나님이십니다.

- 복스러운 소망과 **우리의 크신 하나님 구주 예수 그리스도**의 영광이 나타나심을 기다리게 하셨으니(딛 2:13).
- 도마가 대답하여 이르되 **나의 주님이시요 나의 하나님**이시니이다(요 20:28).

성령님 역시 하나님이십니다. 아래 구절을 보면, 3절은 "성령을 속였다"고 말하고 4절은 "하나님께 거짓말한 것"이라고 말합니다. 즉 우리는 성령님이 어떤 힘이나 능력, 에너지 같은 것이라고 자주 오해하는데, 성령님 역시 인격을 가진 분이시며, 우리의 예배와 찬송을 받으시기 합당한 하나님이십니다.

> 베드로가 이르되 아나니아야, 어찌하여 사탄이 네 마음에 가득하여 **네가 성령을 속이고** 땅 값 얼마를 감추었느냐. 땅이 그대로 있을 때에는 네 땅이 아니며 판 후에도 네 마음대로 할 수가 없더냐. 어찌하여 이 일을 네 마음에 두었느냐. **사람에게 거짓말한 것이 아니요 하나님께로다**(행 5:3-4).

둘째, 성부는 성자가 아니시고, 성자도 성령이 아니시며, 성령도 성부가 아니십니다. 하나님이 한 분이라고 하면 마치 한 존재가 보기에 따라서 달라지거나 변하는 것처럼 오해합니다. 가령 "제가 제 아버지에게 아들이고 제 딸들에게는 아버지이며 제 아내에게는 남편인 것처럼, 하나님이 하늘에 계실 때는 성부, 이 땅에 오셨을 때는 성자, 우리 안에 계실 때는 성령"이라고 예를 드는 것이지요(이 예화에 은혜 받으시면 안 됩니다!) 이러한 가르침을 소위 양태론적 이단이라고 부릅니다. 예를 들면 다음의 말씀을 읽어 봅시다.

> 예수께서 세례를 받으시고 곧 물에서 올라오실새 하늘이 열리고 하나님의 성령이 비둘기같이 내려 자기 위에 임하심을 보시더니 하늘로부터 소리가 있어 말씀하시되 이는 내 사랑하는 아들이요

내 기뻐하는 자라 하시니라(마 3:16-17).

본문을 잘 보십시오. 예수님은 세례를 받고 올라오셨고, 성령님은 비둘기처럼 내려오시며(성령님이 비둘기는 아닙니다!), 성부께서는 기쁜 소리를 내십니다. 삼위는 각각 존재하시며, 한 존재가 이랬다저랬다 하는 것이 아니지요. 만일 양태론이 진리라면, 예수께서 성부 하나님께 기도하는 것을 어떻게 설명하시겠습니까? 정신분열증 외에는 답이 없습니다.

셋째, 세 위격은 모두 동등하시다는 것입니다. 성경은 어떤 위격이 다른 위격보다 더 낮거나 종속되어 있다고 가르치지 않습니다. 오히려 아래의 말씀들을 보십시오.

- 그러므로 너희는 가서 모든 민족을 제자로 삼아 아버지와 아들과 성령의 이름으로 세례를 베풀고(마 28:19).
- 주 예수 그리스도의 은혜와 하나님의 사랑과 성령의 교통하심이 너희 무리와 함께 있을지어다(고후 13:13).

여기서 삼위 하나님은 동등하게 등장하십니다. 이것을 이해하지 못하면 다음과 같은 설명을 하기도 합니다(역시 이 예화에 은혜 받으시면 안 됩니다!) "컴퓨터를 보라고. 출력장치(모니터), 입력장치(키보드), 본체. 이렇게 셋이 합해서 한 컴퓨터잖아. 그러한 것처럼 성부 성자 성령 하나님도 한 하나님이야." 이것은 하나님을 합체 로봇처럼 대하는 것인데, 이 설명도 문제가 있습니다. 왜냐하면 키보드만으로 컴퓨터라고 말하는 사람은 아무도 없지만, 성자 하나님은 완전히 하나님이시기 때문입니다.

넷째, 그럼에도 불구하고 하나님은 한 분이십니다. 여전히 우리는 하나님이 한 분이심을 말해야 합니다. 성경을 봅시다.

- 이스라엘아, 들으라. 우리 하나님 여호와는 오직 유일한 여호와이시니(신 6:4).
- 그러므로 우상의 제물을 먹는 일에 대하여는 우리가 우상은 세상에 아무것도 아니며 또한 하나님은 한 분밖에 없는 줄 아노라(고전 8:4).
- 하나님은 한 분이시요 또 하나님과 사람 사이에 중보자도 한 분이시니 곧 사람이신 그리스도 예수라(딤전 2:5).

양태론을 피하기 위해서 마치 서로 다른 신성이나 본질을 가진 세 신이 있다는 식으로 생각한다면, 즉시 '삼신론'이라는 이단으로 빠져 버리게 됩니다. 사실 현대에는 그리 흔하지 않은 이단이지만, 이 역시 성경의 가르침을 부인하게 되는 것이지요. 하지만 여기서부터 신비가 시작됩니다. 제가 네 가지 명제로 삼위일체를 설명했고, 이 정의들을 통해 이단을 피할 수는 있을지 모르지만, 하나님의 삼위일체 되심이 무엇인지 정확히 이해하게 만들기는 쉽지 않습니다. 사람들은 많은 비유를 들어서 설명하기도 하지만, 위에서 언급했듯이 대부분의 비유는 비유를 드는 즉시 이단에 빠져 버립니다. 우리는 삼위로 계신 한 하나님을 믿어야 하고 그것이 신비스럽기 때문에 믿어야 합니다. 다 알 수 있다면 믿을 필요도 없겠지요.

그렇다면 여기서 우리는 물어야 합니다. 왜 성경은, 정확히 하나님께서는 이 이해하기 어려운 교리를 우리에게 가르쳐 주셨을까요? 우리를 괴롭히기 위해서일까요? 그렇지는 않겠지요. 그렇다면 이것을 가르쳐 주심으로 우리에게 주시는 유익은 무엇일까요? 그것은 **하나님께서 사랑이시라는 것을 더 분명히 가르쳐 주시기 위해서입**니다. 영국의 신학자 마이클 리브스는 "사랑할 대상이 없다면 하나님은 사랑이실 수 없다"고[14] 말합니다. 그래서 만일 하나님이 단일 위격이시라면 하나님은 사랑이실 수 없지요. 감사하게도 성경의 하나님은 삼위로 계시고, 서로 사랑하심으로 하나이십니다. 여기에는 이해하지 못할 사랑의 신비가 있는데, 하나님의 사랑을 더 많이 누릴수록 체험적으로 알게 될 것입니다.

2. 행복으로 초대받은 인간

첫 시간이 다소 어렵지는 않았나 모르겠습니다. 그래도 '하나님은 사랑이시며 영원히 행복하신 분'이라는 것은 이해하셨으리라 믿습니다. 이 개념을 이해하셨다면, 이제 우리가 배우게 될 내용의 기초를 잘 닦은 것입니다.

혹시 이런 질문이 떠오르지는 않으셨습니까? "그러면 하나님은 왜 이 모든 세상과 우리 인간을 만드신 걸까? 행복하셨다면 외롭지 않으셨을 텐데." 이것은 논리적으로 자연스럽게 떠오르는 질문입니다. 그래서 이번 시간에는 이 질문에 대하여 생각해 보려고 합니다. 하나님께서 왜 세상을, 그리고 인간을 창조하셨는지 말입니다.

하나님은 왜 세상을 창조하셨을까

하나님이 이 세상과 그 안의 모든 생명체를 창조하셨습니다 (창 1:1). 하나님의 창조는 그분이 보기에도 기쁘고 만족스러웠지요. 그래서 만드신 모든 것이 "보시기에 심히 좋"(창 1:31)았습니다. 그렇다면 하나님께서는 이렇게 좋고 아름다운 세상과 인간을 왜 창조하셨을까요? 우선 성경을 읽어 봅시다.

> 만물이 그에게서 창조되되 하늘과 땅에서 보이는 것들과 보이지 않는 것들과 혹은 왕권들이나 주권들이나 통치자들이나 권세들이나 만물이 다 그로 말미암고 그를 위하여 창조되었고(골 1:16).

성경은 모든 것 곧 우주나 지구 그리고 동식물과 인간 등 모든 보이는 것뿐 아니라 보이지 않는 것 역시 "그를(예수님을 가리킵니다) 위하여" 창조되었다고 말합니다. 여기서 말하는 '왕권들, 주권들, 통치자들, 권세들'은 모두 보이지 않는 영적 존재인 천사들을 가리키는데,[1] 이는 말 그대로 하나님을 제외한 모든 창조물이 예수님을 위해 지음받았다는 말입니다. 즉 "모든 것이 그분의 영광을 드러내기 위해 존재하며, 또한 궁극적으로 그분은 창조물들 안에서 영광을 받으신다"는 것이지요.[2] 한 구절 더 읽어 볼까요?

> 그러나 우리에게는 한 하나님 곧 아버지가 계시니 만물이 그에게서 났고 우리도 그를 위하여 있고 또한 한 주 예수 그리스도께서 계시니 만물이 그로 말미암고 우리도 그로 말미암아 있느니라(고전 8:6).

이 말씀은 아버지 곧 성부 하나님께서 계시고, 만물이 그에게서 났고 우리도 "그를 위하여" 있다고 말합니다. 골로새서 1:16에서 만물이 예수님을 위하여 창조되었다고 말한 것처럼, 이 본문 역시 만물이 성부 하나님을 위해 지음받았다고 알려 주지요. 이 모든 가르침은 결국 하나님께서 자기 자신을 위하여, 더 정확히는 하나님의 영광을 위하여 만물을 창조하셨다는 것을 알려 줍니다. 한 구절만 더 읽어 봅시다.

> 그런즉 너희가 먹든지 마시든지 무엇을 하든지 다 하나님의 영광을 위하여 하라(고전 10:31).

이쯤 되면 의문이 하나 생길 것입니다. 하나님의 영광을 위하여 세상을 창조했다면, 하나님께서 무엇이 부족했다는 것일까요? 아니면 하나님이 세상을 만드시기 전에는 덜 영광스러웠는데, 세상을 만드신 것으로 인하여 더 영광스러워졌다는 것일까요? 성경이 말하는 것처럼 우리가 "먹든지 마시든지 무엇을 하든지 다 하나님의 영광을 위하여" 행해야 한다면, 하나님은 인간이 필요하기 때문에, 세상 만물이 필요하기 때문에 세상을 지으신 것이 아닐까요? 다시 말해, 하나님은 무언가가 부족한 분이신 게 아닐까요?

하나님께서 영광스러워지시는 방법

이 모든 것은 '하나님이 영광을 받으신다'는 개념을 잘못 이해하고 있기 때문에 생기는 질문입니다. 하나님께서 자신을 위해 혹은 자신의 영광을 위해 천지를 지으셨다는 말은 하나님께서 무언가 부족하거나 외로우셔서 천지를 창조하셨다는 말이 결코 아닙니다. 하나님은 무엇이 부족하여 사람의 손으로 섬김을 받으시는 것이 아니며, 오히려 모든 사람에게 생명과 호흡과 만물을 친히 주시는 분입니다(행 17:25).

그렇다면 하나님은 어떻게 영화로워지실까요?◆ 조나단 에드워즈는 이 질문에 대하여 "하나님은······무한한 사랑과 기쁨을 **발산**하심으로써"³ 영광을 받으신다고 답합니다. 즉 하나님은 세상으로부터 무엇을 받으심으로 영화로워지시는 것이 아니고, 오히려 세상에 자신의 무한한 사랑과 기쁨을 발산하고 드러냄으로 영화로워지신다는 것입니다(여기서 당신이 무슨 말

◆ **영화롭다** 영광스러움이 드러나거나 발산되다.

인지 모르겠다며 머리를 쥐어뜯고 계시다면, 자연스러운 현상입니다!)

예를 들어 보겠습니다. 여기에 한 뛰어난 실력을 가진 화가가 있습니다. 그가 아무 일도 하지 않고 가만히 숨만 쉬고 있다고 해서 실력 없는 화가가 되거나 그림을 못 그리는 사람이 되는 것은 아닙니다. 여전히 그는 뛰어나고 탁월한 화가입니다. 그런 그가 힘과 지혜를 다해 좋은 그림을 그려냈다고 합시다. 그때 그 화가의 '그림을 잘 그린다는 탁월한 영광'은 발산되고 드러날 것입니다. 화가의 미술적 감각과 실력이 아름답게 드러나고 화가는 영광을 받게 되지요.

마찬가지입니다. 모든 것보다도 더 탁월하고 아름답고 위대하신 하나님은 그분의 창조물을 통해 섬김을 받으심으로 영광을 받으시는 것이 아닙니다. 오히려 그들을 만드심으로 하나님의 아름다움과 능력과 위대함을 드러내시고, 그들을 먹이고 입히시며 돌보심으로 하나님의 풍성한 자비와 사랑을 드러내십니다. 즉 하나님은 창조 이전에도 최고로 영화로우셨지만, 창조로 말미암아 그분의 영광을 **발산**하십니다. 이것이 바로 하나님께서 영광을 받으시는 방법입니다. 그렇기 때문에 하나님의 창조는 그분이 부족하시거나 외로우셔서 하신 일이 아니며, 오히려 충만하고 완전하며 흘러넘치기에 하신 일입니다.

오직 성경이 말하는 삼위 하나님만이 이렇게 영광스럽습

니다. 예를 들어 그리스-로마 신화를 보면, 신은 필요에 의해 인간을 창조합니다. 오비디우스가 쓴 『변신 이야기』에 보면, 프로메테우스와 에피메테우스는 동료 티탄들이 올림푸스 신들에게 대항하여 벌인 반란 전쟁에 참여하지 않았기 때문에 '타르타루스'라는 지하 세계에 감금되지 않습니다. 올림푸스 신들은 프로메테우스와 에피메테우스에게 호의를 베풀어 **그들을 대신하여 노동할** '인간'의 창조를 허용하고,[4] 그로 인해 결국 인간이 만들어지게 됩니다. 따라서 그리스-로마 신화의 세계관에서 인간은 신들을 섬기는 존재이며, 신들은 자신들의 부족함을 채우기 위해 인간을 지은 것이지요.

또한 고대 메소포타미아 신화 역시 이와 비슷합니다. 바벨론의 주신主神이었던 마르둑은 신들을 대신하여 노동할 존재를 필요로 했고, 그래서 다음과 같이 말합니다. "나는 피를 단단히 뭉치고 뼈가 생기도록 할 것이다. 나는 사람들을 세운 다음에 '인간'이라 이름하도록 하겠다.……그들은 신들이 굶주림을 해결할 수 있도록 신들의 짐을 질 것이며 신들은 쉬게 될 것이다."[5] 여기서도 역시 인간은 신들을 섬기는 존재이며, 신들은 자신들의 부족함을 채우기 위해 인간을 지은 것입니다.

하지만 우리 하나님은 이러한 이유로 사람을 지으신 것이 아닙니다. 오히려 그분은 섬김을 받으려 하기보다 섬기는 분이며(마 20:28), 사람을 만든 다음 이렇게 외치시는 분입니다.

2. 행복으로 초대받은 인간 57

- 하나님이 이르시되 내가 온 지면의 씨 맺는 모든 채소와 씨 가진 열매 맺는 모든 나무를 너희에게 주노니 너희의 먹을거리가 되리라(창 1:29).
- 모든 산 동물은 너희의 먹을 것이 될지라. 채소같이 내가 이것을 다 너희에게 주노라(창 9:3).

우리의 삼위 하나님은 먹을 것을 얻기 위해 인간을 만드신 것이 아니라, 인간을 만드시고 먹을 것을 주셨습니다! 따라서 인간은 자신이 가지고 있는 자원과 힘과 능력을 하나님께 드림으로 하나님을 영화롭게 하는 것이 아닙니다. 오히려 풍성하고 넘치는 사랑의 근원이신 하나님께 받아 누림으로 그분을 영화롭게 합니다. 그래서 존 파이퍼는 "우리가 하나님 안에서 가장 크게 만족할 때 하나님께서 우리 안에서 가장 크게 영광을 받으신다"고[6] 말합니다. 하나님 안에서 우리가 누리는 기쁨과 만족과 즐거움이 그분을 영화롭게 하고 높인다는 것이지요.

하나님의 거대한 열정, 세계

여기서 우리가 하나 더 생각해 보아야 할 것이 있습니다. 그것은 하나님이 그분의 영광을 위해 거대하고 엄청난 열정을 가지고 계시다는 사실입니다. 하나님은 "나는 나를 위하며 나를 위하여 이를 이룰 것이라. 어찌 내 이름을 욕되게 하리요. 내 영광을 다른 자에게 주지 아니하리라"(사 48:11)고 말씀하시는 분입니다. 이러한 열정을 앞에서 살펴본 것 곧 '하나님은 우리에게 섬김을 받으심으로 영광을 받으시는 것이 아니라, 오히려 우리를 섬김으로 영광을 받으신다'는 진리와 함께 생각해 보십시오. 그러면 하나님이 엄청난 열정과 집념을 가지고 우리를 섬기며 행복하게 하기를 원하시는지 확신할 수 있습니다. 실제로 "내 영광을 다른 자에게 주지 아니하리라"는 말씀 앞부분에서 하나님은 이같이 말씀하십니다.

> 내 이름을 위하여 내가 노하기를 더디 할 것이며 내 영광을 위하여 내가 참고 너를 멸절하지 아니하리라. 보라, 내가 너를 연단하였으나 은처럼 하지 아니하고 너를 고난의 풀무 불에서 택하였노라(사 48:9).

하나님께서 그분의 영광을 위해서 하시는 일은 무엇일까요? 그것은 죄지은 인간들을 향해 노하기를 더디 하시고 참으시며 고난 가운데서 건지시는 일입니다. 즉 하나님께서 자신의 영광을 드러내기 위하여 사랑과 자비와 용서를 베푸신다는 것입니다. 그리고 그 결과, 즉 하나님이 자신을 영화롭게 하려는 열정을 가지신 결과, 우리가 온갖 유익을 누리게 되지요. 따라서 스스로 영광을 받고자 하시는 영원한 하나님의 열정과, 우리를 사랑하시고 돌보시며 용납하시려는 하나님의 열정은 하나입니다![7]

그렇다면 영광을 받고자 하시는, 또한 창조물을 사랑하시는 그분의 열정의 결과는 무엇일까요? 그것은 바로 이 세계입니다. 모든 것이 완성된 뒤에 하나님 "보시기에 심히 좋았"(창 1:31)던 바로 그 세계 말입니다. 이 세계는 하나님의 아름다움과 탁월하심이 발산된 결과이기에 심히 영광스러웠습니다. 보시기에 심히 좋았다는 말은 세계에 대한 "하나님 자신의 신적 평가"였습니다.[8] 즉 완전하신 하나님께서 보시기에도 좋았다는 말이니, 얼마나 세계는 좋았겠습니까.

오직 삼위로 하나이신 우리 하나님만 가지고 계신 사랑, 능력, 지혜, 아름다움, 영광이 폭발적으로 터져 나옵니다. 하나님께서 만드신 우주는 지금까지 인간이 발견한 바에 따르면 빛의 속도의 약 6.5배 곧 초속 196만 킬로미터의 속도로 그 반경이 넓어지고 있으며[9] 결국 그 끝은 알 수 없는, 아니 현재의 관측 능력으로는 그 끝이 있는지도 확인되지 않은 거대한 창조물입니다. 많은 과학자들은 우주를 보며 경이감을 느끼지만, 그 경이로운 대상을 창조해 내신 분은 하나님이십니다! 심지어 성경은 이렇듯 거대하고 위대한 존재조차 "그분이 하시는 일의 단편일 뿐"(욥 26:14)이라고 말합니다. 그렇다면 그분이 실제로 하신 일은 얼마나 놀라운 것이겠습니까?

이 모든 것이 행복하고 완전하신 하나님의 영광이 폭발적으로 터져 나온 결과입니다! 그분은 영원하고 무한한 열정으로 자신의 영광을 드러내셨고, 그 결과는 아름다운 세계와 완성과 그 세계 안의 많은 존재들이 누리는 행복입니다. 이러한 영광을 보며, 하나님을 사랑했던 이스라엘의 왕 다윗은 이렇게 노래하기도 했습니다. "여호와 우리 주여, 주의 이름이 온 땅에 어찌 그리 아름다운지요. 주의 영광이 하늘을 덮었나이다"(시 8:1).

하나님 열정의 절정, 인간

하지만 우주라는 이 위대한 창조물조차도 하나님께서 만드신 최고의 창조물에 비하면 아무것도 아닙니다. 그 창조물은 하나님의 지혜와 능력의 절정이며 최고봉입니다.

> 하나님이 이르시되 우리의 형상을 따라 우리의 모양대로 우리가 사람을 만들고 그들로 바다의 물고기와 하늘의 새와 가축과 온 땅과 땅에 기는 모든 것을 다스리게 하자 하시고 하나님이 자기 형상 곧 하나님의 형상대로 사람을 창조하시되 남자와 여자를 창조하시고(창 1:26-27).

이 말씀에서 하나님은 의논하고 계십니다. 다른 창조물을 지으실 때는 의논하시는 장면이 나오지 않는데 말이지요. 이는 성부와 성자, 성령께서 세계 전체를 다스릴 가장 위대한 창조물을 계획하시고 있기 때문입니다.[10] 그리고 그 창조물을 '사람'이라고 말씀하십니다. 그들은 다른 창조물과는 달리 '하나님의 형상'을 따라 지음을 받습니다. 즉 인간은 "그 구조 전체에서 하나님을 닮고 하나님을 반영하는 존재"입니다.[11]

인간은 하나님을 닮았기에 하나님을 반영합니다. 물론 유한하고 제한된 형태이기는 하지만 인간은 하나님을 닮았습니다. 그분이 선하시기에 인간에게는 부분적으로나마 선함이 있습니다. 하나님께서 의지와 지성과 감정을 가지신 분이기에, 인간 역시 의지와 지성과 감정을 가지고 사용합니다. 또한 하나님께서 세상을 통치하는 주권을 가지신 분이기에, 인간 역시 세상의 많은 창조물들을 지배하고 다스립니다.

그뿐 아닙니다. 무엇보다도, 우리는 하나님의 형상이기에 서로 사랑합니다. 단순히 사랑할 뿐 아니라 무엇에든지 하나를 이루려고 하며, 결혼을 통해서 가정을 이루고 사회를 통해 국가를 이루고 삽니다. 우리는 사랑하는 존재이기에, 헤어질 때 가슴 아파하고 외로움과 허전함이라는 고통스러운 감정을 느끼며 살아갑니다. 그렇게 인간은 사랑이 없으면 살아갈 수 없는 존재입니다. 이 모든 것은 다 우리가 하나님의 형상이기 때문입니다.

창세기 1장을 자세히 살펴보십시오. 하나님께서는 모든 다른 창조물을 만들고 나서 그저 "보시기에 좋았"(4, 10, 12, 18, 21, 25절)습니다. 그러나 모든 것을 만드신 다음 사람 곧 남자와 여자를 창조하신 뒤에는 보시기에 "심히 좋았"습니다(1:31). 왜 그랬을까요? 인간이야말로 하나님의 영광이 최고치로 발산된 창조물이었기 때문입니다. 따라서 자신이 영광받으시기를 원하는 하나님은, 인간을 보시며 최고로 영광을 받으시고 기뻐하셨습니다![12]

그리고 그 인간이 최고로 행복할 때, 즉 하나님을 사랑하며 서로를 사랑할 때 모든 창조물은 함께 하나님을 즐거워하고 서로를 사랑하며 행복을 누릴 수 있었습니다. 이것이 바로 완전하고 행복하신 하나님께서 세계를 지으신 이유입니다. 이렇게 인간은 삼위 하나님만이 누리시던 완전한 행복의 나라로 초대받았습니다.

인간이 누리던 관계의 행복

인간이 누릴 수 있는 이 행복은 주로 소유보다는 관계의 행복입니다. 물론 최초의 인간은 무엇이든 소유할 수 있었고 다스릴 권한 또한 받았기 때문에 행복한 존재이기도 했습니다. 하지만 그 시절 지금처럼 고성능 기계나 편리한 도구, 맛난 음식들이 다양하게 존재했던 것은 아닙니다. 그렇다고 지금 우리가 가지고 누리는 것들을 가지지 못했다고 해서 행복하지 않았던 것은 아니지요. 오히려 인간은 관계 가운데서 행복한 삶을 누릴 수 있었습니다. 하나씩 살펴볼까요?

첫째는 인간과 세상과의 관계입니다. 인간과 세상의 관계는 화목하고 아름다웠습니다. 하나님께서는 먼저 한 남자를 만드셨는데, 그 남자의 이름은 아담이었습니다(사실 히브리어로 아담은 그냥 '사람'이라는 뜻이기도 합니다). 하나님께서는 아담을 만드시자마자 한 명령을 주시는데, 이 명령을 이해하는 것은 여러 모로 중요합니다.

> 하나님이 그들에게 복을 주시며 하나님이 그들에게 이르시되 생육하고 번성하여 땅에 충만하라, 땅을 **정복하라**, 바다의 물고기와 하늘의 새와 땅에 움직이는 모든 생물을 **다스리라** 하시니라(창 1:28).

아담은 땅을 정복하고 모든 생물을 다스리라는 명령을 받았습니다. 이는 당대의 고대 근동 신화들과 비교할 때 굉장히 놀라운 것인데, 보통 고대 근동 신화에서는 왕만이 신의 형상대로 만들어진 존재였습니다.[13] 하지만 성경은 아담이, 그리고 아담의 후손인 모든 인간이 하나님의 형상을 지닌 존귀하고 고귀한 존재라고 가르쳐 줍니다. 또한 실제로 하나님의 형상을 지녔기에 왕처럼 모든 창조물을 정복하고 다스리도록 권한을 주지요.

이러한 권한은 한편으로 인간이 질서상 자연 위에 있어 모든 것을 통치할 능력과 힘을 가졌다는 것을 의미합니다. 하나님께서는 인간을 지혜롭고 탁월하게 지으셨습니다. 그래서 힘으로는 인간이 사자나 코끼리를 이길 수 없겠지만, 하나님께서는 그들을 압도할 수 있는 지혜와 내적 능력을 인간에게 베푸셨습니다. 이때 자연은 인간에게 기쁨으로 순종했을 것이며, 어떤 내적 부조화도 없었을 것입니다. 지진이나 해일, 천재지변 같은 것들이 인간을 위협하지 않았을 것이며, 동물들끼리도 서로가 서로를 잡아먹으며 고통을 겪지 않았을 것입니다.

또 다른 한편으로, 인간이 모든 생물을 다스리고 통치한다는 것은 그들을 보호하고 돌본다는 것을 의미합니다. 이러한 지배는 "생물들을 먹이고 돌보며 보호하는 목자의 역할"을[14] 가리키지요. 이것은 착취나 남용과는 아무런 관계가 없습니다.[15] 실제로 이러한 인간의 역할은 창세기 2장에서 다시 구체적으로 나타납니다.

> 여호와 하나님이 그 사람을 이끌어 에덴 동산에 두어 그것을 경작하며 지키게 하시고(창 2:15).

하나님께서는 에덴이라는, 지금은 알려져 있지 않은 지역에 동산을 만들고 거기에 사람을 두십니다(창 2:8). 그곳은 하나님과 더불어 기쁘게 교제할 수 있는 낙원이었지요. 그리고 아담은 그 동산을 경작하며(히브리어로 '아바드') 지키도록(히브리어로 '샤마르') 요구받습니다. 이 두 히브리어 단어 '아바드'와 '샤마르'는 사실 각각 '섬기다'와 '각별히 관리하다'라는 의미를 가지고 있습니다.[16] 이 역시 아담이 세상을 돌보고 관리하는 책임을 가지도록 하셨다는 것이지요.

따라서 하나님께서는 인간을 자연 만물을 다스리는 왕으로 세우시고, 선하신 하나님께서 통치하고 다스리듯 선하고 아름답게 보호하고 돌보도록 하셨습니다. 그 안에서 자연은 질서와 조화를 이루며 아름다움을 뽐냈고, 인간과 자연은 함께 선하고 아름다운 하나님을 영광스럽게 했습니다. 인간과 세상 만물은 사랑으로 행복하신 삼위 하나님처럼 화목하고 행복했지요.

둘째는 인간과 인간의 관계입니다. 인간과 인간의 관계 역시 화목하고 아름다웠습니다. 하나님께서는 처음 사람을 만드실 때 "하나님의 형상대로 사람을 창조하시되 남자와 여자를 창조하"셨지요(창 1:27). 하나님께서는 인간을 홀로 만들지 않으시고 관계가 존재하는 둘로 만드신 것이지요. 재미있게도, 창세기가 기록될 당시의 지배적 종교였던 바벨론의 종교에는 신이 남자와 여자를 창조했다는 사실이 언급조차 되어 있지 않습니다.[17] 이것이 고대 근동 종교가 지독하게 남성 중심적이었던 이유겠지요. 하지만 성경은 인간이 처음부터 남자와 여자로 창조되었다고 말합니다. 하나님의 이러한 창조를 조금 더 자세히 살펴봅시다.

> 여호와 하나님이 이르시되 사람이 혼자 사는 것이 좋지 아니하니 내가 그를 위하여 **돕는 배필**을 지으리라 하시니라.……여호와 하나님이 아담을 깊이 잠들게 하시니 잠들매 그가 그 갈빗대 하나를 취하고 살로 대신 채우시고 여호와 하나님이 아담에게서 취하신 그 갈빗대로 여자를 만드시고 그를 아담에게로 이끌어 오시니 아담이 이르되 이는 **내 뼈 중의 뼈요 살 중의 살이라**. 이것을 남자에게서 취하였은즉 여자라 부르리라 하니라. 이러므로 남자가 부모를 떠나 그의 아내와 합하여 **둘이 한 몸을 이룰지로다**(창 2:18-24).

자세히 보십시오. 하나님께서는 아담 홀로 사는 것이 좋지 않다고 여기셨습니다. 즉 여자가 없는 상태에서는 "보시기에 좋은 상태가 아닌" 것입니다. 그래서 아담을 돕는 배필을 지으려 하셨지요. 하나님은 아담을 잠들게 하시고 갈빗대 하나를 취하여 여자를 만들어 내십니다. 전혀 고통이 없는 완전마

취 수술을 끝내시고 나자 여자가 나타납니다! 아담은 너무나도 기뻤고, "이는 내 뼈 중의 뼈요 살 중의 살이라"고 말하며 사랑합니다. 앞에 인용된 말씀에서 제가 강조 표기한 부분을 중심으로 이야기를 진행해 보겠습니다.

여자는 남자의 "돕는 배필"이었습니다. 이것은 남자 홀로는 완전하지 못하며, 남자에게는 여자가 반드시 필요하다는 의미였지요. 언뜻 이 말씀이 여자를 낮추어 보고, 그저 보조적 역할이나 하는 존재로 여기는 것처럼 보일 수 있습니다. 하지만 그렇지 않습니다. 여기서 돕는(히브리어로 '에제르')이라는 단어는 하나님께서 우리를 도우실 때도 쓰는 단어입니다. "여호와여, 주는 나를 돕고[에제르] 위로하시는 이시니이다"(시 86:17). 즉 여자의 역할이 그저 보조적인 것이라는 말이 아니라, 상호 의존적이라는 말이지요. 창세기 2장에서 여자는 남자의 외로움에서 남자를 구원합니다![18]

남자는 여자를 보며 "이는 내 뼈 중의 뼈요 살 중의 살이라"고 탄성을 지릅니다. 이 말은 히브리어로 다섯 개의 짧은 행에 운율을 가진 시입니다(아마도 인류 최초의 시이지 않을까 싶습니다!)[19] 아담은 여자가 너무 좋아서 노래를 부를 정도였던 것이지요. 하와는 아담에게서 나왔고, 그렇기 때문에 아담이 하와를 사랑하는 것은 자신을 사랑하는 것과 같습니다. 즉 하와라는 "이웃을 자신과 같이"(마 19:19) 사랑할 수 있는 것이지요. 하와는 그렇게 귀한 존재였습니다. 이는 하나님께서 그렇게 여자를 귀한 존재로 만드셨기 때문이지요. 그래서 17세기 목회자 매튜 헨리는 여자의 창조를 가리켜 아름다운 말로 묘사합니다.

> 여자는 남자의 지배자가 아니기에 머리뼈로 만드시지도 않으셨고, 남자에게 짓밟히면 안 되기에 다리뼈로 만드시지도 않으셨습니다. 오히려 동등한 존재가 되게 하기 위해 옆구리에서, 또한 잘 보호받을 수 있도록 하기 위해 팔 밑에서, 그리고 사랑을 많이 받게 하기 위해 가슴 가까운 곳에서 만드셨습니다.[20]

또한 하나님께서는 남자와 여자가 '한 몸'을 이룰 것이라고 말씀하십니다. 여기서 우리는 인간과 인간 결합의 가장 커다란 완성을 봅니다. 둘은 서로 다르지만 하나입니다. 마치 성부, 성자, 성령 하나님께서 계시지만 한 하나님인 것과 닮았지요.[21] 물론 남녀의 이 연합이 삼위 하나님의 하나이심과 같을 정도로 완전하지 않으며, 비할 수 있는 것도 아닙니다. 하지만 인간은 확실히 하나님을 닮았습니다. 서로 사랑함으로 하나를 추구하려는 성향이 있기 때문입니다. 그리고 **최초의 사회**였던 남자와 여자는 이렇듯 서로 사랑하고 아끼는 존재로 지어졌습니다. 인간과 인간의 관계는 더없이 행복하고 완전했는데, 이것은 사랑이신 하나님이 주신 선물이었습니다.

셋째는 인간과 하나님의 관계입니다. 이 사랑의 관계에 대해서는 다음 시간에 보다 자세히 다루도록 하겠습니다. 이 관계의 핵심인 "선악을 알게 하는 나무"(창 2:17)를 이야기해야 하기 때문입니다. 하지만 조금 간단하게 정리하자면, 하나님은 인간에게 필요한 모든 좋은 것을 공급하시고, 자신을 더 많이, 충분히 즐거워할 수 있도록 드러내 주셨습니다. 인간은 자연과 세상을 즐길 수 있었고 또한 서로를 즐길 수 있었지만, 무엇보다 하나님을 즐거워할 수 있었습니다. 이것은 정말 무한하게 행복한 일이었는데, 하나님만이 최고로 매력적이고 아름다운 분이시기 때문입니다. 세상과 인간을 통해서 누리는 즐거움은 모두 하나님을 앎으로 누리는 즐거움의 희미한 반영이었을 뿐입니다.

하나님은 세상을 창조하시고 인간을 만드셨습니다. 그리고 인간에게 좋은 관계를 중심으로 행복하게 살아갈 수 있도록 하셨지요. 이것이 하나님께서 만드신 행복의 나라였습니다. 하나님의 계획과 일하심이 얼마나 놀라운지요. 하나님은 이렇게 선하고 아름다운 분이십니다.

2장 돌아보기

1. 하나님은 왜 세상을 창조하셨을까
- 골로새서 1:16과 고린도전서 8:6은 만물이 하나님의 영광을 위해 지음받았다고 말한다.
- 그래서 고린도전서 10:31은 우리 모두에게 하나님의 영광을 위해 살라고 말한다.

2. 하나님께서 영광스러워지시는 방법
- 그렇다면 창조 이전에는 하나님이 덜 영광스러웠거나 무엇인가 부족하셨다는 말인가? 그렇지 않다. 오히려 하나님은 충만히 모든 것을 베푸시고 주시는 분이다(행 17:25).
- 하나님은 세상으로부터 무엇을 받으심으로가 아니라, 오히려 세상에 자신의 무한한 사랑과 기쁨을 발산하고 드러냄으로 영화로워지신다. 예) 뛰어난 실력을 지닌 화가
- 따라서 인간은 자신이 가지고 있는 자원과 힘과 능력을 하나님께 드림으로 하나님을 영화롭게 하는 것이 아니라, 오히려 풍성하고 넘치는 사랑의 근원이신 하나님께 받아 누림으로 그분을 영화롭게 한다.

3. 하나님의 거대한 열정, 세계
- 하나님은 자신의 영광을 위한 열정을 가지고 계시다(사 48:10). 그래서 하나님께서 하시는 일은 자신의 백성들을 구원하고 건지시는 일이다(사 48:9).
- 즉 스스로 영광을 받고자 하시는 하나님의 열정과 우리를 사랑하시는 하나님의 열정은 하나다.
- 이렇듯 창조물을 사랑하시는 하나님의 열정, 즉 영광을 받고자 하시는 하나님의 열정이 폭발적으로 터져 나온 것이 세상이다. 하나님의 사랑, 능력, 지혜, 아름다움, 영광은 창조에서 드러난다.

4. 하나님 열정의 절정, 인간
- 그중에서도 인간은 하나님의 지혜와 능력의 절정이며 최고봉이다(창 1:26-27). 인간이 하나님을 닮았기 때문이다. 그래서 인간은 가정과 사회와 국가라

는 공동체를 이루며 살고, 누군가와 사랑하고 교제하며 살아간다.

5. 인간이 누리던 관계의 행복

- 그렇게 하나님의 형상을 따라 지어진 인간은 세 가지 관계의 행복을 누리게 되었다.

인간과 세상의 관계	선하게 세상(그리고 자연)을 돌보는 인간과 순종하는 자연
인간과 인간의 관계	홀로 만들지 않으시고 관계가 존재하는 둘—남자와 여자—로 만드심
인간과 하나님의 관계	모든 것을 공급하시는 선하신 하나님과 그것을 누리는 인간

나눔을 위한 질문

1. 성경이 직접적으로 말하는 하나님의 천지창조 목적은 무엇입니까?(53-54쪽 참조)

2. 무엇 하나 부족할 것 없는 완전하신 하나님이 영광을 받으시는 방법은 무엇입니까?(55-56쪽 참조, 특히 화가의 예)

3. 영광을 받기 원하시는 하나님의 열정과 우리를 사랑하며 돌보시려는 하나님의 열정이 하나인 이유는 무엇입니까?(58-60쪽 참조)

4. 인간이 하나님의 형상으로 지음받았다는 것은 무엇을 의미합니까?(62쪽 참조)

5. 인간이 누리던 세 가지 관계의 행복은 무엇인지 하나씩 말해 봅시다(64-70쪽 참조).

▶ 창세기 2-3장을 읽어 보시면, 다음 장을 이해하는 데 도움이 됩니다.

II

거절

3 인간이 불행하기를 선택하다

SNS에서 해시태그(#)를 입력한 뒤 "세상은살만하다"를 검색하면 평범한 사람들의 따뜻한 미담들을 볼 수 있습니다. 추운 데서 일하는 알바생을 위해 외투를 가져다준 손님 이야기, 지갑을 잃어버려 눈앞이 캄캄했다가 누군가가 대가를 바라지 않고 찾아 주어 감동한 이야기 등등. 예쁜 사진과 함께 이렇게 따뜻한 이야기를 읽다 보면, "그래, 아직 세상은 살 만하구나"라는 생각이 들지요.

그러나 이 말이 여전히 쓰이는 배경에는 이 세상이 별로 살 만하지 않다는 전제가 깔려 있습니다. 세상살이가 고통스럽고 괴롭기 때문에 가끔씩 듣는 미담이 우리로 하여금 희망을 발견하게 하는 것이지요. 알바생을 무시하고 하대하는 것이 일상이 되어 버린 세상 풍조 때문에 그를 챙겨 준 마음 씀

쓴이를 귀하게 보는 것이고, 대체로 귀한 것을 잃어버리면 찾는 것이 거의 불가능하다는 것을 알기에 지갑을 찾게 된 이야기에 감동하는 것입니다.

이러한 세상을 바라볼 때, 자연스레 의문이 생깁니다. '왜 우리는 이러한 세상에 살게 되었을까? 하나님이 이 세상을 선하게 창조하셨다면, 왜 세상이 이 모양이 되어 버린 걸까?' 지난 시간에 살펴본 것처럼, 행복하신 하나님은 그분 안의 모든 탁월하신 영광을 발산하시며 행복한 세상을 창조하셨습니다. 또한 그분의 영광이 가장 위대하게 반영된 피조물을 보시기에 심히 좋은 모습으로 만드셨습니다. 이것이 사실이라면, 지금 우리가 살고 있는 세상은 왜 이렇게 망가져 버렸을까요?

왜 세상에는 악이 존재하는가

사실 이러한 문제 때문에 하나님의 존재를 의심하는 사람들도 참 많습니다. 만일 선하고 전능한 하나님이 존재한다면 왜 이 세상에 악과 고통이 존재하느냐는 것이지요. 그래서 그들은 이런 방식의 논지를 폅니다. "신은 선하지 않든지 전능하지 않든지 둘 중 하나다. 세상에 악은 존재하고 신이 만일 선하다면, 그는 악을 이기거나 다스릴 능력이 없는 것이다. 또는 신이 만일 전능하다면 그는 악을 막을 능력이 있음에도 불구하고 악과 고통을 내버려두고 있는 것이고, 그것은 신이 선하지 않다는 것을 의미한다."[1]

이러한 생각의 다른 버전으로, 하나님께 도움을 구했는데도 불구하고 응답해 주지 않으셨기 때문에 그분의 존재를 의심하는 경우도 있습니다. 예를 들면 이렇습니다. "예전에 정말 어려운 일이 내게 닥쳤고, 여러 모로 이 문제를 이겨내려고 노력하다가 결국 무릎 꿇고 그 '신'이라는 존재에게 간절히 기도해 보았지. 그러나 아무런 응답이 없었고 나는 실망했어. 그러니 신 따윈 존재하지 않아."

물론 이러한 항변을 하는 고통스러운 심정은 이해할 수 있습니다. 하지만 이러한 주장에는 한 가지 생각해 보아야 하는 전제가 숨어 있습니다. 그것은 바로 '하나님은 인간에게 잘해 주실 의무가 있다'는 것이지요. 예를 들어 봅시다. 살인죄를 범한 범죄자 하나가 징역형을 선고받았습니다. 감옥에서의 아주 고통스럽고 괴로운 상황에 처하게 되었지요. 그래서 재판장에게 자신을 빨리 풀어 달라고, 그리고 자신을 잘 대우해 달라고 탄원서를 보내며 간청했지만 재판장은 (당연하게도) 듣지 않았습니다. 자, 그렇다면 재판장은 존재하지 않는 것일까요?

그럴 리가 없습니다. 죄수는 마땅히 감옥에 갇혀 불편하고 고통스러워해야 하고, 그에게는 재판장의 호의를 받을 만한 어떠한 권리도 없습니다. 재판장이 자신의 요청을 들어주지 않고 자신이 고통과 괴로움에 처하도록 내버려두었다 하더라도, 죄수는 항변할 자격이 없습니다.

게다가 죄수가 처한 고통스러운 상황은 오히려 재판장의 존재를 증명합니다. 그가 자유를 박탈당하고 고통 아래 처해 있다는 사실 자체가 그 위의 어떤 권위가 있다는 것을 말해 주기 때문입니다. 마찬가지로 인간이 고통에 처해 있다는 사실, 이러한 상태에서 무언가 신의 도움과 간섭이 없어 **보이는 것** 같은 상황이 하나님의 존재를 부정하지 않습니다. 오히려 증명합니다. C. S. 루이스의 말을 들어 봅시다.

> 하나님을 반대하는 저의 논거는 세상이 너무나 잔인하고 불의하다는 데 있었습니다. 그렇다면 저는 정의니 불의니 하는 개념을 어떻게 갖게 된 것일까요? 만일 인간에게 직선의 개념이 없다면 굽은 선이라는 개념도 없을 것입니다.……이처럼 하나님이 존재하지 않는다는 것—달리 말하자면 실재 전체의 무의미함—을 증명하려 하다 보면, 어쩔 수 없이 실재의 한 부분—곧 정의에 대한 나의 개념—만큼은 전적으로 의미 있다는 가정을 하지 않을 수 없습니다.[2]

무슨 말인지 이해가 되십니까? 우리가 세상이 불의하고 악하며 무엇인가 잘못되어 있다는 생각을 하는 것 자체가, 의롭고 선하며 옳은 존재가 이 세상에 있다는 것을 증명한다는 것입니다. 그래서 철학자인 앨빈 플랜팅가는 이렇게 말합니다. "따라서 정말 무시무시한 악이 존재한다고 생각한다면(망상 같은 게 아니라 정말로), 하나님의 실재를 강력하게 주장하는 셈이다."[3]

또한 이러한 이해는 우리가 사는 세상이 왜 이렇게 망가졌는지에 대한 실마리를 줍니다. 우리는 위에서 말한 죄수입니다. 즉 세상의 악과 고통의 원인이 우리에게 있다는 것입니다. 그래서 성경은 모든 인간이 죄인이라고 말합니다. 그리고 죄야말로 이 세상이 겪는 고통과 악의 기원입니다. 그래서 이번 시간과 다음 시간에는 인간에게 어떻게 죄가 들어왔으며, 그 결과 우리가 맞이하게 된 비참한 결과가 무엇인지 생각해 보겠습니다.

에덴 동산의 금지

모든 것을 완전하게 창조하신 하나님은 인간을 만드시고 그냥 내버려두지 않으셨습니다. 하나님은 인간이 그분과 관계를 맺고 살아가도록 의도하셨습니다. 다른 피조물들과는 달리, 인간은 하나님과 직접적이고 인격적인 교제를 나눌 수 있었지요. 무엇보다 언어를 사용할 줄 알았고, 그래서 하나님과 정교하고 깊이 있는 대화를 나눌 수 있었습니다.

인간은 지성을 사용하여 하나님의 말씀을 듣고 이해할 수 있었으며, 또한 말씀에 근거하여 하나님이 어떤 분이신지 깊이 탐구할 수 있었습니다. 인간의 감정은 아낌없이 베푸시는 하나님의 호의에 감격하고 기뻐하며 만족할 수 있었고, 또한 의지를 사용하여 하나님의 뜻을 기뻐함으로 따를 수 있었습니다. 모든 창조물 중 가장 하나님을 닮은 존재인 인간은, 따라서 가장 하나님과 깊은 교제를 나눌 수 있었지요.

지난 시간에 이미 살펴보았지만, 인간은 하나님을 닮았기에 하나님의 선한 통치를 하도록 명령받았습니다. 그리고 성경이 말하는 최초의 인간인 아담은 그 통치가 시작되는 공간이요 동시에 하나님과 교제하는 공간인 에덴 동산에서 삶을 시작했습니다. 그곳의 특징은 하나님과의 교제가 있는 일종의 거룩한 장소 곧 성전이었다는 것입니다.[4] 하나님께서는 아담이 그곳에서 하나님을 즐거이 섬기고 기뻐하며 살아갈 수 있도록 필요한 모든 것을 공급해 주셨습니다(창 2:8-16).

또한 동산에는 하나님께서 아담을 창조하시고 삶을 유지하게 하시며 무엇보다 하나님과 더불어 교제할 수 있도록 하신 것을 기념할 수 있도록 '생명 나무'를 주셨습니다(창 2:9). 이 나무는 그 자체에 어떤 신비한 힘이 있는 것이 아니었습니다. 오히려 아담이 그것을 먹을 때마다 자신의 생명이 스스로가 아닌 하나님께로부터 왔다는 것을 기억하고, 그분의

자비와 사랑 때문에 먹고 마시며 삶을 누리는 것임을 깨닫게 하는 역할을 했지요.[5]

또한 하나님께서는 인간이 하나님과 참으로 교제할 수 있게 하시기 위해 일종의 금지 명령을 주셨습니다.

> 여호와 하나님이 그 사람에게 명하여 이르시되 동산 각종 나무의 열매는 네가 임의로 먹되 선악을 알게 하는 나무의 열매는 먹지 말라. 네가 먹는 날에는 반드시 죽으리라 하시니라 (창 2:16-17).

'선악을 알게 하는 나무'란 무엇일까요? 이것은 흔히 사람들이 오해하듯 먹으면 어떤 특별한 지식을 가지게 하는 나무가 아닙니다(사과도 아닙니다!). 게다가 독 같은 것이 들어 있어서 몸과 영혼이 오염되는 그러한 나무도 아니지요. 이것 역시 생명 나무처럼 일종의 상징적 의미가 담긴 나무였습니다. 선악을 알게 하는 나무는 일종의 도덕적 자율성을 상징합니다.[6] 즉 무엇이 선하고 무엇이 악한지를 스스로 결정하는 태도를 말하지요.

앞에서 C. S. 루이스의 말을 빌려 언급했던 것처럼, 모든 인간은 선과 악, 정의와 공평 등의 개념에 대한 감각을 가지고 있습니다. 그렇다면 무엇이 선이고 무엇이 악인지는 누가 결정하는 것일까요? 만일 그것을 결정하는 것이 사람이라면, 사람은 최종 판단자요 주권자가 되는 것입니다. 즉 사람은 스스로를 하나님으로 여기게 되는 것이지요. 따라서 "선악을 알게 하는 나무의 열매를 먹지 말라"는 하나님의 말씀은 "너희는 나를 하나님으로 섬기고, 스스로 하나님이 되려고 하지 말라"는 명령인 것입니다.

이는 많은 사람들이 들어 본 십계명◆의 첫 번째 계명과 유사합니다.7 첫 번째 계명은 "너는 나 외에는 다른 신들을 네게 두지 말라"(출 20:3)고 말합니다. 이는 하나님 외에는 어떤 존재도 도덕적 최고 권위로 인식하지 말라는 의미이고, 더 나아가 자기 자신을 포함한 다른 어떤 것도 하나님보다 앞세워 최고 권위로 인식하지 말라는 의미이기도 합니다. 즉 하나님은 아담을 창조하시고 행복과 만족의 세계로 초대하신 뒤 오직 한 가지 "내가 하나님이고 너는 피조물이다. 그것을 인정하라"는 계명을 주신 것입니다.

이는 생명 나무와 선악을 알게 하는 나무가 "동산 중앙"(창

◆ **십계명** 하나님께서 시내산에서 모세를 통해 이스라엘 백성들에게 주신 열 가지 계명이자, 인간에게 주신 윤리의 근본 원리다. 개신교에서는 앞의 네 계명(하나님을 향해 지켜야 하는 계명)과 뒤의 여섯 계명(사람을 향해 지켜야 하는 계명)으로 나누어 이해한다. 세부 내용은 출애굽기 20:3-17과 신명기 5:7-21을 보라. 예수님께서는 십계명을 하나님 사랑과 이웃 사랑으로 요약하여 설명하셨다(마 22:35-40).

3:3)에 있던 것을 생각하면 더욱 자명합니다. 왜 하나님께서는 이 두 나무를 동산 중앙에 두셨을까요? 아마 아담은 동산에서 자유롭게 거닐며 즐겼을 것이고, 이 두 나무는 어디를 거닐든 자주 마주치는 나무였을 것입니다. 따라서 아담은 늘 자신에게 생명을 주신 분이 하나님이시라는 것을 생명 나무를 보면서 기억했을 것입니다. 또한 그는 자신이 동산을 다스리는 권한을 받기는 했지만 최종적 권위는 늘 하나님께 있다는 것을 선악을 알게 하는 나무를 보며 기억했을 것입니다. 이 두 나무는 모두 하나님만이 아담의 최종 권위임을 깨닫게 해줍니다.

이해하기 쉽게 예를 들어 보겠습니다. 큰 회사를 운영하는 사장이 있고, 그 아래로 회사 전체의 중요한 일들을 맡고 있는 총무가 있습니다. 이 두 사람은 오랫동안 동업자였고, 서로를 굳게 믿고 신뢰하는 관계입니다. 그러던 어느 날 오랫동안 미국으로 출장을 갈 일이 생기자, 사장은 총무에게 회사 전체를 운영하는 권한을 맡기고 모든 직원에게 총무의 말을 듣도록 합니다. 그리고 총무에게는 단 한 가지만 요구하지요.

> "자네 마음대로 회사를 운영해도 좋네. 하지만 회사의 상황이 어떤지 일주일에 한 번, 일요일에는 내게 꼭 이메일을 보내 보고해 주게나."

(물론 현실에 일어날 것 같은 일은 아니지만) 이 말을 들은 총무는 무척 기쁠 것입니다. 사실상 그 회사의 주인이나 다름없는 권한을 가지게 된 것이니까요. 그래서 원하는 직원을 고용하거나 해고하기도 하고, 회사의 전체 방향을 바꾸거나 여러 중요한 결정을 내리기도 하며 즐겁게 살지도 모릅니다. 아마 이쯤 되면 자신이 회사의 사장이 되었다고 생각할 수도 있을 것입니다. 하지만 일요일에는 어떨까요? 일주일 내내 사장처럼 살다가도, 이메일을 보내어 한 주간 회사의 상황이 어떠한지 보고하는 일요일이 되면 회사의 사장이 자기 위에 존재한다는 것을 다시 깨닫게 될 것입니다.

　마찬가지입니다. 많은 사람들은 왜 굳이 하나님께서 선악을 알게 하는 나무의 열매를 두셔서 아담을 귀찮게 하고, 나중에 타락할 만한 빌미를 주었는지 모르겠다고 불평합니다. 하지만 동산 중앙에 선악을 알게 하는 나무가 있는 것은 아담에게 대단히 중요한 예배의 수단이었습니다. 언제든지 그것을 볼 때마다 자신이 동산의 진정한 주인이 아닌, 하나님께서 모든 것의 진정한 주인임을 되새겼기 때문이지요. 그래서 독일의 신학자 디트리히 본회퍼는 동산 중앙에 두 나무를 주신 하나님의 의도에 대해 말하면서, 그것이 "창조물로서의 아담 자신이 가져야 하는 제한을 자기 마음의 주변부가 아닌 중심에 가져야 하기" 때문이라고 말합니다.[8] 즉 아담은 하나님께서 주인이심을 자기 마음의 중심에 가져야 했습니다.

이렇게 생각해 보면, 사실 하나님께서 선악과를 주신 이유는 아담을 사랑해서였습니다. 하나님은 아담에게 제약을 주심으로 그를 노예처럼 만들기 위해 선악과를 주신 것이 아닙니다. 오히려 이러한 금지 명령 앞에서 하나님을 떠올리고 생각하며 사랑이 넘치는 주인과의 관계를 맺도록 하기 위해서 선악과를 주신 것이지요. 게다가 하나님은 이 작은 금지 명령 외에는 모든 것을 아담에게 주셨습니다. 동산 전체를 다스리고 지배할 권한까지 포함한 모든 것을 말이지요!

유혹을 받다

아마도 하와는 아담에게 이 금령의 말씀을 들었을 것입니다. 그리고 그들이 만일 이 명령을 지키며 하나님을 기쁘게 섬겼다면, 일정 시점이 지나 선악을 알게 하는 나무를 먹지 말라는 계명을 지켜야 하는 시험의 기간이[9] 끝나고 하나님과 더불어 행복한 교제의 시간을 영원토록 누리게 되었을 것입니다. 하지만 아담은 결국 유혹을 받았고, 계명을 어겼습니다.

그 타락은 하와와 뱀의 만남으로부터 비롯되었습니다. 뱀은 하와를 만나서 묻습니다. "하나님이 참으로 너희에게 동산 모든 나무의 열매를 먹지 말라 하시더냐"(창 3:1). 여자는 대답합니다. "동산 나무의 열매를 우리가 먹을 수 있으나 동산 중앙에 있는 나무의 열매는 하나님의 말씀에 너희는 먹지도 말고 만지지도 말라. 너희가 죽을까 하노라 하셨느니라"(창 3:2-3).

뱀의 말과 여자의 말을 좀 더 깊이 있게 생각해 봅시다. 우선 뱀의 말을 살펴보면, 뱀은 "하나님이 참으로……하시더냐"라고 묻습니다. 이것은 놀라움과 충격을 표현한 것입니다.[10] 그러면서 "동산 모든 나무의 열매"를 먹지 말라고 하셨냐는 왜곡된 주장을 밀어 넣습니다. 마치 자신이 어디서 소문을 듣고 왔다는 식으로 말이지요. 물론 선하신 하나님이 그렇게 말씀하셨을 리가 없습니다. 하나님께서는 '동산 각종 나무의 열매는 네가 임의로 먹되"(창 2:16)라고 하시며 그들에게 풍성한 공급을 주셨습니다. 하지만 뱀은 이 말로 인하여 하와에게 일종의 의심을 심는 데 성공합니다. 이러한 뱀의 의도를 성경신학자 빅터 해밀턴은 다음과 같이 설명합니다.

> 뱀은 하나님이 금지하신 것을 심하게 과장한다.……이 주장은 여자의 마음에 하나님이 악의가 있으며, 비열하고, 집착적으로 질투하며, 자기방어적이라는 인상을 만들려는 시도다.……뱀이 한 진술로 하나님은 은혜롭게 베푸는 자에서 잔인하게 압제하는 자로 바뀌었다.[11]

이러한 뱀의 유혹 전술은 성공했습니다. 하와는 뱀의 질문

3. 인간이 불행하기를 선택하다　87

에 아주 묘한 답변을 합니다. 일단 이렇게 말하지요. "동산 나무의 열매를 우리가 먹을 수 있으나"(창 3:2). 이 본문을 자세히 보십시오. 하나님께서는 "동산 **각종**(히브리어로 '모든') 나무의 열매는 네가 임의로 먹되"라고 말씀하셨는데, 여자는 '각종'이라는 단어를 빼고서 마치 하나님께서 마지못해 동산의 열매를 주신 것처럼 말합니다.[12] 예를 들면, 아래 두 문장의 뉘앙스를 비교해 보십시오.

"이리 와서 여기 있는 모든 것을 원하는 대로 마음껏 먹으렴."
"아, 왔구나. 먹으려면 먹어라."

전자가 창세기 2:16에 있는 하나님 말씀의 뉘앙스이고, 후자가 하와가 이해한 하나님 말씀의 뉘앙스입니다. 하와는 하나님께서 마치 인색하신 분처럼 보이게 말합니다. 즉 뱀은 하와로 하여금 하나님의 말씀을 다르게 해석하도록 의심을 심어 주는 데 성공한 것입니다![13] 또한 그녀는 계속해서 하나님의 말씀을 왜곡해서 말합니다. "동산 중앙에 있는 나무의 열매는 하나님의 말씀에 너희는 먹지도 말고 **만지지도 말라**. 너희가 **죽을까** 하노라 하셨느니라"(창 3:3). 이 말씀을 실제로 하나님께서 하신 말씀과 비교해 봅시다.

선악을 알게 하는 나무의 열매는 먹지 말라. 네가 먹는 날에는 반드시 죽으리라 하시니라(창 2:17).

하와는 하나님의 말씀 두 군데를 왜곡했습니다. 하나님께서 선악과를 먹지 말라고는 하셨지만, 만지지도 말라고 말씀하시지는 않으셨습니다. 그것을 먹지만 않으면 되지, 만지고 놀든 아니면 열매를 따다가 야구나 농구를 하든 아무턴 상관이 없었습니다. 하나님께서는 최대치의 자유를 주시고 지극히 작은 금령을 주신 것이지, 선악과를 두려워하거나 근처에도 가지 못하게 막으신 것이 아닙니다. 또한 하나님께서는 먹으면 반드시 죽는다고 하셨지, "죽을까 하노라"(죽을지도 모른다)고 말씀하시지 않았습니다.[14] 이러므로 하와는 하나님의 말씀을 어기면 받을 형벌을 다소 가볍게 여깁니다. 하와는 금지를 추가하고 위협을 최소화함으로 자신이 받은 특권을 무시합니다.[15] 즉 하나님을 선하신 분으로 인정하지 않는 것입니다.

하와의 마음에 의심을 심는 데 성공한 뱀은 곧바로 다음 단계로 넘어갑니다. "너희가 결코 죽지 아니하리라"(창 3:4). 하나님께서는 분명 반드시 죽는다고 하셨는데, 하와는 "죽을까 하노라"고 말씀을 축소시켰고, 뱀은 여기에 쐐기를 박습니다. 하나님께서 **반드시** 죽는다고 말씀하셨는데, 뱀은 **결코**

죽지 **않는다**고 오만하게 선언합니다! 그리고 하나님에 대한 의심을 또 심습니다. "너희가 그것을 먹는 날에는 너희 눈이 밝아져 하나님과 같이 되어 선악을 알 줄 하나님이 아심이니라"(창 3:5).

무슨 의미입니까? 뱀은 지금 하나님께서 아담과 하와를 사랑하지 않고, 그들을 이용하려고 할 뿐이라고 말하는 것입니다. 뱀은 지금 아담과 하와가 하나님처럼 될까봐 하나님이 겁내고 있다고 말합니다. 그리고 하나님께서 그들을 사랑하셔서 그들과 관계를 맺기 위해 두셨던 선악과를 나쁘게만 해석하도록 만들지요. 아이들의 신앙교육을 위해 만든 「아담의 타락」이라는 노래는 놀랍게도 이러한 뱀의 의도를 정확하게 이해하도록 우리를 돕습니다.

> [사탄] 눈을 들어 열매를 봐봐, 손을 뻗어 열매를 잡아.
> 넌 꼭두각시 노릇만 할래, 넌 네 맘대로 해야 해.
> 하나님은 널 사랑 안 해, 널 조종하려 할 뿐야.
> 하나님은 널 사랑 안 해, 널 조종하려 할 뿐야.[16]
> ―「아담의 타락」 1절

타락하다

창세기 3:6을 보겠습니다.

여자가 그 나무를 본즉 먹음직도 하고 보암직도 하고 지혜롭게 할 만큼 탐스럽기도 한 나무인지라. 여자가 그 열매를 따먹고 자기와 함께 있는 남편에게도 주매 그도 먹은지라.

놀랍게도, 이렇게 뱀의 유혹을 받은 뒤에 보니 그 나무의 열매는 너무나 아름다워 보였습니다. 특히 "먹음직도"라고 번역된 말은 히브리어로 "먹기에 선하다"라고 번역됩니다. 즉 하와의 눈에 선악과는 좋게 보인 것입니다. 즉 무엇이 선한지 무엇이 악한지를 하나님께서 결정하신 대로 받아들이는 것이 아니라 스스로 결정합니다. 사실 선악과를 먹기도 전에 하와는 이미 선과 악을 스스로 정합니다.[17] 하나님께서 정하신 선과 악의 기준을 따른 것이 아닙니다! 이미 하와는 "너는 나 외에는 다른 신들을 네게 두지 말라"는 첫째 계명을 버렸지요.

하와는 탐욕을 품습니다. 선악과를 먹고 아담에게도 주었지요. 하와는 아담을 유혹하지도 설득하지도 않습니다. 놀랍게도, 아담은 그 과일을 먹어서는 안 된다는 것을 알면서도 아무 의문을 제기하지 않고 저항하거나 문제를 제기하지도 않습니다. 그냥 아무 생각이 없는 듯 선악을 알게 하는 나무의 과일을 먹습니다.

그러나 아담은 아무 생각이 없던 것이 아니었습니다. 아담은 하나님께 순종하기보다는 그의 아내에게 순종하였고,[18]

사실상 그의 아내의 생각에 동조함으로 자기 자신을 신으로 섬긴 것입니다. 즉 뱀이 하와에게 말한, 그들이 "하나님과 같이" 될 수 있다고 말한 생각에 속아 넘어간 것이지요. 결국 하와뿐 아니라 아담 역시 선악을 알게 하는 나무의 열매를 먹음으로 "너는 나 외에는 다른 신들을 네게 두지 말라"는 계명을 어깁니다.

즉 아담과 하와의 죄는 단순히 열매 하나 따 먹은 죄가 아닙니다. 모든 것을 만드시고 다스리시며 풍성하게 공급하시는 하나님을 버리고 자신이 하나님이 되어 최고의 자리에 오르겠다는 '교만의 죄'인 것입니다. 그리고 그 불순종의 결과는 그들이 하나님과 같이 되는 것이 아니라, 오히려 하나님으로부터 버림받고 모든 것을 잃는 것이었지요.

> [아담] 눈을 들어 열매를 보니 내 마음을 사로잡네.
> 탐스런 열매 내 앞에 가득 난 내 맘대로 하였네.
> 하나님 내게 주신 약속 난 버리고 말았네.
> 물을 떠난 물고기처럼 난 생명 잃고 말았네.
> ―「아담의 타락」 2절

3장 돌아보기

1. 왜 세상에는 악이 존재하는가
- "신은 선하지 않든지 전능하지 않든지 둘 중 하나다" 또는 "기도했지만 응답하지 않았으니 신은 존재하지 않는다."
- 이러한 주장의 전제는 하나님이 인간에게 잘해 주실 의무가 있다는 것이다. 그러나 하나님께서는 그러한 의무를 가지고 있지 않으시다. 오히려 인간이 하나님께 순종할 의무가 있다.
- 성경은 세상의 악과 고통의 원인을 인간의 타락에서 찾는다.

2. 에덴 동산의 금지
- 하나님은 인간이 하나님과 관계를 맺고 살아갈 수 있도록 창조하셨다. 그래서 하나님과 관계를 맺고 교제를 나눌 수 있는 공간인 에덴 동산을 지으시고 거기에 사람을 두셨다.
- 그곳에 선악을 알게 하는 나무를 주셨는데, 이 나무의 열매를 먹는 것은 금지되었다(창 2:17). 선악을 알게 하는 나무의 열매는 선악 판단의 최종 결정권이 누구에게 있는지를 보여준다.
- 동산 중앙에 있는 두 나무는 예배의 수단이었다. 아담을 사랑하신 하나님은 두 나무를 동산 중앙에 두어 늘 기억하게 하셨다. 예) 회사 총무의 사장 권한 대행

3. 유혹을 받다
- 뱀의 첫 질문에는 하나님은 선하지 않다는 의심을 주려는 의도가 숨어 있다(창 3:1).
- 하와는 하나님의 말씀을 왜곡하여 하나님이 인색한 분인 것처럼 말한다(창 3:2-3).
- 의심을 심는 데 성공한 뱀은, 결코 죽지 않고 눈이 밝아져 하나님과 같이 될 것이라며 의심에 쐐기를 박는다(창 3:4-5).

4. 타락하다
- 하와는 뱀의 말을 듣고 타락하여 열매를 먹고, 남편에게도 주어 그도 먹게 한다. 즉 하나님을 섬기고 하나님으로 여긴 것이 아니라, 자신이 하나님이 된다.

- 동산을 지키고 아내를 돌보아야 할 아담은 하나님보다 아내에게 순종함으로 자기 자신을 신으로 삼았다.
- 그 결과 그들이 하나님과 같이 되지 않고, 오히려 하나님께로부터 버림받고 모든 것을 잃게 된다.

나눔을 위한 질문

1. "내가 기도해 보았었는데 응답이 없었고 나는 실망했다. 그러므로 하나님은 존재하지 않는다"는 말이 가진 문제점은 무엇입니까?(78-79쪽 참조)

2. 악의 존재가 신이 없다는 것을 증명하는 것이 아니라, 오히려 신이 존재한다는 것을 증명하는 이유는 무엇입니까?(79-80쪽 참조)

3. "선악을 알게 하는 나무의 열매를 먹지 말라"는 말의 진정한 의미는 무엇입니까?(82-83쪽 참조)

4. 하나님께서 아담과 하와에게 선악과를 주신 이유는 무엇입니까?(83-86쪽 참조)

5. 하와는 하나님의 명령(창 2:17)을 어떻게 왜곡해서 이해하고 있었습니까?(87-89쪽 참조)

6. 선악과를 따 먹은 죄가 악한 가장 큰 이유는 무엇입니까?(91-92쪽 참조)

4   관계의 붕괴

인간은 하나님과 사랑의 관계를 맺고 살아가도록 창조되었지만 결국 타락하고 말았습니다. 하나님은 인간을 사랑하셔서 선악과를 두시고 금지하셨지만, 인간은 하나님의 선의를 왜곡하고 뱀에게 속아 그것을 먹어 버렸지요. 그러고 나서 이 세상에 악이 들어왔습니다. 지금 모두가 겪고 있는 바와 같이, 우리는 죄를 짓기도 하고 다른 사람의 죄 때문에 고통을 당하기도 하면서 살게 된 것입니다. 이번 시간에는 인간이 첫 번째 지은 죄로 인해 우리가 겪게 된 고통이 어떤 것인지 살펴보겠습니다.

아담과 하와의 관계가 깨지다

이에 그들의 눈이 밝아져 자기들이 벗은 줄을 알고 무화과나무 잎을 엮어 치마로 삼았더라(창 3:7).

뱀은 하와에게 "너희 눈이 밝아져 하나님과 같이 되어 선악을 알"게 될 것이라고 약속했습니다(창 3:5). 그래서 하와와 아담은 선악과를 먹었고, 그 결과 선악을 알게 된 것이 아니라 단지 "자기들이 벗은 줄" 알게 되었습니다. 이 말의 의미를 이해하기 위해서는 하나님께서 남자와 여자를 만드시고 난 직후 곧 죄를 짓기 전 그들의 상태가 어떠했는지를 살펴보아야 합니다.

> 아담과 그의 아내 두 사람이 벌거벗었으나 부끄러워하지 아니하니라(창 2:25).

이것은 무슨 의미일까요? 인간이 의복생활을 하게 된 것이 죄 때문이고, 죄를 짓지 않았으면 늘 옷을 벗고 다녔을 것이라는 말이 **아닙니다**. 오히려 그들이 서로 부끄러움이나 두려움 또는 경계심을 느끼지 않았다는 상징적 표현입니다. 아담과 하와는 서로를 향한 신뢰와 인정으로 가득했지요.[1] 실제로 성경은 인간의 죄나 죄책감 또는 거리낌을 가리키는 표현으로 '부끄러움'이라는 표현을 많이 사용합니다.

- 내 생명을 찾는 자들[악인들]이 부끄러워 수치를 당하게 하시며 나를 상해하려 하는 자들이 물러가 낭패를 당하게 하

소서(시 35:4).
- 성경에 이르되 누구든지 그를 믿는 자는 부끄러움을 당하지 아니하리라 하니(롬 10:11).
- 그들이 은밀히 행하는 것들은 말하기도 부끄러운 것들이라(엡 5:12).

즉 서로를 향한 죄나 죄책감, 거리낌이 전혀 없는 완전하고 자연스러운 사랑으로 연합되어 있던 아담과 하와는, 선악과를 먹고 나서 이러한 자연스러운 사랑과 연합이 깨지게 된 것입니다. 그들은 서로의 몸을 보고 부끄러움을 느꼈는데, 이것은 죄책감과 단절을 느꼈다는 상징적 표현입니다. 그래서 그들은 무화과나무 잎을 엮어 치마를 만들어 입게 됩니다. 이는 완전하고 자연스러웠던 그들의 관계에 장벽이 생겼다는 것을 의미합니다. 이어서 성경을 읽어 보면, 이러한 장벽으로 인해 그들의 관계가 어떻게 깨졌는지 볼 수 있습니다.

아담이 이르되 하나님이 주셔서 나와 함께 있게 하신 여자 그가 그 나무 열매를 내게 주므로 내가 먹었나이다(창 3:12).

이후 하나님께서 나타나셔서 왜 선악과를 먹었는지 아담에게 추궁하시자 아담이 했던 대답입니다. 잘 보십시오. 아담은 지금 자신이 저지른 잘못의 책임을 하와에게 돌리고 있습니다. 사실상 이 문제의 최종 책임은 아담에게 있었는데, 이는 선악을 알게 하는 나무를 먹지 말라는 금지 명령을 들은 사람은 아담이었기 때문입니다. 하나님께서는 금지 명령을 아담에게 주시고, 그다음에야 하와에게 주셨습니다. 이는 아담이 하와에게 금지 명령을 알려 주고 잘 지킬 수 있도록 돌볼 책임이 있음을 말해 줍니다.

그러나 책임을 져야 할 아담은 책임을 회피하고 있습니다. 오히려 하나님께서 주신 최고의 선물이요 아담이 가장 귀하게 여기고 사랑해야 할 아내에게 책임을 전가하고 아내를 비난하고 있지요. 부부관계 곧 당시로서 최초의 인간관계가 깨져 버린 것입니다.

> 또 여자에게 이르시되 내가 네게 임신하는 고통을 크게 더하리니 네가 수고하고 자식을 낳을 것이며 너는 남편을 원하고 남편은 너를 다스릴 것이니라 하시고(창 3:16).

이 말씀은 죄를 지은 인간에게 하나님께서 내리신 선고 곧 저주의 일부입니다. 여기서 우선 "너는 남편을 원하고 남편은 너를 다스릴 것이니라"는 말씀을 봅시다. 언뜻 보면 '여자는 남편을 사모하며 사랑하기만 해야 하고, 남편은 아내를 지배하고 다스리라'는 남녀차별적 명령처럼 보입니다. 그러나 이 본문은 명령이 아니며 인간이 죄를 지었기 때문에 맞게 될 비참한 삶을 말씀하신 것이지요.

또한 여기서 "원하고"라는 말은 히브리어 구문에서 '지배하다'라는 말에 가깝습니다.[2] 즉 본문은 '너(여자)는 남자를 지배하려고 하지만 남자 역시 너를 지배하려 할 것이다'라는 말입니다. 여자가 남자를 향해 가지는 욕망(원함)은 평등을 깨뜨리고 지배하려는 욕망이며, 남편 역시 아내 위에 군림하려는 독재자적 욕망을 가지게 됩니다. 하나님께서 창조하셔서 서로를 사랑하도록 창조된 남자와 여자는 이제 서로를 향한 맹렬한 투쟁 관계가 됩니다.[3] 이는 현재 우리 사회가 겪고 있는 여성혐오 또는 남성혐오의 기원이 어디로부터 왔는지를 설명해 줍니다. 남성들 중 어떤 이들은 지금도 인터넷 커뮤니티에서 과격하고 사악한 혐오를 쏟아내고 있고,[4] 여성 역시 마찬가지의 방법으로 응수하고 있습니다.[5] 이는 오래고 오랜 인간 역사 내내 이어져 내려온 비극입니다.

인간과 인간의 관계가 깨지다

남자와 여자의 관계만 깨진 것이 아닙니다. 더불어 모든 인간관계가 서서히 깨져 버립니다.[6] 타락 이후의 사건이 어떻게 전개되어 가는지를 보십시오. 창세기 4장을 보면 가인이 아벨을, 곧 형제가 형제를 죽이는 장면이 나옵니다. 이후 19절로 내려가면 여러 대를 지나 라멕이라는 인물이 등장합니다. 그는 23절에서 이렇게 말합니다.

> 라멕이 아내들에게 이르되 아다와 씰라여, 내 목소리를 들으라. 라멕의 아내들이여, 내 말을 들으라. 나의 상처로 말미암아 내가 사람을 죽였고 나의 상함으로 말미암아 소년을 죽였도다(창 4:23).

여기서 '소년'이라고 번역된 히브리어 단어(엘레드)는 일차적으로 '아들'이라는 의미를 가지고 있으며,[7] 그렇게 번역해야 합니다. 그렇다면 인간의 죄로 인한 살인은 가인이 아벨을 죽이는 형제 살인을 넘어서서 아들을 죽이는 데까지 이른 것입니다. 그래서 구약학자인 데렉 키드너는 가인에서 라멕에 이르는 살인의 반복을 보며 "가인의 가계는 소우주를 보여준다. 이것은 기술이 진보했지만 인간성은 윤리적으로 실패했음을 나타낸다"고[8] 말합니다. 즉 이 작은 가계를 통해 인간 전체가 어떻게 타락해 가고 변해 가는지를 보여준다는 것이지요.

이렇게 타락한 인간은 역사를 이어오면서 서로를 무시하고 죽이기 시작했고, 서로를 괴롭게 하기 시작했습니다. 그래

4. 관계의 붕괴　101

서 인간의 역사는 어떻게 보면 살인의 역사입니다. 일그러진 하나님의 형상들은 서로를 물리적으로뿐 아니라, 학대, 차별, 무시, 미움, 불공평, 악한 제도를 만드는 방식으로 죽이기 시작했고, 그것은 인류 역사 내내 이어져 왔습니다.

이 모든 것이 지금 모든 인간이 겪고 있는 인간관계 및 인격 장애의 근본 원인입니다. 아담의 첫 번째 타락은 단순히 무엇을 먹었다는 죄 이상입니다. 그 죄악은 두 사람 간의 분열과 반목을 가져왔고, 더불어 이후의 모든 인간의 소외와 외로움, 관계의 고통을 가져왔습니다. 죄악은 참으로 인간과 인간을 갈라놓은 것입니다.

인간과 세상의 관계가 깨지다

죄는 인간과 세상, 자연 만물과의 관계도 부수어 버렸습니다.

> 아담에게 이르시되 네가 네 아내의 말을 듣고 내가 네게 먹지 말라 한 나무의 열매를 먹었은즉 **땅은 너로 말미암아 저주를 받고** 너는 네 평생에 수고하여야 그 소산을 먹으리라. 땅이 네게 가시덤불과 엉겅퀴를 낼 것이라(창 3:17-18).

본문을 자세히 보십시오. 땅은 아담으로 말미암아 저주를 받습니다. 이는 가만히 생각해 보면 이상한 일입니다. 아담이 죄를 범했는데 왜 땅이 저주를 받을까요? 땅이 죄를 지은 것이 아닌데 말입니다. 이유는 이렇습니다. 하나님께서 세상을 창조하실 때, 인간과 세계가 모두 서로 긴밀히 연결되어 있는 방식으로 살아가도록 지으셨기 때문입니다. 예를 들면, 재미있게도 성경은 이렇게 말합니다. "여호와 하나님이 **땅**의 흙으로 **사람**을 지으시고 생기를 그 코에 불어넣으시니 사람이 생령이 되니라"(창 2:7).

여기서 '땅'이라고 번역된 단어는 히브리어로 '아다마'입니다. 그리고 '사람'이라고 번역된 단어는 '아담'이고요. 이렇게 히브리어로 비슷한 발음의 단어를 사용하여 기록함으로 사람과 땅, 더 나아가 사람과 세상이 연결되어 있다는 것을 보여주시는 것이지요.[9] 따라서 아담의 죄는 그 기원에 영향을 미쳤습니다. 그 죄는 단순히 아담(그리고 하와)에게만 영향을 끼친 것이 아닙니다. 마치 바이러스가 침투하여 온 몸을 병들게 하는 것처럼 온 우주에 영향을 미쳤지요.

조화롭고 아름답던 세상은 이때부터 망가졌습니다. 자연을 사랑하고 경작하며 잘 돌보아야 할 책임이 있던 인간은 자연을 훼손하고 망가뜨리기 시작했고, 자연은 서로를 파괴하고 죽이며 잡아먹기 시작했습니다. 게다가 인간의 뜻을 따라 순종하며 따르던 모든 자연 만물은 인간을 죽이고 위협하는 두려운 존재가 되었습니다. 세상과 인간은 서로가 서로를 두려워하게 되었습니다.[10] 자연을 가장 크게 파괴하며 멸종시키는 주범은 인간이며, 인간은 아직도 지진이나 해일 등의 천재지변을 감당할 능력이 없습니다. 죄 때문에 세상은 말 그대로 망해 버린 것입니다. 다음의 구절을 읽어 보십시오.

> 그 바라는 것은 피조물도 **썩어짐의 종 노릇** 한 데서 해방되어 하나님의 자녀들의 영광의 자유에 이르는 것이니라. 피조물**이 다 이제까지 함께 탄식하며 함께 고통을 겪고 있는 것**을 우리가 아느니라(롬 8:21-22).

성경은 지금 모든 피조물이 썩어짐의 종 노릇을 하고 있다고 말하며, 또한 다 함께 탄식하며 고통을 겪고 있다고 말합니다. 이는 인간이 죄를 범한 결과로 받은 땅의 저주를 바울이 좀 더 구체적으로 설명하고 있는 것입니다. 사려 깊은 목회자인 팀 켈러는 바울의 말을 이렇게 설명합니다.

> 피조물은 지금 '썩어짐의 종 노릇'을 하고 있다. 피조물은 끊임없는 죽음과 부패의 순환에 사로잡혀 있다.……온 우주는 자신이 생성하는 것보다 더 많은 에너지를 잃으면서 쇠락하고 있다. 자연의 모든 것은 낡아서 죽는다. 다시 말해, 자연은 지금 죽음을 향해 가고 있다. 따라서 자연에는 고통과 괴로움

이 넘쳐난다. '피조물이 다 이제까지 함께 탄식하여 함께 고통을 겪고 있는 것'이다. 죽을 수밖에 없는 운명인 피조물들에게는 처음부터 끝까지 무자비한 고통이 따른다. 생명이 태어날 때도 고통이 있고, 생명을 잃을 때도 비참함이 있다.[11]

가만히 생각해 보면, 실제로 생태계의 상태는 늘 인간의 도덕적 상태에 의존하고 있습니다.[12] 인간이 자신의 이기심과 탐욕으로 더 많은 것을 가지려고 할 때, 자연은 가장 많이 파괴되고 고통스러워하지 않습니까? 조금 더 희귀한 것을 먹기 원하고 더 신기한 것을 입기 원하는 인간의 탐욕은 많은 짐승들을 멸종시켜 버렸습니다. 하지만 그 결과 인간은 자연의 복수를 당합니다. 나무가 줄어들고 해양이 오염되면서 그 치명적 독은 늘 인간이 먹음으로 당하게 됩니다. 이 모든 것의 근본적 이유는 인간의 죄이며, 인간이 저지르는 죄의 근본적 기원은 이 아담이 범한 죄입니다. 죄는 인간과 세상의 관계를 끝장내 버렸습니다!

인간과 하나님의 관계가 깨지다

다시 창세기로 돌아갑시다. 사실상 아담과 하와가 죄를 저지름으로 당한 가장 커다란 고통은 바로 하나님과의 관계가 끊어진 것이었습니다. 아담과 하와는 죄를 범했고, 마침 하나님께서는 아담과 하와에게 주신 아름다운 동산을 거닐고 계셨습니다. 하나님은 자주 동산으로 찾아오셔서 그곳에서 아담과 하와를 만나시곤 하셨지요.[13] 그때 아담과 하와는 어떻게 반응했을까요?

> 그들이 그날 바람이 불 때 동산에 거니시는 여호와 하나님의 소리를 듣고 아담과 그의 아내가 여호와 하나님의 낯을 피하여 동산 나무 사이에 숨은지라(창 3:8).

그들은 숨었습니다! 하나님으로부터 도망치고 있는 것입니다. 하나님을 피해서 어떻게 나무 사이에 숨었는지는 모르겠지만, 어쨌든 사람이 보기에 아름답도록(창 2:9) 하나님께서 만드신 그 나무가 이제 하나님이 사람을 보지 못하도록 숨는 장소가 되어 버렸습니다.[14] 게다가 본래의 아담 곧 죄를 짓기 이전의 아담은 하나님을 피해 도망다니는 사람이 아니었습니다. 오히려 하나님과 대화하기를 즐겨했고, 그분과의 교제로 인해 기뻐했던 사람이었습니다.[15] 하지만 그는 이제 하나님을 피해 숨었고, 그래서 하나님은 말씀하십니다.

> 여호와 하나님이 아담을 부르시며 그에게 이르시되 네가 어디 있느냐(창 3:9).

"네가 어디 있느냐?" 이 질문은 하나님께서 아담을 찾지 못하여 물어보신 것이 아닙니다. 오히려 이제 하나님과 아담과의 관계가 벌어졌다는 것을 나타내는 말씀이지요. 그래서 디트리히 본회퍼는 이 본문에 대하여 이렇게 설명합니다.

> 아담아, 네가 어디 있느냐?……창조주의 이 말씀을 통해 도망치는 아담은 그의 양심으로부터 불러냄을 받게 되며, 그의 창조주 앞에 서야만 하는 것이다. 인간은 그의 죄 속에서 홀로 남아서는 안 된다. 그래서 하나님이 그에게 말씀하시고, 도망치는 그를 멈추게 하신다. 숨음으로부터, 너의 자기비방으로부터, 너의 은폐로부터, 너의 비밀로부터, 너의 자기비탄으로부터, 너의 헛된 후회로부터 나와서, 네 자신에게 고백하고 네 창조주 앞에 나와 서라.[16]

그러한 하나님의 부름을 듣고 아담은 응답합니다. 그는 자신이 두려워하여 숨었다고 말하고, 또한 자신이 선악과 곧 하나님께서 먹지 말라고 명하신 그 나무 열매를 먹었다고 고백합니다.

> 아담이 이르되 **하나님이 주셔서** 나와 함께 있게 하신 여자 그가 그 나무 열매를 내게 주므로 내가 먹었나이다(창 3:12).

아담은 죄를 고백하는 것처럼 보이지만, 자세히 보면 사실 하나님을 탓하고 있습니다. 아담은 자신이 선악과를 먹은 것을 하와의 탓으로 돌리며, 더 나아가서는 "하나님이 주셔서"라는 말을 덧붙임으로 자신의 죄의 원인이 하나님이라고 은근히 주장합니다. 본회퍼는 아담의 말을 이렇게 해석합니다.

> 당신이 제게 여자를 주셨습니다. 제가 아닙니다. 저는 잘못이 없습니다. 당신이 잘못하신 일입니다.……여자는 당신의 피조물, 당신 자신의 작품이었습니다. 그런 그 여자가 나를 타락하게 하였습니다. 왜 당신은 그 여자를 불완전하게 창조하셨습니까? 그러니 제가 어떻게 한단 말입니까?[17]

그래서 하나님께서는 하와에게도 물으십니다. "네가 어찌하여 이렇게 하였느냐"(창 3:13). 그러자 여자도 뱀의 탓으로 돌립니다. "뱀이 나를 꾀므로 내가 먹었나이다." 이 역시 결국은 뱀을 창조하신 하나님을 탓하는 것입니다. 즉 남자와 여자는 모두 하나님께 죄를 지었지만 하나님을 탓하고 있습니다. 그리고 우리 역시 이 이야기를 들을 때마다 생각합니다.

> 하나님께서는 왜 굳이 선악을 알게 하는 나무를 만드셔서 인간이 죄를 짓도록 하셨지?

우리는 이미 지난 시간에 하나님께서 하나님과 인간이 교제할 수 있도록 선악을 알게 하는 나무를 만드셨다는 사실을 살펴보았습니다. 그럼에도 불구하고 인간은 하나님을 원망합니다. 하와의 탓과 뱀의 탓을 하면서 지으신 분을 탓하는 아담과 하와처럼 말이지요.

인간은 하나님의 호의를 왜곡했습니다. 하나님께서 주신 것은 자신들이 누릴 수 있는 당연한 권리라고 여겼고, 하나님께 해야 하는 순종은 내가 선택할 수 있는 일이라고 생각했으며, 하나님께 죄를 짓는 것은 그럴 만한 이유나 사정이 있다고 생각했습니다. 사실 하나님께서는 인간에게 잘해 주실 의무가 전혀 없으시고, 인간은 하나님께 순종해야 할 의무가 있는데도 말입니다. 그리고 이것이 바로 우리의 모습입니다.

그리하여 모든 관계가 깨져 버렸습니다. 아담이 하와의 탓을 하는 가운데 부부의 관계가 깨졌고, 이후 인간의 모든 관계에는 미움, 회의, 질투, 시기 등의 감정이 지배하기 시작했습니다. "지옥◆은 바로 타인들이야!"라는 장 폴 샤르트르

◆ **지옥** 도덕적으로 살아야 할 창조물(인간과 천사들)이 하나님의 계명을 거역하고 반역한 죄에 대한 영원한 형벌. 죄 때문에 지옥에 가는 창조물은 사랑이신 하나님으로부터 영원토록 분리된다. 일각의 오해처럼 사탄이나 귀신이 주는 혼벌을 받는 것이 아니라, 영원하고 전능하신 하나님의 정의로운 진노와 형벌을 받게 된다.

가 쓴 희곡의 한 대사처럼.[18] 또한 자연은 인간의 범죄 때문에 신음하며 고통당하게 되었고, 인간의 죄 때문에 저주받은 땅은 인간을 고통스럽게 함으로 세상과 인간 역시 원수가 되었습니다. 그리고 무엇보다도, 인간을 만드시되 자신의 형상대로 만드셔서 모든 것을 주신 하나님과 인간이 원수가 되었습니다.

결국, 아담과 하와는 동산에서 추방당합니다(창 3:23-24). 그들은 자신들의 죄로 인해 동산에서 즐거이 살아갈 수 있는 권리를 빼앗겼습니다. 그리고 그들의 후손 모두는 하나님께서 원래 주셨던 교제와 하나됨이라는 행복한 상태로부터 쫓겨나 단절과 고독의 세계로 들어갑니다. 아담은 하나님을 잃어버렸기에 이제 스스로 하나님이 되려 합니다. 사실 선악과를 먹는 선택을 하는 순간, 이미 자신이 하나님이 되겠다는 선택을 한 것이었지요. 선악과를 먹지 않겠다는 것은 곧 자신 위에 있는 하나님을 인정하겠다는 선택이었으니까요.

그래서 아담은 모든 것과 단절된 고독한 신이 됩니다. 그러나 그는 참되신 삼위 하나님처럼 전능하지도 지혜롭지도 않습니다. 그는 전능하신 하나님의 도움 없이는 사실 한 순간도 살아갈 수 없는 연약하고 유약한 존재입니다. 모든 창조물을 다스릴 수 있는 아담의 능력과 지혜는 오직 하나님 안에 있을 때만 누릴 수 있는 복이었는데, 오히려 그는 자신이 하나님이 되기로 선택하였기에 전능해지기는커녕 더욱 약해집니다. 자신이 모든 것을 결정하고, 자신만을 위해 살고, 자신이 자신의 하나님으로 살아가는 우리와 같이.

4장 돌아보기

1. 아담과 하와의 관계가 깨지다

- 부끄러움을 느끼기 시작하다. 즉 서로를 향한 죄나 죄책감, 거리낌이 없는 완전하고 자연스러운 상태가 깨지고, 죄책감과 단절을 느끼기 시작하다.
- 아담이 자신이 저지른 잘못의 책임을 하와에게 전가한다. 사실 선악과를 먹지 말라는 금지 명령을 들은 사람은 아담이었기에, 일차적으로는 아담의 책임이었다.
- 아담과 하와는 서로를 사랑하고 섬기는 관계에서 서로를 지배하고 다스리려는 투쟁과 욕망의 관계로 변질된다. 이는 모든 인간관계로 번져 간다.

2. 인간과 인간의 관계가 깨지다

- 형제가 형제를, 자식이 부모를 죽이는 비참한 관계가 시작된다(창 4:23).
- 이후 인류의 역사는 학대, 차별, 무시, 미움, 불공평, 악한 제도로 가득하게 된다. 이 모든 것이 지금 모든 인간이 겪고 있는 고통과 인격 장애의 원인이다.

3. 인간과 세상의 관계가 깨지다

- 아담과 연결되어 있던 땅 곧 자연 만물도 저주를 받고 고통을 당하게 된다(창 3:17-18).
- 창조물은 지금 썩어짐의 종 노릇을 하고 있다(롬 8:21-22). 그 결과는 자연 파괴, 생물 멸종 등으로 이어지고, 결국 그 모든 것과 관계를 맺으며 살아가는 인간의 고통으로 이어진다.

4. 인간과 하나님의 관계가 깨지다

- 죄를 범한 뒤 인간은 하나님을 피해 숨는다(창 3:8-9). 즉 창조주 앞에 서기보다는 피하는 길을 선택한다.
- 아담은 "하나님이 주셔서" 함께 있게 하신 여자 하와를 탓함으로 은근히 하나님의 탓을 한다(창 3:12). 하와 역시 뱀의 탓을 한다(창 3:13). 결국 이것도 뱀을 창조하시고 선악과를 두신 하나님을 탓한 것이다.
- 아담은 모든 것으로부터 단절되어 고독한 신이 된다. 이와 같이 인간은 스스로를 신이라고 선포하며 군림하였으나, 고독하고 유약한 존재다.

나눔을 위한 질문

1. 범죄 이후 아담과 하와의 관계는 어떻게 깨졌습니까?(97-100쪽 참조, 창 3:7, 16).

2. 범죄 이후 인간과 자연 만물과의 관계는 어떻게 깨졌습니까?(102-105쪽 참조, 창 3:17-18).

3. 범죄 이후 인간과 하나님과의 관계는 어떻게 깨졌습니까?(105-106쪽 참조, 창 3:8-9).

4. 창세기 3:12에 나오는 아담의 말 중에서 "하나님이 주셔서"라는 말의 의미를 설명해 봅시다. 이로써 아담은 하나님께 어떤 메시지를 전달하는 것입니까?(108쪽 참조)

5. "지옥은 바로 타인들이야"라는 말(109쪽)에 공감이 간다면 그 원인에 대하여 말해 보고, 이러한 관계의 어려움과 괴로움으로부터 우리를 구원해 달라고 기도합시다.

5 / 심판 앞에 서게 되다

"또 죄에 관한 이야기야?" 이렇게 생각하실지도 모르겠습니다. 연속 세 주나 죄와 형벌, 심판에 관한 이야기를 해야 하니 죄송한 마음이 들기도 합니다. 하지만 기독교에서 말하는 하나님의 사랑을 정확하게, 그리고 깊이 있게 이해하려면 죄에 대한 이해는 필수적입니다. 사실 기독교는 죄에 대하여 너무 많이 강조함으로 세상을 부정적으로 보고 인간의 정신을 학대하는 종교로 오해되곤 했습니다. 그러나 기독교가 죄에 대하여 강조하는 가장 큰 이유는, 기독교는 지독하게 현실적이고 정직한 종교이기 때문입니다.[1]

그래서 그리스도인들은 세상에서 벌어지는 온갖 악하고 나쁜 일들을 보면서도 낙심하지 않습니다. 예를 들어 2차에 걸친 세계대전이 끝나고, 사람들은 홀로코스트 곧 나치의 유대인 학살 사건과 같은 잔인무도한 인간의 악을 보며 경악하고 절망했습니다. 이 시기의 암울한 분위기를 고스란히 살아낸 유명한 소설가 도로시 세이어즈는 "인간이 죄인이라는 사실을 외면하고 윤리와 사회의 진보를 믿으며 인간을 희망적 존재로 이해했던 사람들이야말로 가장 낙담에 빠졌다"고 말합니다. 반면에 그리스도인은 어땠을까요? 도로시 세이어즈의 말을 들어 봅시다.

> 한편 그리스도인의 경우는 이와 다르다. 그도 다른 이들처럼 크게 충격을 받고 슬퍼하지만, 경악에 빠지지는 않는다. 인간 본성 자체에 대해 그리 높은 견해를 가진 적이 없기 때문이다. 그는 인격의 중심에 깊은 균열이 있다고 늘 생각해 왔으며, 법이란 것도 인간이 만드는 것이고 따라서 불완전하고 자기모순적인 인성의 산물이므로 '국회의 결의안으로 사람을 선하게 만드는 게' 불가능하다는 것을 알고 있다.[2]

죄에 관한 지식은 우리에게 위로를 줍니다. 한편으로는 인간이 왜 이렇게 악을 저지르는지 알 수 있게 해주고, 다른 한편으로는 자기 자신이 왜 끊임없이 죄를 저지르는지도 알게 해줍니다. 당신이 죄에 대해서 어떻게 생각하든, 죄는 엄연한 실재입니다. 오늘 아침 아내에 대한 저의 태도와 말에서, 지난주 제가 교인들 중 한 명에게 들었던 말에서, 위정자들의 통치 행동에서, 직장 동료들의 언행에서, 심지어 목회자들의 설교와 목회 활동 가운데서도 죄는 분명히 살아 움직이는 실재입니다!

따라서 죄에 대하여 알게 되면 인간이 하는 행동과 이 세상의 결과에 대하여 가장 정확한 이해를 얻을 수 있습니다. 그리고 이 죄에 대한 이해가 정확히 섰을 때, 비로소 우리는 하나님께서 얼마나 커다란 사랑으로 우리를 대하셨는지도 알게 됩니다.

아담이 범한 죄가 전가되다

아담과 하와가 범한 죄로 인하여 그들은 동산에서 쫓겨났고 모든 관계가 단절되었습니다. 이제 그들은 고독감 가운데 하나님의 돌보심 없이 살아야 했고, 그 결과는 삶 전체에 사망의 그림자가 드리워지는 것이었습니다. 즉 "선악을 알게 하는 나무의 열매는 먹지 말라. 네가 먹는 날에는 반드시 죽으리라 하시니라"(창 2:17)의 예언은 성취되었습니다. 이 본문에서 죽음은 단순한 육체적 죽음을 넘어서, 인간이 생명의 근원이신 하나님과 분리되어 비참한 상태에 떨어지는 것 전체를 가리킵니다.[3] 그래서 아담은 사망의 열매인 정신적이고도 육체적인 질병, 단절, 고통 등을 겪게 됩니다.

그런데 문제는 이러한 아담의 죄와 사망이 아담 이후의 후손들에게 전가◆되었다는 것입니다. 그는 사실 창조될 때부터 이후 모든 인류의 대표였고, 마치 한 나라 대통령의 결정이 그 나라 국민 모두에게 영향을 미치듯 그의 죄가 후손 모두에게 영향을 미쳤습니다(여기서 '그건 잘못된 것 아닌가? 왜 아담이 지은 죄가 우리한테까지 영향을 미치지? 연좌제 아니야?'라는 생각이 드시는 분은 이번 장 뒤에 수록된 '우리의 대표, 아담'을 읽어 보시기 바랍니다). 그래서 사도 바울은 로마서에서 이렇게 말합니다.

> 그러므로 한 사람으로 말미암아 죄가 세상에 들어오고 죄로 말미암아 사망이 들어왔나니 이와 같이 모든 사람이 죄를 지었으므로 사망이 모든 사람에게 이르렀느니라(롬 5:12).

여기서 '한 사람'은 아담을 가리킵니다. 그가 하나님의 말씀에 불순종한 것은 자신에게만 영향을 끼친 것이 아닙니다.

◆ **전가**(轉嫁, imputation) 자신이 행한 일이 아닌데도 자신의 것으로 여김받는 경우, 그 행동이 '전가'되었다고 말한다. 아담은 인류의 대표요 머리였기 때문에 그가 행한 죄는 인류 전체의 죄로 전가되었고, 마찬가지로 그리스도께서는 믿는 자들의 새로운 대표요 머리이시기 때문에 그분이 가지신 의로움이 믿는 자들의 것으로 전가된다. 로마서 5장을 읽어 보라.

죄가 '세상'에 들어옵니다. 또한 죄로 인하여 아담이 경험하는 사망 역시 모두에게 들어옵니다. 그리고 바울은 연이어서 "이와 같이 모든 사람이 죄를 지었으므로"라고 말합니다. 이는 아담의 죄로 말미암아 아담 이후의 모든 사람이 죄에 물든 상태에서 태어나게 되었다는 것을 의미합니다.[4] 이것은 모든 인간에게 두 가지 결과를 가져다주는데, 하나는 인간은 죄를 짓고 싶어 하게 되었다는 것이고, 다른 하나는 인간이 죄에 대한 책임을 져야 한다는 사실입니다.[5]

인간이 죄를 즐거워하다

조금만 깊이 생각해 보면, 우리는 의지가 죄를 짓고 싶어 하는 방향으로 기울어졌다는 것을 알 수 있습니다. 예를 들어, 어렸을 때부터 우리는 거짓말을 합니다. 물론 선의의 거짓말이 있을 수 있지만, 그건 논외로 하고 나쁜 종류의 거짓말을 생각해 봅시다. 우리 중 적극적으로 거짓말을 하라고 배워 본 사람은 아무도 없습니다. 그럼에도 불구하고 우리는 거짓말을 합니다. 오히려 거짓말을 하지 말고 정직하라고는 아주 많이 배웠고, 경험적으로도 거짓말의 고통스러운 결과를 맛보았을 텐데 말입니다.

참 희한하지 않습니까? 왜 권장되는 선한 행동은 잘 하지 않거나 하더라도 용기와 인내가 필요하고, 하지 말라는 나쁜 행동은 누가 시키지 않아도 즐거워서 하게 될까요? 인간 중 누구도 의무로 악한 행동을 하는 사람은 없습니다. 오히려 즐거워서 하게 되지요. 이것은 우리의 의지가 죄를 즐거워하고 맛보는 쪽으로 기울어졌다는 것을 증명하는데, 굳이 성경의 가르침뿐 아니라 인간에 대해 조금만 깊이 생각해 보면 누구나 인정할 만한 사실입니다. 심지어 스스로는 무신론자에 가까웠던 프로이트조차 자신의 인생 말기에 이렇게 말합니다.

> 사람들은 이 모든 것 뒤에 숨어 있는 진실을 부인하는 경향이 있지만, 인간은 사랑받기를 원하고, 공격을 받아도 기껏해야 자신을 방어할 수 있을 뿐 상대를 반격하지도 못하는 유순한 동물이 아니다. 반대로 인간은 강력한 공격 본능을 타고난 것으로 추정되는 동물이다. 따라서 이웃은 그들에게 잠재적 협력자나 성적 대상일 뿐 아니라, 그들의 공격 본능을 자극하는 존재이기도 하다. 인간은 이웃을 상대로 자신의 공격 본능을 만족시키고, 아무 보상도 주지 않은 채 이웃의 노동력을 착취하고, 이웃의 동의도 받지 않은 채 이웃을 성적으로 이용하고, 이웃의 재물을 강탈하고, 이웃을 경멸하고, 이웃에게 고통을 주고, 이웃을 고문하고 죽이고 싶은 유혹을 느낀다. 인간은 인간에게 늑대다$^{homo\ homini\ lupus}$ 인생 경험과 역사에 대한 지식 앞에서 누가 감히 이 주장을 반박할 수 있겠는가?[6]

무엇보다 성경을 보면 하나님께서 다음과 같이 말씀하십니다.

- 내가 죄악 중에서 출생하였음이여 어머니가 죄 중에서 나를 잉태하였나이다(시 51:5).
- 구스인이 그의 피부를, 표범이 그의 반점을 변하게 할 수 있느냐 할 수 있을진대 악에 익숙한 너희도 선을 행할 수 있으리라(렘 13:23).
- 모든 사람의 결국은 일반이라. 이것은 해 아래에서 행해지는 모든 일 중의 악한 것이니 곧 인생의 마음에는 악이 가득하여 그들의 평생에 미친 마음을 품고 있다가 후에는 죽은 자들에게로 돌아가는 것이라(전 9:3).
- 모든 사람이 죄를 범하였으매 하나님의 영광에 이르지 못하더니(롬 3:23).

정직하게 이 세상과 자기 자신을 뒤돌아본다면 성경이 말하는 위의 말씀 모두가 인간의 마음을, 무엇보다 당신의 마음을 읽고 있다는 것을 알게 됩니다. 불쾌할지 모르겠지만, 성경보다 더 현실적으로 인간의 죄악됨을 적나라하게 지적하는 책은 없습니다. 성경은 심지어 인간의 악한 행동뿐만 아니라 선한 행동마저 그 내면을 폭로합니다.

그러므로 구제할 때에 외식하는 자가 사람에게서 영광을 받으려고 회당과 거리에서 하는 것같이 너희 앞에 나팔을 불지 말라. 진실로 너희에게 이르노니 그들은 자기 상을 이미 받았느니라. 너는 구제할 때에 오른손이 하는 것을 왼손이 모르게 하여 네 구제함을 은밀하게 하라. 은밀한 중에 보시는 너의 아버지께서 갚으시리라(마 6:2-4).

이 본문은 "오른손이 하는 것을 왼손이 모르게 하여"라는 경구로 성경을 읽지 않은 사람들에게도 유명한 말씀입니다. 예수께서는 여기서 자신이 칭찬받기 위해서 가난한 이웃에게 도움의 손길을 내미는 것을 '위선'('외식'이라는 말의 의미)이라고 정죄하십니다. 사실 그들은 이웃에게 **베푸는 것**이 아니라, 사람들의 칭송을 **구매하는 것**일 뿐입니다.[7] 그다음 구절도 한번 읽어 볼까요?

또 너희는 기도할 때에 외식하는 자와 같이하지 말라. 그들은 사람에게 보이려고 회당과 큰 거리 어귀에 서서 기도하기를 좋아하느니라. 내가 진실로 너희에게 이르노니 그들은 자기 상을 이미 받았느니라(마 6:5).

여기서도 역시 예수께서는 위선에 관한 말씀을 하십니다.

이 구절에 대해서는 배경설명이 조금 필요한데, 당시 유대인들에게는 하루 세 번 기도하는 시간이 있었습니다. 그들은 아침에 일어나서 밤에 잠을 자기 전, 그리고 오후 희생 제사를 드리는 낮 세 시쯤 기도를 했습니다. 어디서든 말이지요. 대체로 자기 전이나 일어나서 하는 기도는 집에서 하지만, 오후 세 시쯤 하는 기도는 일과의 상황에 따라서 달라졌을 것입니다. 따라서 위선적으로 기도하는 사람들은 기도 시간에 어디서 기도를 할지 미리 계획을 세울 수 있었지요.[8]

좀 더 구체적으로 말하면, 마음속으로 이와 같은 생각을 했다는 것입니다. "오후 세 시가 되기 전에 사람들이 많은 광장으로 가야지. 그래야 내가 기도하는 모습을 사람들에게 보여줄 수 있을 것 아닌가!" 누가 봐도 어리석은 생각이지만, 우리 마음 가운데 이러한 모습이 없다고 부정할 수 있는 사람 역시 없을 것입니다. 즉 우리 안에는 죄악된 마음이 늘 도사리고 있습니다. 폭력이나 도둑질 등의 나쁜 일을 할 때뿐만 아니라, 이웃에게 베푸는 것이나 기도를 하는 등의 착한 일을 할 때조차 말이지요. 따라서 우리의 악행뿐만 아니라 우리의 선행 또한 죄악될 수 있습니다. 20세기 초반 영국의 목회자였던 마틴 로이드 존스는 이러한 죄의 모습에 대하여 놀라운 통찰을 전해 줍니다.

우리는 죄라는 것이 삶의 시궁창에서 걸레짝을 걸치고 있는 것처럼 생각합니다. 그리고 가련한 술주정뱅이를 보며 말하지요. "여기 죄가 있다. 저것이 바로 죄다." 그러나 이것은 죄의 본질이 아닙니다. 죄의 참된 모습을 보려면, 그리고 그것을 진정으로 이해하려면, 당신은 위대하고 탁월하며 경건하고 헌신된 성도를 보아야 합니다. 하나님의 바로 그 임재 앞에 무릎을 꿇고 엎드린 그를 보십시오. 심지어 거기서조차 죄가 침범하여, 그 성도가 자신에 대하여 생각할 때마다 자신에 대하여 만족스러워하고 즐거워하도록 유혹합니다. 그래서 실제로 하나님을 예배하기보다는 자신을 예배하도록 합니다. 그 무엇보다 이것이야말로 죄의 참된 모습입니다![9]

누군가는 너무 강박적으로 죄를 찾아내어 몰아붙이는 것이 아닌가 하여 불만스러울지도 모르겠습니다. 하지만 위선과 같은 눈에 보이지 않는 악은 우리 도처에 널려 있어 민주주의를 위한 헌신이나 어려운 이웃을 위한 자선 모임, 직장에서의 일과 가정에서의 삶, 심지어 교회의 활동 가운데도 늘 있습니다. 결론적으로 성경은 강박적으로 우리를 괴롭게 하는 것이 아니라, 우리 삶과 가장 밀접한 문제를 다룸으로 우리를 구원하려 하는 것입니다.

죄에 대한 책임

인간에게 죄가 들어옴으로 죄를 즐거워하게 되었고, 그 결과는 혼돈과 공포였습니다. 지난 시간에 살펴보았듯이, 아담 이후로 그 후손들은 형제가 형제를 죽이고(가인과 아벨), 부모가 자녀를 죽이는 등(라멕) 점점 걷잡을 수 없이 타락해 가지요. 그래서 성경은 이렇게 말합니다.

> 여호와께서 사람의 **죄악이 세상에 가득함과 그의 마음으로 생각하는 모든 계획이 항상 악할 뿐**임을 보시고 땅 위에 사람 지으셨음을 한탄하사 마음에 근심하시고 이르시되 내가 창조한 사람을 내가 **지면에서 쓸어버리되** 사람으로부터 가축과 기는 것과 공중의 새까지 그리하리니 이는 내가 그것들을 지었음을 한탄함이니라 하시니라(창 6:5-7).

위에서 설명했듯, 아담 이후로 인간은 죄를 즐거워하게 되었고, 성경은 그것을 "죄악이 세상에 가득함과 그의 마음으로 생각하는 모든 계획이 항상 악할 뿐"이라고 평가합니다. 본래 하나님께서 보시기에 심히 좋다고 하셨던 인간이, 이제 하나님의 마음을 슬프게 하고 노하게 만드는 존재가 된 것이지요. 그래서 하나님께서는 자신이 창조하신 사람을 "지면에서 쓸어버리"시기로 결정하십니다. 이것은 바로 죄에 대한 하나님의 진노요 심판이었습니다. 즉 인간은 죄에 대한 책임을 져야만 했던 것이지요.

하나님은 이후 커다란 홍수를 내셔서 지면의 사람들을 다 쓸어버리시는데(물론 그 가운데 구원도 있었습니다. 노아와 그 식구들은 구원받았지요), 홍수라는 이 역사적 사건은 단순히 과거에 있었던 심판일 뿐만 아니라 미래에 있을 영원한 심판을 가리킵니다.

> 이로 말미암아 그때에 세상은 물이 넘침으로 멸망하였으되 이제 하늘과 땅은 그 동일한 말씀으로 불사르기 위하여 보호하신 바 되어 경건하지 아니한 사람들의 심판과 멸망의 날까지 보존하여 두신 것이니라(벧후 3:6-7).

여기서 '물이 넘침'은 바로 홍수 사건을 가리킵니다. 그런데 이제 하늘과 땅은 불살라질 것이며,[10] 장차 '사람들의 심판과 멸망의 날'이 다가오겠지요. 이는 최종 심판을 말하는 것입니다. 즉 하나님께서 모든 사람의 모든 행동에 대하여 심판하시고 평가하시며 책임을 물으시는 날 말이지요. 노아의 홍수는 장차 닥칠 심판의 날을 가리키는 모형이며, 모든 인간은 자신의 행동 모두를 하나님 앞에 결산해야 할 것입니다. 그리고 죄를 지은 사람들 모두는 영원한 형벌을 받게 됩니다(마 25:46).

당신은 아마도 이 가르침을 '지옥'이라는 이름으로 들었을 것입니다. 많은 사람들이 가장 불편해하는 기독교의 가르침이며, 복음을 전할 때마다 가장 많은 질문과 항의가 빗발치는 내용 가운데 하나지요. 그러나 성경은 여러 번에 걸쳐 지옥, 더 정확히는 하나님의 심판과 정죄와 진노에 대하여 말하고 있습니다. 성경에서 지옥에 대하여 가장 많이 말씀하신 분은 우리가 늘 사랑이 많은 분이라고 생각하는 예수님이시지요. 그분은 이렇게 말씀하십니다. "뱀들아, 독사의 새끼들아, 너희가 어떻게 지옥의 판결을 피하겠느냐"(마 23:33).

그래서 제가 이 문제에 대하여 자주 받는 질문들에 답하면서 죄에 대한 책임을 설명해 보려고 합니다. 지옥에 대한 질문들은 아주 많지만 대체로 다음의 세 가지 질문으로 요약됩니다.

1. 단순히 신을 믿지 않는다고 지옥에 보내는 것이 정당한가?
2. 영원한 지옥은 우리가 지은 죄에 비하면 너무 지나친 형벌이 아닌가?
3. 사랑의 하나님이 진노하시는 것이 정당한가?

첫째, 단순히 신을 믿지 않는다고 지옥에 보내는 것이 정당한가? "예수 천국 불신 지옥"이라는 말을 들어 보지 못한 분은 없을 것입니다. 사자성어와 같은 운율과 리듬감 있는 강렬

한 언어 때문에 한 번 들으면 잊히지 않는 표현이지요. 사실 이 표현은 일제강점기 장로교 목사였던 최권능(본명 최봉석, 1869-1944) 목사가 평양 시내에서 복음을 전할 때 썼던 표현입니다. 당시에는 이 표현이 이렇게 비판받거나 오해되지 않았습니다. 오히려 일제에 저항하다 순교했던 애국자로 평가받았고, 그 스스로도 신사참배에 반대하다 끌려가 고문당하다가 죽게 되지요.[11]

하지만 이 말은 오늘날 기독교가 가장 많이 비판받는 이유이기도 합니다. 명동을 비롯한 시내에서 이 구호를 외치고 다니시는 분들의 신사적이지 않은 공격적 전도 태도와 더불어 지나치게 정치적인 구호를 함께 외치는 것이 시민들의 눈살을 찌푸리게도 하지요. 그러나 정말로 비판받는 가장 큰 이유는, 단순히 믿지 않는다는 이유로 영원한 형벌을 받게 하는 신이 과연 정당한지에 대해 의문이 들게 만들기 때문입니다.

우선 간단하게 이 문제를 답하자면 이렇습니다. '예수 천국' 즉 예수님을 믿으면 하나님과 함께 영원토록 즐거운 교제를 나누게 될 것이라는 내용은 옳습니다. 그러나 '불신 지옥'이라는 말은 엄밀히 말하면 옳지 않은 말입니다. '불신 지옥' 즉 예수님을 믿지 않으면 지옥에 간다는 말은 성경적으로 맞는 말이긴 한데, 불신 때문에 지옥에 간다기보다는 인간이 행한 죄악 때문에 지옥에 가는 것이기 때문입니다.[12] 그러한 의미에서는 '악행 지옥'이라는 말이 더 맞겠지요.

조금 더 설명해 보겠습니다. 이러한 질문 이면에는, 우리는 도덕적으로 중립적이고 아무런 죄도 저지르지 않았는데 단순히 예수님을 믿지 않거나 교회에 참여하지 않았기 때문에 지옥으로 간다는 잘못된 전제가 깔려 있습니다. 그러나 우리는 죄인입니다. 그리고 죄인은 이미 그가 행한 잘못만으로도 충분히 형벌을 받을 만합니다. 예를 들어, 어떤 대학생이 수업을 많이 빠져서 F를 맞게 되었다고 합시다. 학생은 졸업반이며 이미 취업을 한 상태이고, 졸업을 하지 못하면 취업한 회사의 입사가 취소될 딱한 상황입니다. F를 맞으면 졸업을 할 수 없기에, 교수님은 그를 불쌍히 여긴 나머지 책을 읽고 리포트를 쓰면 C라도 주겠다고 말했습니다. 그런데 학생이 이렇게 항변을 하는 것이지요.

"왜 단순히 제가 리포트를 쓰지 않았다는 이유로 F를 주시는 것이지요? 이것이 정당한가요?"

교수님은 그에게 숙제를 주면서라도 C를 주실 의무가 없었습니다. 오히려 수업을 듣지 않았기 때문에 그가 F를 맞아도 정당한 것이지요. 게다가 학생은 C라도 달라고 할 권리가 없습니다. 그러한 상황에서 위와 같이 질문하는 것은 호의를 권리로 아는 것이지요. 마찬가지입니다. 하나님께서는 우리를 구원해 주실 의무가 없었습니다. 그리고 우리는 이미 많은 죄를 범했기 때문에 지옥에 가는 것이 마땅한 상황이지요. 그러한 상황에서 예수 그리스도를 믿는 믿음으로 우리를 구원하신다는 것은 호의이자 선물이며 은혜입니다. 믿지 않을 때 하나님의 진노를 받는 것은 당연한 일이고요.

둘째, 영원한 지옥은 우리가 지은 죄에 비하면 너무 지나친 형벌이 아닌가? 그러면 이러한 생각이 들지 모르겠습니다. "그래, 우리가 죄를 지은 건 사실이니 형벌을 받아야 하는 것은 인정한다 치자. 그렇다고 영원한 지옥에 가는 건 좀 지나치지 않나? 우리가 평생 죄를 지어 봤자 팔십 혹은 구십 년을 지을 텐데, 그것 때문에 영원히 지옥으로 보내는 건 불공평하고 불의한 것 아닐까?" 이 역시 제가 전도할 때마다 숱하게 들었던 질문 중 하나입니다.

결론적으로 말하자면, 죄에 대한 형벌의 무게는 죄의 질로 결정하지 죄를 지은 시간으로 결정하는 것이 아닙니다. 예를 들어, A와 B라는 범죄자가 있습니다. A는 3년 동안 타인의 물건 등을 부수고 다녔으며, B는 30분 동안 (끔찍하게도) 아동을 강간하고 살해했지요. A는 아마도 형법 제366조의 재물손괴죄가 적용되어 3년 이하의 징역 또는 700만원 이하의 벌금에 처하게 될 것입니다. 하지만 B는 일반 형법이 아닌 성폭력범죄 처벌 등에 관한 특례법 제9조가 적용되어 사형 또는 무기징역을 받게 될 것입니다. 보통 미국 같은 경우, 사형 제도가 없는 주의 경우에는 징역 600년 정도의 형벌이 나오기도 하지요. 그런데 여기서 B가 다음과 같이 항의했다고 칩시다.

"저 녀석(A)은 3년 동안 죄를 지었는데도 겨우 벌금형을 받았는데, 나는 왜 단 30분 죄를 지고도 사형을 당해야 합니까?"

물론 기도 차지 않는 항변이니 대꾸할 가치를 느끼지 않겠지만, 굳이 답변해 주자면 뭐라고 답하시겠습니까? A가 지은 죄질과 B가 지은 죄질이 다르다고 답변하지 않으시겠습니까? B의 죄질은 훨씬 더 크고 무겁습니다. 그렇기 때문에 B가 더 중한 벌을 받아야 하지요. 자, 있을 법하지는 않지만, 어쨌든 이 대답을 듣고 B가 또 다음과 같이 항변했다고 합시다.

"저 녀석(A)은 기물을 파손했고 나는 사람을 고꾸라뜨렸습니다. 둘 다 지은 죄의 본질이 같은데 왜 내가 더 큰 형벌을 받아야 합니까?"

이쯤 되면 이놈은 양심도 없다 싶으시겠지요? 뭐라고 대답하시겠습니까? 당연히 사람의 목숨과 가치가 훨씬 더 소중하기 때문이라고 답하지 않으시겠습니까? 사람 중에서도 아이의 가치는 더 보호받을 만하고 더 소중하게 여겨야 하기에 더 큰 죄라고 말하지 않으시겠습니까? 그러면 저는 여기서 당신께 이렇게 묻고 싶습니다. 온 우주에서 가장 가치 있는 존재는 무엇입니까?

그것은 바로 하나님입니다! 사람이 아닙니다. 사람의 가치도 소중하지만 하나님은 더욱 소중하고 가치 있는 분이십니다. 그리고 가장 가치 있는 존재를 향해 죄를 범했기에 그 죄의 질은 가장 악합니다.[13] 친구의 노트를 한 장 찢은 것과 휴대폰을 부순 것 중 어느 것이 더 나쁩니까? 이등병이 병장에게 경례를 하지 않은 것과 4성 장군이 지나가는데 경례를 하지 않은 것 중 어느 것이 더 나쁩니까? 당연히 후자라야 하지 않겠습니까? 더 가치 있는 존재를 향해 저지른 죄는 더 악합니다. 따라서 온 우주에서 가장 위대한 분을 향해 지은 죄는 온 우주에서 가장 악한 죄이며, 영원한 분을 향해 지은 죄는 영원한 형벌을 받아야 합니다. 그것이 바로 지옥입니다!

이 대답이 만족스럽지 않으십니까? 그 이유는 '하나님이 인간보다 더 소중하다'는 명제가 불편해서 그런 것 아닐까요? 인간은 인간 스스로를 가장 위대하다고 생각합니다. 그러나 인간은 가장 위대한 존재가 아닙니다. 인간은 하나님의 형상대로 지음받은 존재이기에 고귀하지만, 만드신 분보다 더 고귀한 것은 아닙니다. 우리를 만드신 분이야말로 가장 고귀하고 위대하며 가치 있는 분이십니다. 우리가 상상하는 것보다 훨씬 더 말이지요. 하나님이 얼마나 위대하고 크신지 알면 알수록, 하나님을 무시하고 멸시한 죄가 얼마나 더 큰지 이해하게 될 것입니다.

더 나아가 사람이 사람을 향해서 행하는 범죄도 결국은 하나님께 짓는 죄입니다.[14]

> 다른 사람의 피를 흘리면 그 사람의 피도 흘릴 것이니 이는 하나님이 자기 형상대로 사람을 지으셨음이니라(창 9:6).

이는 홍수가 그친 뒤 노아에게 주신 말씀이며, 홍수 이후 앞으로의 삶이 어떠해야 하는지에 대해 주신 구체적 윤리강령 중 하나입니다. 흥미롭게도, 히브리어로 9장을 읽다 보면 산문으로 글이 진행되다가 갑자기 6절에서만 운문으로 바뀌는 것을 볼 수 있습니다. 이는 특별히 중요한 말씀을 하신다는 강조지요.[15] 중요하기 때문에 암송할 수 있도록 운문으로 주신 것입니다. 그만큼 사람을 죽이는 문제를 하나님께서 가볍게 보지 않으신다는 것을 의미하기도 합니다.

그런데 본문을 읽으면서 가장 중요하게 보아야 하는 것은 살인을 하지 말아야 하는 이유입니다. 성경은 그 이유를 인간이 하나님의 형상이기 때문이라고 말합니다. 즉 인간이 하나님의 형상대로 지음받았기 때문에 인간을 공격하는 것은 하나님을 공격하는 것이 되기 때문입니다. 예를 들어, 고대의 군주 국가는 지금처럼 TV나 사진이 있지 않았기 때문에 왕의 얼굴을 알 수 없었습니다. 따라서 왕은 자신의 형상을 빼

닮은 석상이나 동상을 나라 곳곳에 세워서 나라의 군주가 누구인지 알게 했지요.

그런데 누군가 그 동상에 낙서를 한다거나 훼손한다면 왕이 그 사람을 어떻게 할까요? 물론 이것은 왕에 대한 직접적 공격이 아닙니다. 하지만 왕의 형상을 공격했기 때문에 왕은 이러한 행동을 자신에 대한 공격으로 간주하고 처벌하려 할 것입니다. 마찬가지로 하나님께서는 인간을 공격하는 모든 행위를 자신에 대한 공격으로 간주하십니다. 따라서 인간을 소중히 여겨야 하는 이유도 하나님이 소중하기 때문입니다. 즉 인간과 하나님을 향해 지은 죄는 모두 궁극적으로 하나님을 향해 죄를 지은 것이며, 가장 소중하고 중요한 가치인 하나님을 향해 짓는 죄를 처벌하는 지옥은 결코 과하거나 지나친 형벌이 아닙니다.

셋째, 사랑의 하나님이 진노하시는 것이 정당한가? 그렇다면 이런 생각이 들 수 있을 것입니다. "좋다. 우리가 저지른 죄가 영원한 형벌을 받을 만한 것이라 치자. 그렇다고 사랑의 하나님이 인간을 향해 진노하시고 지옥에 보내시는 것은 이상하지 않은가? 하나님은 사랑이시니 사랑하셔야 마땅한 것 아닌가?" 한때 저 역시 이러한 생각을 하기도 했습니다. 하지만 하나님이 사랑이시기에 진노하지 않으신다고 하는 것은, 오히려 하나님의 사랑이 참된 사랑이 아니라고 하는 것과 같습니다. 아래의 글은 유고슬라비아 출신의 미국 신학자 미로슬라브 볼프가 하나님의 진노에 대하여 말하는 내용입니다.

> 나는 진노가 하나님에게 어울리지 않다고 생각하곤 했다. 하나님은 사랑이시지 않은가? 신적 사랑은 진노를 넘어서지 않는가?……그러나 내가 최근에 하나님께서 진노하신다는 생각을 고쳐먹은 것은, 나의 고국 유고슬라비아에서 발발한 전쟁의 참상을 겪은 뒤였다. 줄잡아 20만 명이 학살당하고 300만 명 이상이 추방되었다. 내가 살던 마을과 도시들이 파괴되었고, 나의 동족들이 날이면 날마다 폭격을 받았으며, 그들 가운데 일부는 상상을 초월할 정도의 잔학한 폭행을 당했다. 그래서 나는 진노하지 않는 하나님을 상상할 수 없었다. 아니면 지난 세기 마지막 십 년 사이에 발발한 르완다 내전을 생각해 보라. 백 일 동안 80만 명의 사람들이 도륙당했다! 하나님은 그러한 대량학살을 보시고 어떻게 반응하셨는가? 맹목적으로 사랑하는 할아버지처럼 가해자들을 귀여워하는 식의 반응을 보이셨는가? 대학살을 단죄하지 않고 가해자들의 근본적 선함을 인정하는 식의 반응을 보이셨는가? 그들에게 맹렬히 진노하시지 않았겠는가?[16]

하나님이 사랑이시라는 사실은 오히려 하나님께서 죄를

향해 진노하신다는 것을 더 정당화합니다. 예를 들어 보겠습니다. 저에게는 10년간 함께한 사랑하는 아내가 있습니다. 그런데 한 불량배가 제가 보는 앞에서 아내에게 폭력을 행사하려고 한다면 저는 어떻게 해야 할까요? "나는 사랑이 많은 목사니까, 내 아내를 해치려는 사람도 사랑해" 하면서 보고만 있을까요? 그렇다면 오히려 제가 제 아내를 사랑하지 않는 것 아닙니까? 제가 정말로 아내를 사랑한다면, 아내를 제 뒤에 있도록 숨겨 놓고 불량배를 향해 성을 내면서 "내 아내를 건드리고 싶다면 내 시체를 밟고 가라!"고 말해야 하지 않겠습니까?

사랑이신 하나님은 사랑이시기 때문에 진노하십니다. 하나님은 사랑이심에도 불구하고 진노하시는 것이 아니라, 오히려 사랑이시기 때문에 진노하십니다! 그래서 마이클 리브스는 이렇게 말합니다. "영원토록 사랑이신 하나님의 진노는 바로 그분의 사랑으로부터 나온다. 그래서 그분의 진노는 거룩하며 우리들이 부리는 신경질과는 구별된다. 하나님의 진노는 그분의 영원한 사랑 안에서 악에 대해 보이시는 반응이다."[17]

또한 하나님께서 죄를 지은 사람을 향해 진노하시지 않는 것은 불의하고 불공정한 일이기도 합니다. 만일 죄를 지었는데도 불구하고 처벌하지 않거나 아주 중한 죄를 지었는데도 가벼운 형벌을 내리는 재판장이 있다면, 우리는 모두 그를 불의하고 나쁜 재판장이라고 할 것입니다. 국가나 사회 경제에 커다란 손실을 입힌 재벌 총수가 말도 안 되게 적은 형벌을 받을 때, 사악한 강간이나 살인을 행한 사람이 적은 형량에 그칠 때 당신은 무슨 생각을 하십니까? 마찬가지입니다. 하나님께서 죄를 지은 우리를 영원히 벌하지 않으신다면, 하나님은 불의하시고 사랑이 없는 분이 되십니다.

하나님의 진노, 인간이 처한 가장 커다란 문제

게다가 하나님께서는 툭하면 노하시는 신경질적인 분이 아니십니다. 오히려 죄를 지은 인간을 향해 오래 참으시는 분이십니다. 그래서 성경은 하나님을 "자비롭고 은혜롭고 노하기를 더디 하고 인자와 진실이 많은 하나님"(출 34:6)이라고 소개합니다. 그러나 하나님께서는 인간의 죄와 악을 향해서 진노하십니다. 이것을 깊이 생각해야 합니다.

언뜻 보면 노하기를 더디 하시는 하나님이 또한 노하신다는 것이 모순되어 보일 것입니다. 그러나 이것은 모순이 아닙니다. 하나님은 우주에서 가장 화내게 만들기 힘들 정도로 온유하신 분입니다. 그런데 그 노하기를 더디 하시는 하나님이 진노하신다는 것은 인간이 아주 큰 죄를 죄책감도 없이 끈질기고 지속적으로 지었다는 증거가 됩니다. 즉 인간은 우주에서 가장 화내게 만들기 힘든 분을 화내게 만드는 데 성공한 존재들입니다. 이것이 바로 인간의 죄성입니다!

사실, 지옥의 무서움은 불에 있지 않습니다. 우리는 지옥 하면 불바다를 연상하고 떠올립니다. 성경이 지옥을 불로 묘사하고 있기 때문입니다(막 9:48, 눅 16:24, 계 20:14-15). 그러나 이는 상징적 비유일 뿐입니다. 성경 다른 곳에서는 지옥을 "바깥 어두운 곳"(마 8:12, 22:13, 25:30)이라고도 묘사하기 때문입니다. 불이 있는데 어두울 수 있겠습니까? 이는 불의 이미지를 사용하여 그곳이 고통스러운 곳임을, 어두움의 이미지를 사용하여 그곳이 아주 고독한 곳임을 말해 줍니다.

그렇다면 그 큰 고통과 고독의 본질은 무엇이겠습니까? 바로 하나님의 진노입니다. 하나님의 진노만이 우리가 가장 두려워해야 마땅한 대상입니다. 하나님이 당신을 향해 의로운 진노를 발하십니다. 그분은 그 어떤 군대와도 비교되지 않는 분입니다. 그분은 전능하십니다. 또한 모든 것을 아십니다. 그분을 피해서 숨을 곳은 아무 데도 없습니다. 이 무시무시하고 두려운 분노, 이것이 바로 하나님의 진노이며 죄를 지은 인간이 져야 할 책임입니다.

> 하나님의 진노가 불의로 진리를 막는 사람들의 모든 경건하지 않음과 불의에 대하여 하늘로부터 나타나나니(롬 1:18).

5장 돌아보기

- 죄에 대한 지식이 증가할수록 이 세상의 현 상황을 파악할 수 있고 오히려 절망에서 벗어날 수 있다. 또한 하나님이 우리를 얼마나 사랑하셨는지도 알 수 있다.

1. 아담이 범한 죄가 전가되다

- 아담과 하와의 죄는 그 후손들에게 전가된다. 이는 아담이 창조될 때부터 인간의 대표였고, 인간의 대표로서 하나님의 명령을 지켜야 할 의무를 가지고 있었기 때문이다.
- 이것은 두 가지 결과를 낳았는데, 하나는 인간이 죄를 즐기게 되었다는 것과, 다른 하나는 인간이 죄에 대한 책임을 져야 한다는 것이다.

2. 인간이 죄를 즐거워하다

- 우리의 의지는 죄를 짓고 싶어 하는 방향으로 기울어져 있다. 우리는 거짓말을 배우지 않아도 거짓말을 하며, 선행은 배워도 잘 하지 않는다.
- 특히, 인간의 악한 행동뿐만 아니라 선한 행동 역시 죄악되다. 예를 들어, 예수께서는 마태복음 6:2-5에서 이웃돕기와 기도라는 선행 뒤에도 위선과 죄악이 있을 수 있음을 폭로하신다.

3. 죄에 대한 책임

- 범죄한 이후 인간의 마음에는 죄악이 가득하게 된다(창 6:4). 그래서 하나님은 인간을 형벌하기로 결정하신다.
- 죄를 범한 사람들은 하나님의 영원한 저주와 진노를 상징하는 지옥으로 간다. 지옥에 대한 의문들을 살펴보자.

첫째, 단순히 신을 믿지 않는다고 지옥에 보내는 것이 정당한가?

- 하나님을 믿지 않는 것을 포함한, 자신이 범한 죄 전체에 대한 형벌이 지옥이다. 이러한 질문 이면에는 우리가 도덕적으로는 깨끗한데도 신만 믿지 않았다는 전제가 깔려 있다.

둘째, 영원한 지옥은 우리가 지은 죄에 비하면 너무 지나친 형벌이 아닌가?

- 형벌의 무게는 지은 죄의 무게로 결정된다. 하나님께 지은 죄는 무한하신 분께 지은 것이기에 무한한 죄이며, 그만큼 악한 죄를 저지른 사람은 무거운 형벌을 받아야 한다.

셋째. 사랑의 하나님이 진노하시는 것이 옳은가?
- 의로움을 향한 사랑은 죄를 향한 진노를 포함한다. 사랑하는 아내를 해치려는 사람을 보면서도 너그러운 남편은, 사실 아내를 사랑하지 않는 것이다. 그래서 사랑이심에도 불구하고 진노하시는 것이 아니라, 오히려 사랑이시기 때문에 진노하신다.

4. 하나님의 진노, 인간이 처한 가장 커다란 문제

- 하나님은 툭하면 노하시는 분이 아니라, 자비롭고 은혜로우며 노하기를 더디 하시는 분이다(출 34:6). 그럼에도 인간은 끈질기고 지속적으로 죄를 지어 우주에서 가장 화나게 만들기 힘든 분을 화나게 만드는 데 성공했다.
- 지옥의 무서움은 불에 있지 않다. 오히려 이것은 전능하신 하나님의 진노를 상징하는 장치일 뿐이다. 지옥의 무서움은 진노하시는 하나님에 있다. 우리는 속히 하나님과 화목해야 한다.

나눔을 위한 질문

1. 죄에 관한 지식이 우리에게 위로를 주는 이유는 무엇입니까?(115-116쪽 참조)

2. 아담의 죄가 전가됨으로 인간이 겪는 두 가지 결과는 무엇입니까? (118쪽 참조)

3. 성경이 너무 강박적으로 죄를 찾아내어 우리를 몰아붙인다는 생각이 들지는 않습니까? 왜 성경은 죄에 대하여 그토록 집요하게 말합니까?(123쪽 참조)

4. "신을 믿지 않는다고 지옥에 보내는 것이 정당한가?"라는 질문에 대답해 봅시다(126-129쪽 참조).

5. "영원한 지옥은 우리가 지은 죄에 비하면 너무 지나친 형벌이 아닌가?"라는 반론에 대해서 대답해 봅시다(129-131쪽 참조).

6. 사람이 사람을 향해 짓는 죄도 결국은 하나님께 짓는 죄인 이유가 무엇입니까?(132-133쪽 참조, 창 9:6)

7. "사랑의 하나님이 진노하시는 것이 정당한가?"라는 반론에 대답해 봅시다(133-136쪽 참조).

우리의 대표, 아담

5장에서 아담의 죄가 이후 모든 인간들에게 전가된다는 이야기를 듣고 어떤 분들은 많이 불편하셨을 것이라 생각합니다. 일종의 '연좌제'처럼 느껴지기 때문입니다. 결국 내가 짓지 않은 죄를 내가 지은 것으로 여긴다는 것에 억울한 생각이 들 수밖에 없지요.

하나님은 아담을 그저 한 개인으로 만드신 것이 아닙니다. 모든 인간의 대표로 세우셨지요. 그리고 아담과 더불어 모든 세계를 서로 영향을 주고받는 하나의 공동체로 지으셨습니다. 예를 들어, 우리 모두가 법을 만드는 것이 아니라 입법권을 가진 국회가 법을 만드는 것을 생각해 보십시오. 결국 그들이 만드는 법을 우리 사회 모두가 지켜야 합니다. 또한 국군통수권을 가진 대통령의 권한을 생각해 보십시오. 대통령이 전쟁을 결정하고 선전포고를 한다면, 국가 전체가 싫어도 전쟁에 참여해야 합니다. 사실 공동체성은 생각보다 가까이 있는 개념이고, 따라서 하나님께서 세상을 공동체로 지으셨다는 사실을 거부할 필요는 없습니다.

사실 이러한 생각이 드는 가장 큰 이유는 개인주의적 생각이 우리의 생각 속에 당연한 것으로 자리 잡고 있기 때문입니다. 개인주의적이지 않은 국가나 민족, 예컨대 아시아의 많은 국가들은 아담의 대표됨에 대하여 그다지 거부감이 없습니다. 또한 개인주의가 확산되기 이전의 지난 세대 그리스도인들도 이 개념을 받아들이는 데 문제가 없습니다. 이것은 사실 개인주의적 문화 가운데 있는 우리에게도 가까이 있는 개념인데, 결국 가족 중 하나가 죄를 지으면 (법적 형벌은 개인에게만 주어지지만) 모든 가족이 고통을 받게 되기 때문입니다.

그렇다 하더라도 완전히 이해가 안 되시는 분들도 있을 겁니다. "대통령이야 내가 내 손으로 투표해서 뽑았지만, 아담은 내가 투표한 게 아니지 않나? 대통령이 선전포고를 하면 뽑은 나도 책임이 있는 게 맞지만, 아담은 아니잖아!"라는 생각이 드는 것이지요. 여기에 대한 답은 의외로 간단한데, 아담은 모든 인간 중 가장 완전한 인간이었으며, 그를 뽑으신 분은 완전하고 흠 없는 하나님이셨다는 것입니다. 팀 켈러의 말을 들어 봅시다. "어느 누구도 하나님만큼 우리를 위한 대표를 더 잘 뽑지는 못한다. 우리가 하나님보다 더 똑똑한 선택을 할 수 있었다고 생각해서는 안 된다!"[18]

이러한 대표의 원리는 우리에게 그저 부당하기만 한 것은 아닙니다. 아담이 범죄함으로 우리가 원죄를 가지게 된 것은 사실이지만, 우리의 새로운 대표인 그리스도의 죽으심과 부활로 우리가 행하지 않은 선행이 우리의 것으로 전가되었으니까요. 우리가 개인적으로 각각 하나님 앞에 서서 (믿음이 아닌) 선행으로 구원이 결정된다면, 누구도 하나님께 받아들여질 만큼 완전한 선행을 할 수 없을 것입니다. 그러나 그리스도의 선행이 우리의 것이 됨으로, 모든 믿는 사람은 완전하고 흠 없는 선을 행했다고 칭찬받게 될 것입니다!

III

회복

6

불행을 선택하신 행복하신 분

그럼에도 불구하고 하나님은 사랑이십니다. 앞에서 살펴보았듯이, 하나님의 사랑은 그분의 가장 중요한 본성입니다. 따라서 하나님께서 죄를 지은 우리를 향해 진노하시는 것은 당연하고 옳은 것임에도 불구하고, 하나님은 그분의 백성을 사랑하셨습니다. 그래서 불쌍한 자기 백성을 죄로부터, 그리고 그 결과인 사망과 저주로부터, 무엇보다 영원한 형벌과 진노로부터 구원하고 싶으셨지요. 그래서 성경은 이렇게 말합니다.

> 하나님이 세상을 이처럼 사랑하사 독생자를 주셨으니 이는 그를 믿는 자마다 멸망하지 않고 영생을 얻게 하려 하심이라 (요 3:16).

여기서 우리는 하나님의 딜레마를 봅니다. 멸망은 기정사실입니다. 모든 인간은 죄인이고, 이는 인간이 사악하고 교만하게도 하나님께 덤벼들고 서로를 미워했다는 의미입니다. 그 죄값으로 모든 인간은 멸망 곧 영원한 형벌을 받게 될 것입니다. 하지만 다른 한편으로는 하나님께서 그 인간과 세상을 사랑하셨다는 것 역시 알게 됩니다. 하나님은 죄악을 쌓은 이스라엘 백성을 향해 "이 모든 가증한 일을 행하였은즉 반드시 죽을지라. 자기의 피가 자기에게로 돌아가리라"(겔 18:13)고 말씀하시면서도, "내가 어찌 악인이 죽는 것을 조금인들 기뻐하랴"(겔 18:23)고 외치시는 분입니다.

우리를 향한 그분의 사랑은 우리의 죄를 향한 그분의 슬픔과 엮여 있습니다. 우리는 하나님이 우리를 사랑하신다고 할 때, 우리를 쳐다보시며 그저 예뻐 죽겠다는 인자한 표정만을 지으시는 조금 바보스러운 하나님을 상상합니다. 그러나 그분의 사랑은 우리를 향해 노하셔야 하기 때문에 슬퍼하시는 감정이 엮여 있는 사랑입니다. 우리의 악을 보셔야 하는 괴로움 가운데서도, 불쌍히 여기며 안타까워하시는 사랑 말입니다. 그래서 하나님은 진노 없이 사랑하시는 것이 아니라, 진노하심에도 불구하고 사랑하십니다.

그리고 본문은 또한 하나님의 구원 계획을 말해 줍니다. 하나님께서는 사랑하는 자기 백성을 구원하고 영생을 주기 위해서 **독생자**를 주십니다. 독생자이신 예수 그리스도는 하나님으로부터 나오신 하나님의 아들이시며, 또한 그 스스로가 신성을 가지시고 자존하시며 영원하신, 전지전능하시고 불변하시며 무한하신 하나님입니다. 성부 하나님께서는 세상을 지으시기 이전에 이미 성자 하나님과 더불어 우리를 구하실 계획을 세우셨지요(엡 1:4-6, 벧전 1:20). 17세기 청교도 목회자이자 신학자 존 플라벨은 이러한 성부와 성자의 계획이 어떻게 세워졌는지 상상력을 동원하여 풀어냅니다.[1]

성부 내 아들아, 여기 스스로 지극히 파멸하여 이제 내 공의 앞에 드러나 있는 가련하고 비참한 영혼들이 있다! 공의가 이들에게 속죄를 요구하니, 만일 이들이 속죄하지 않으면 공의가 이들을 영원히 멸망시킴으로써 직접 보응할 것이다. 이 영혼들을 어떻게 했으면 좋겠는가?

성자 내 아버지여, 저들에 대한, 그리고 저들을 위한 저의 사랑이 어느 정도인가 하면, 저들이 영원히 멸망당하게 하기보다는 차라리 제가 저들의 보증인으로서 저들을 담당하겠습니다. 아버지의 명세서를 다 가져오소서, 저들이 아버지께 무엇을 빚지고 있는지 제가 보겠나이다. 주여, 다 가져오소서, 차후에 계산할 것이 남지 않도록. 이

제 제 손에 요구하소서. 저들이 아버지의 진노를 겪게 하느니 차라리 제가 감당하겠습니다. **저에게, 아버지여 저들의 죄값을 물으소서.**

성부 하지만 내 아들아, 네가 저들을 떠맡을 경우, 마지막 동전 한 닢까지 갚아야 할 것이다. 감액 같은 것은 기대하지 말거라. 저들을 봐주려면 내 너를 봐줄 수가 없노라.

성자 기꺼이 그리하겠나이다, 아버지여. 아버지께서 하시고자 하는 대로 하소서. 모든 책임을 저에게 물으소서. 설령 이 일이 제게 일종의 파멸임이 드러난다 할지라도, 설령 이 일이 제 모든 부요를 다 메마르게 하고 제 모든 보화를 다 바닥나게 할지라도, 저는 기꺼이 이 일을 맡겠습니다.

물론 존 플라벨이 쓴 이 글은 가상의 대화입니다. 하지만 성경에 근거하면 성부와 성자가 이러한 계획을 세우신 것은 분명한 사실입니다(요 6:37-40, 엡 1:4-6; 3:11). 사랑이신 동시에 정의로우신 삼위 하나님은, 노하시면서도 긍휼한 마음을 품으시고 자기 백성을 바라보셨습니다. 그리고 아담의 첫 죄로 인해 사망의 고통 아래 있는 그들을 구원하실 약속을 베푸셨지요.

구원자를 주시겠다는 약속

아담이 범죄한 장면으로 다시 돌아가 봅시다. 이미 살펴보았 듯이, 아담과 하와의 죄로 인해 모든 것이 망가져 버렸습니다. 아담과 하와의 관계, 자연과의 관계, 하나님과의 관계가 모두 망가져 버렸지요. 아담과 하와 그리고 그 안의 모든 인간은 저주를 받고, 하와를 유혹한 뱀 역시 저주를 받습니다. 그런데 하나님께서 뱀을 저주하실 때 하시는 말씀 안에는 묘한 희망이 하나 들어 있었습니다.

> 내가 너로 여자와 원수가 되게 하고 네 후손도 여자의 후손과 원수가 되게 하리니 여자의 후손은 네 머리를 상하게 할 것이요 너는 그의 발꿈치를 상하게 할 것이니라 하시고(창 3:15).

간단하게 본문을 설명하자면 이렇습니다. 하나님께서는 뱀(본문에서는 '너')과 여자가, 그리고 뱀의 후손과[2] 여자의 후손이 원수가 될 것이라고 말씀하십니다. 그러고 나서 하나님께서는 의미심장하고 희망적인 말씀을 하시는데, 바로 '여자의 후손'이 뱀의 머리를 상하게 한다는 약속입니다. 사실상 뱀은 사탄(또는 마귀)을 가리키는 표현입니다. 그래서 성경은 뱀을 "옛 뱀 곧 마귀라고도 하고 사탄이라고도 하며 온 천하를 꾀는 자"(계 12:9)라고 말하지요. 그리고 '여자의 후손'이라

불리는 미지의 존재는 결국 뱀의 머리를 부술 것입니다. 그리고 인간에게 승리와 해방을 가져다줄 것입니다. 탁월한 구약학자 브루스 월키는 이렇게 말합니다.

> 창세기 3:15은 사탄의 패배에 대하여 서술한다. 이 서술은 하나님의 은혜와 영광으로 가득 차 있다.……뱀을 향한 그분의 예언 안에는 하나님의 주권적 은혜가 숨어 있다. 이 이야기에서 여자는 뱀을 향한 자신의 애정, 충성, 우정을 자진하여 끊어 버린다. 뱀과 여자가 원수가 되게 하실 때, 하나님께서는 그 주권적 권리를 사용하셔서 여자의 종교적 애정과 충성을 고치신다. 그리고 뱀을 향한 여자의 적대감에는 또한 하나님을 중심으로 놓으려는 열망과 그분을 향한 갈망, 그리고 그분과의 친밀함을 누리고자 하는 욕구가 포함된다.
>
> 여자의 후손이 뱀의 머리를 상하게 할 것이라는 선언은 원복음*protoevangelium* (첫 번째 복음 메시지)이라고 불린다. 이 예언은 하와로부터 역사 전체를 통틀어 그 후손에까지 미친다. 비록 하와는 죽어 마땅했지만, 하나님께서는 하와에게 등을 돌리시지 않으신다. 대신 그분의 자비로 하와의 후손의 사명을 통해 하와를 회복시키신다. 하나님의 목적은 좌절되지 않을 것이고, 인류는 여전히 영광과 존귀로 관을 쓸 것이며, 하나님께서는 본래 계획하신 대로 모든 것을 자신의 발아래에 두실 것이다.[3]

그렇다면 이 '후손'(또는 '자손', 히브리어 '제라')은 누구일까요? 이후 아담을 비롯한 사람들은 뱀을 향한 하나님의 저주의 말씀을 듣고 이 후손이 자신을 구원하고 해방해 줄 것이라는 소망을 품었음이 분명합니다. 그래서 하와는 가인을 낳고 "내가 여호와로 말미암아 득남하였다"(창 4:1)고 말하지요. 이는 하나님께서 하와의 후손으로 말미암아 사탄의 머리를 상하게 하고 그들을 해방하시리라는 약속을 기억한 것입니다.[4] 하지만 결국 가인은 그 동생 아벨을 죽인 살인자가 되고, 하나님께서 약속하신 그 후손이 아님이 드러납니다.

이후의 사람들에게서도 이 '후손'을 향한 갈망이 계속되었고, 아들을 낳을 때마다 "혹시 이 아들이 그 여자의 후손이 아닐까?" 하고 생각했습니다. 그래서 이후 노아가 태어났을 때, "이름을 노아라 하여 이르되 여호와께서 땅을 저주하시므로 수고롭게 일하는 우리를 이 아들이 안위◆하리라"(창 5:29)고 말하지요. 그럼에도 노아는 구주가 아니었습니다.

하나님의 약속은 계속됩니다. 하나님께서는 아브라함에게 "하늘을 우러러 뭇별을 셀 수 있나 보라. 또 그에게 이르

◆ **안위** 히브리어 '니함'의 번역어다. '안식' 또는 '위안'이라고 번역할 수도 있는데, 죄와 그 결과인 하나님과의 분리 때문에 고통당하는 인간이 하나님과의 교제 가운데 누리는 행복을 '안식'이라고 한다. 교회에서 말하는 '안식' 또는 '안식일', 안식일의 정신을 이어받은 '주일'이라는 개념이 모두 이 의미를 내포하고 있다.

시되 네 자손[제라]이 이와 같으리라"(창 15:5)고 말씀하시고, 이삭과 야곱에게도 끊임없이 후손에 대한 약속을 주십니다(창 26:4, 28:14). 또한 역사가 흘러 다윗 왕에게도 그리하시지요. "네 몸에서 날 네 씨[제라]를 네 뒤에 세워 그의 나라를 견고하게 하리라. 그는 내 이름을 위하여 집을 건축할 것이요 나는 그의 나라 왕위를 영원히 견고하게 하리라"(삼하 7:12-13).

그러나 아브라함도, 이삭도, 야곱도, 다윗도 인류를 구원하는 존재가 아니었습니다. 그들은 모두 하나님을 사랑했고 또한 하나님의 사랑을 받는 사람들이었지만, 우리와 똑같은 연약한 인간들이었지요. 그들은 사탄과 더불어 싸워 이기기는커녕 사탄의 유혹에 여전히 넘어져 범죄하는 사람들이었고, 누구를 대신하기보다는 자신들을 대신할 구원자가 필요했습니다. 긴 시간 동안 사람들은 자신들을 죄와 저주로부터 꺼내 주고 사탄과 더불어 싸워 승리할 구원자를 필요로 했고, 그 약속의 구원자를 '메시아'(헬라어로는 '그리스도')라고 불렀습니다. 그리고 한참이 지나서 마침내 그 자손이 등장합니다. 그의 이름은 예수요, 하나님께서 약속하셨고 사람들이 기다리던 그 자손 그리스도였습니다.

아브라함과 다윗의 **자손** 예수 그리스도의 계보라(마 1:1).

구원자가 오시다

첫 번째 크리스마스는 뜻밖에도 우울했습니다. 캐롤도, 화려한 조명도, 선물도, 맛있는 음식도 없었지요. 당시 이스라엘은 로마의 통치하에서 암울했고, 유대인도 아니었던 이스라엘의 통치자는 잔학하기 이를 데 없는 헤롯이었습니다. 아마도 십 대 후반이었을 어머니 마리아는 미혼모가 될 뻔 했지만, 천사를 통해 계시를 받은 남편 요셉이 마리아를 아내로 받아들이기로 했기 때문에 가족을 이루고 있었습니다(마 1:18-25). 그리고 한 아기가 소박하고 허름한 말구유에 누워 있었지요.

예수께서는 어느 모로 보나 평범한 사람이었습니다. 이사야라는 옛 예언자는 그분이 "고운 모양도 없고 풍채도 없은즉 우리가 보기에 흠모할 만한 아름다운 것이"(사 53:2) 없는 모습이라고 말합니다. 예수께서는 정말 아기로 오셨고(마 2:11), 시간이 지날수록 "지혜와 키가 자라가며 하나님과 사람에게 더욱 사랑스러워"(눅 2:52) 가셨습니다.

성인이 되신 이후, 그분은 이스라엘의 북쪽 지역과 예루살렘을 오가며 말씀을 전하셨습니다. 그때마다 성부 하나님께서는 충만한 기쁨으로 예수님을 사랑하셨는데, 성령님 역시 예수님과 함께하셨습니다. 그래서 성경은 "하나님이 나사렛 예수에게 성령과 능력을 기름 붓듯 하셨으매 그가 두루 다니시며 선한 일을 행하시고 마귀에게 눌린 모든 사람을 고치셨으니 이는 하나님이 함께하셨음이라"(행 10:38)고 말합니다.

그분이 가는 곳마다 놀라운 일이 일어났습니다. 무수한 병든 자들이 고침을 받고, 심지어 죽은 사람이 살아나기도 했으며, 더러운 귀신 들린 사람들이 악한 영들로부터 해방되었고, 가난한 자들이 먹을 것을 얻었으며, 죄인들이 자신의 죄를 회개하고 하나님께로 돌아왔습니다. 이분은 평범한 사람이었지만 오직 하나님만이 하실 수 있는 일을 하셨습니다. 이는 성령께서 예수님께 능력을 공급하셨기 때문이기도 하지만, 예수님 자신이 신성을 가지신 분이었기 때문입니다. 그래서 성경은 아주 끈질기게 예수님을 "우리의 크신 하나님 구주 예수 그리스도"라고 부릅니다(딛 2:13).

하지만 그분은 진정 사람이었습니다. 예수께서는 성령의 능력으로 잉태되었지만, 동정녀의 몸에서 우리와 똑같은 육체를 가지고 태어나셨습니다(마 1:20). 예수께서는 배고파하셨고(마 4:2), 목말라하셨으며(요 19:20), 피곤하셨고(요 4:6), 주무셨습니다(마 8:24). 또한 그분은 우셨고(눅 19:41, 요 11:35), 한숨을 쉬셨으며(막 7:34), 탄식하셨고(막 8:12), 분노하시기도 했지요(요 2:13-16).

사람들은 이분을 보며 다양한 반응을 보였습니다. 예수님을 따르고(마 4:20; 8:1, 막 10:52) 그분을 왕으로 삼고자 하던 사람들도 있는가 하면(요 6:15), 어떤 사람들은 예수님을 배척하고(마 13:57, 막 6:3), 그분의 설교를 듣고서 죽이려고도 했습니다(마 26:4, 요 5:18). 그리고 그 와중에도 밤에 몰래 찾아와 하나님의 뜻을 묻던 사람들도 있었습니다(요 3:1-4). 대체로 가난하고 힘없으며 연약하고 죄를 많이 지은 사람들이 예수님을 따랐고, 부유하고 강하며 당시 사회를 주름잡던 사람들이 예수님을 배척했지요.

뜻밖의 사실은, 복음서에 기록된 예수님의 모습을 보면 이 모든 것에 전혀 연연해하지 않았다는 것입니다. 예수께서는 자신을 따르는 자나 배척하는 자 모두를 불쌍히 여기셨고, 어떤 세력을 만들지도, 배척하거나 조직적 저항을 하지도 않으셨습니다. 그분을 따르는 특별히 가까운 열두 명의 제자들과, 그 외에도 따르는 사람들이 있었지만, 그들에게 말씀을 전하고 가르치실 뿐 다른 무엇도 하지 않으셨지요. 그러면서 예수께서는 이상한 말씀을 하셨습니다.

- 인자가 온 것은 섬김을 받으려 함이 아니라 도리어 섬기려 하고 자기 목숨을 많은 사람의 대속물로 주려 함이니라(마 20:28).
- 나는 선한 목자라. 나는 내 양을 알고 양도 나를 아는 것이 아버지께서 나를 아시고 내가 아버지를 아는 것 같으니 나는 양을 위하여 목숨을 버리노라(요 10:14-15).

이 말씀들은 모두 예수님 자신의 죽음을 예언합니다. 그리고 모두 자기 백성('많은 사람들'과 '양')을 위해 죽으실 것을 예언하지요. 당시에 예수님을 따르던 사람들은 모두 이 말이 무슨 의미인지 알지 못해 어리둥절했습니다. 그래서 베드로라는 제자는 예수님을 붙들고 항변하면서 "주여, 그리 마옵소서. 이 일이 결코 주께 미치지 아니하리이다"(마 16:22)라고 말합니다. 베드로 나름대로는 예수께서 죽을까봐 염려한 선한 의도였을 것임에도, 예수께서는 "사탄아, 내 뒤로 물러가라. 너는 나를 넘어지게 하는 자로다. 네가 하나님의 일을 생각하지 아니하고 도리어 사람의 일을 생각하는도다"(마 16:23)라고 말씀하시지요.

이후 예수님을 둘러싼 정치적 상황은 희한하게 돌아갑니다. 그분을 따르는 제자들은 더욱 많아지고, 그분 사역의 마지막인 예루살렘 방문에는 수도 없이 많은 사람들이 모여 그분을 환영합니다(마 21:9). 당대의 이스라엘 지도자들은 이러한 예수님을 미워하고 질투한 나머지, 그분을 잡아가서 이스라엘 지역을 다스리고 있던 로마의 지도자 본디오 빌라도에게 예수님을 죽여 달라고 고소합니다. 빌라도는 예수님을 심문한 뒤 "나는 그에게서 죽일 죄를 찾지 못하였다"고 말합니다(눅 23:22). 하지만 사람들은 예수님을 죽이려 들었고, 결국 그분은 당대 가장 끔찍하고 저주스러운 형벌이었던 십자가를 지게 됩니다.

끔찍한 십자가

십자가 사건은 성경의 중심이라고 말해도 과언이 아닙니다. 예수님의 생애를 기록한 복음서는 아주 많은 부분을 십자가 사건에 대하여 설명해 주고, 특히 요한복음은 거의 4분의 1에 가까운 지면을 십자가 사건을 묘사하는 데 할애합니다. 예수님의 탄생에 대해서는 네 개의 복음서 중 두 개의 복음서만 말하지만, 죽음에 대해서는 네 복음서 모두가 상세히 묘사합니다. 특히 복음을 널리 전파하는 데 가장 중요한 역할을 했던 사도 바울은 다음과 같이 말하기도 합니다.

- 그러나 내게는 우리 주 예수 그리스도의 십자가 외에 결코 자랑할 것이 없으니 그리스도로 말미암아 세상이 나를 대하여 십자가에 못 박히고 내가 또한 세상을 대하여 그러하니라(갈 6:14).
- 내가 너희 중에서 예수 그리스도와 그가 십자가에 못 박히신 것 외에는 아무것도 알지 아니하기로 작정하였음이라(고전 2:2).

그만큼 십자가 사건, 정확히는 십자가 사건이 이룬 일과 말해 주는 내용이 중요하다는 것입니다. 따라서 우리는 십자가에 대하여 조금 더 생각해 볼 필요가 있습니다. 지금이야 기독교의 하나의 상징이며, 예배당에 걸어 둔다거나 개인의 패션 아이템으로도 사용하지만, 1세기 당시의 십자가는 정말 끔찍하고 고통스러운 사형도구였습니다. 예를 들면, 주전 1세기 웅변가였던 키케로는 '라비리우스 포스투무스 변호문'에서 이렇게 말합니다. "십자가라는 바로 그 단어는 로마 시민들의 몸뿐만 아니라 입과 귀 그리고 생각에서조차 제거되어야 합니다."[5]

십자가 처형은 주전 6세기에 페르시아인들이 고안한 사형 방법이었습니다. 그리고 주전 1세기 말, 로마는 식민지 노예와 가난한 자와 반역자를 처벌하는 데 십자가를 공식적으로 채택합니다. 실례로 주전 70년에 티투스 장군은 유대 독립전쟁을 진압할 때 포로들을 매일 500명씩 십자가형에 처했지요. 그것은 끔찍한 고통을 수반했는데, 많은 사람들이 예상하는 것처럼 십자가형의 의학적 사인은 과다출혈 같은 것이 아닙니다. 오히려 질식사에 가까웠습니다. 영국의 로마사가 마크 코비는 십자가에 대하여 이렇게 말합니다.

18센티미터짜리 로마의 군사용 쇠못을 팔목이나 손바닥이 아니라 손목 아랫부분에 박았습니다. 미끄러짐 방지를 위해

나뭇조각을 함께 박았습니다. 그리고 세 번째 못은 작은 아카시아 나뭇조각을 댄 다음 양쪽 발목을 통과하도록 박습니다. 그렇게 못 박히면 흉곽에 엄청난 압박감이 옵니다. 압박감을 덜려면 발로 서야 하는데 발목에 못이 박혀 있는 상태라 불가능합니다. 폐에 압력이 가해져 숨을 못 쉬게 됩니다. 시간이 지나면서 고통은 견딜 수 없이 심해지고 몸이 처지면 다시 고통이 반복됩니다. 십자가형은 오랜 기간 고통을 주었고, 로마군 중에는 72시간을 고통당한 사람도 있었습니다.[6]

처형 장소는 공개된 공간이었습니다. 예수께서 처형당하신 골고다 언덕은 오늘날로 치면 시청 앞 광장만큼(물론 그렇게 아름다운 곳은 아니었지만) 공개된 장소였고, 잔인한 로마군은 십자가에 매달린 사람들의 끔찍한 몰골을 사람들에게 보여줌으로 공포감을 느끼도록 유도했지요. 흔히 볼 수 있는 십자가 그림과는 달리 형벌을 받는 사람들은 몸에 아무것도 걸치고 있지 않았는데, 이는 고통과 더불어 수치심을 극대화하기 위해서였습니다. 또한 십자가는 생각보다 그리 높이 달려 있지 않았는데, 사람들이 쉽게 침을 뱉고 조롱할 수 있게 하기 위해서였습니다. 너무나 큰 고통을 견디지 못한 사람들은 대소변을 가리지 못했는데, 이것 역시 당해야 하는 수치스러움의 일부였습니다.

예수께서는 이 모든 일을 당하셨습니다. 그분은 부당하게 재판을 받으시고, 로마 군인들에게 끌려가 채찍질을 당했습니다(요 19:1). 베르베라치오^{Verberatio}라고 불리는, 갈기에 뼛조각이나 날카롭게 만들어진 쇳조각들을 붙여서 살이 찢어지도록 고안된 끔찍한 채찍으로 뼈가 드러나거나 내장이 밖으로 나올 만큼 잔인한 형벌을 당하신[7] 뒤에, 가시 길이가 약 30센티미터 정도의 가시대추야자로 만든 가시관을 쓰셨습니다. 이것이 예수님의 머리에 씌워질 때, 그 가시들은 머리와 뇌를 깊이 찔렀을 것입니다.[8] 피범벅이 된 예수께서는 수치스럽게 벌거벗으시고 십자가에 달리십니다.[9]

십자가는 확실히 예수님을 죽였습니다. 예수께서 십자가에서 죽으신 뒤 한 군인이 예수님의 옆구리를 찔렀는데, 피와 물이 거기서 나왔습니다(요 19:34). 이는 그분의 심장이 터졌다는 것을 의미합니다. 1986년 미국 의학전문지 JAMA$^{The\ Journal\ of\ the\ American\ Medical\ Association}$에 「예수 그리스도의 육체적 죽음에 관하여」라는 흥미로운 논문이 실렸는데, 이 논문에서는 예수님의 몸에서 피와 물이 나왔다는 기록에 대하여 이렇게 말합니다.

> 아마도 물은 늑막과 심장의 액체를 가리킬 것이다. 피가 먼저 나왔을 것이고, 피보다 적은 양이었을 것이다. 아마 저산소증에 이어서 심장 발작의 과정이 있었을 것이고, 늑막과 심낭에

서 유출이 발생하여 물의 양에 더해졌을 것이다.[10]

그분이 비록 하나님이시지만, 우리와 똑같은 육체를 가지고 계셨기 때문에 고통은 우리가 겪는 것과 같았습니다. 하지만 이마저도 그분이 당하신 고통의 전부는 아니었습니다.

성부 하나님께 버림받다

예수께서는 자신이 죽을 것을 이미 알고 계셨고, 그것이 피할 수 없는 길임을 알고 계셨습니다. 예수님을 잡으러 로마 군인들이 왔을 때, 그분은 성부 하나님께 구해서 열두 군단이 넘는 천사들을 동원하여 그들을 막으실 수도 있었습니다(마 26:53). 게다가 예수께서는 자신이 원하지 않으면 아무도 그분의 목숨을 빼앗을 수 없다는 것도 알고 계셨습니다. 그래서 "이를[목숨을] 내게서 빼앗는 자가 있는 것이 아니라 내가 스스로 버리노라"(요 10:18)고 말씀하시지요.

그럼에도 불구하고 예수께서는 십자가에 달리시기 전 심하게 번민하셨습니다. 그분은 "내 마음이 매우 고민하여 죽게 되었"다고 말씀하시고(마 26:38), 제자들에게 함께 있어 달라고 요청하셨습니다. 이러한 예수님의 모습에 대하여 종교개혁자 마르틴 루터는 "이 사람처럼 죽음을 두려워한 사람은 없었다"고[11] 말하지요. 성경에서도 이러한 예수님의 모습을 "심한 통곡과 눈물로 간구와 소원을 올렸"다고 묘사합니다(히 5:7).

무슨 소원을 올리셨을까요? 성부 하나님께 "내 아버지여, 만일 할 만하시거든 이 잔을 내게서 지나가게 하옵소서"(마 26:39)라고 간청하셨습니다. 여기서의 '잔'은 십자가에서의 죽음을 가리킵니다. 즉 십자가에서의 죽음을 피할 수만 있다면 피하고 싶으시다는 것입니다! 예수께서는 이러한 간청을 세 번 하셨고, 마지막에 이러한 말씀으로 끝내십니다. "내 아버지여, 만일 내가 마시지 않고는 이 잔이 내게서 지나갈 수 없거든 아버지의 원대로 되기를 원하나이다"(마 26:42). 물론 성부 하나님께서는 십자가를 피하기를 원한다는 예수님의 기도를 듣지 않으셨고, 예수께서는 십자가로 향하게 되지요.

이것은 참으로 이상해 보입니다. 그분은 자신이 죽지 않아도 되지만 죽음을 선택한다고 말씀하셨지요. 그런데 또 여기에서 예수께서는 죽음을 두려워하실 뿐만 아니라 피하고 싶어 하십니다. 이것은 모순되어 보이지만 실제로 모순된 것은 아닙니다. 본문을 통해서 예수님의 감정, 특히 두려움과 고통이 극대화되어 표현되기 때문입니다. 따라서 이러한 간구는 예수께서 십자가를 피하기를 원하셨다고 말해 주기보다는, 그분이 오직 하나님의 뜻만이 이루어지길 원하지만 그것이 고통스럽고 괴로운 일이었다는 것을 말해 줍니다.

그렇다면 무엇이 그렇게 고통스러운 일이었을까요? 물론

위에서 말한 십자가의 물리적 고통도 두려운 일이었겠지만, 예수께서 당하신 고통은 그보다 더 큰 것이었습니다. 이는 예수께서 십자가 위에서 하신 말씀이 잘 보여줍니다.

> 제구시쯤에 예수께서 크게 소리 질러 이르시되 엘리 엘리 라마 사박다니 하시니 이는 곧 나의 하나님, 나의 하나님, 어찌하여 나를 버리셨나이까 하는 뜻이라(마 27:46)

"엘리 엘리 라마 사박다니!" 고대 아람어로 기록된 이 말의 뜻은 "나의 하나님, 나의 하나님, 어찌하여 나를 버리셨나이까?"라는 질문입니다. 즉 하나님께서 아들 예수님을 버리셨다는 것이지요. 영원 전부터 아들과 함께하신 성부께서, 창세 전부터 최고의 기쁨과 열정으로 사랑하신 대상인 아들 하나님, 그 어떤 죄도 짓지 않고 하나님의 뜻에 온전히 순종한 그분을 버리셨다는 것입니다. 이것이 바로 그리스도께서 당하신 고통의 본질입니다. 그래서 종교개혁자 장 칼뱅은 예수님의 고통에 대하여 이렇게 말합니다.

> 그분은 단순히 이 세상으로부터 떠나기 때문에 죽음을 두려워하신 것이 아니라, 하나님의 끔찍한 법정과 도무지 상상하기 어려울 정도의 보응으로 무장하신 재판장을 쳐다보고 계

셨기 때문이다. 그리고 그분이 대신 짊어지신 우리의 거대한 죄의 무게가 그분을 짓눌렀기 때문이다. 그래서 끔찍한 멸망의 구렁텅이가 그분을 두려움과 공포로 괴롭혔다 하더라도 그것은 전혀 이상한 일이 아니었다.[12]

그렇다면 무죄하신 예수께서 왜 이러한 고통을 당하셨을까요? 성경은 여기에 대하여 이렇게 답합니다.

- 하나님이 죄를 알지도 못하신 이를 우리를 대신하여 죄로 삼으신 것은 우리로 하여금 그 안에서 하나님의 의가 되게 하려 하심이라(고후 5:21).
- 친히 나무에 달려 그 몸으로 우리 죄를 담당하셨으니 이는 우리로 죄에 대하여 죽고 의에 대하여 살게 하려 하심이라 (벧전 2:24).

예수께서는 무죄하십니다. 하지만 그분은 우리를 대신하여 우리의 대표요 중보◆자로 하나님 앞에 서시지요. 그리스

◆ **중보** 죄를 지은 인간과 거룩하고 의로우신 하나님 사이의 진노와 저주 가운데서 화목과 화평을 이루는 일을 중보라고 한다. 이 사역을 하는 이를 중보자라고 부르며, 성경이 말하는 유일한 중보자는 성자 예수 그리스도뿐이다.

도께서는 자기 백성의 모든 죄를 지시고 십자가에 달리십니다. 그분은 죄가 없으시지만, 죄인들의 죄 때문에 죄덩어리가 되십니다. 하나님은 형벌해야 하는 죄인들 대신, 십자가에서 우리 대신 계신 무죄한 예수님을 벌하십니다. 그분의 무시무시한 진노가 쏟아지고, 예수께서는 우리가 하나님께 반역하여 지은 그 무시무시한 죄의 형벌들을 우리 대신 받으셨습니다.

성부 하나님은 "이는 내 사랑하는 아들이요 내 기뻐하는 자라"(마 3:17)고 말씀하셨던 아들을 버리십니다. 하나님은 거룩하신 분이기에 죄를 향해 마땅히 진노하셔야 하는데, 이제 그 진노를 죄를 지은 대상이 아닌 죄를 짊어지신 대상을 향해 쏟아부으시지요. 예수께서는 진노를 받으시며 부르짖으십니다. "나의 하나님, 나의 하나님!" 언뜻 보면 친밀한 외침 같아 보이지만, 복음서에서 예수께서 성부 하나님을 '아버지'라 부르지 않으시고 하나님을 직접 부르신 유일한 부분입니다.[13] 이는 성자 하나님께서 성부 하나님께 정말 철저히 버림을 받으셨다는 것을 말해 줍니다.[14]

영원 전부터 사랑의 대상이셨던 그리고 자신을 사랑하셨던 성부 하나님께 받는 영원한 진노와 저주, 이것이야말로 예수께서 두려워하시고 고통스러워하셨던 것입니다. 예수께서 피하고 싶으셨던 '잔'은 구약성경에서 '하나님의 진노'를 가리키는 상징인데,[15] 예를 들면 하나님께서는 예레미야 선지자에게 "너는 내 손에서 이 진노의 술잔을 받아가지고 내가 너를 보내는 바 그 모든 나라로 하여금 마시게 하라"(렘 25:15)고 말씀하신 적이 있습니다. 즉 예수께서는 하나님의 진노를 자신이 받기를 두려워하셨으며, 그것이 지나가게 해달라고 간청하시는 것이지요. 미국의 신약학자 윌리엄 헨드릭슨은 그리스도께서 당하신 이 영원한 고통을 이렇게 묘사합니다.

> 이는 우리 죄에 대한 하나님의 심판, 예수님의 심장 속에서 타고 있는 하나님의 진노를 의미했다. 우리를 대속하신 분으로서 예수께서는 지극한 고통과 형언할 수 없는 저주, 끔찍한 소외와 버림받음을 당하셨다. 지옥이 그날 갈보리에 임했고, 구주는 바로 그 지옥으로 내려가셔서 우리를 대신하여 공포를 감당하셨다![16]

독생자를 주신 하나님의 사랑

이제 우리는 이 장을 시작하면서 보았던 "하나님이 세상을 이처럼 사랑하사 독생자를 주셨으니 이는 그를 믿는 자마다 멸망하지 않고 영생을 얻게 하려 하심이라"(요 3:16)는 말씀의 의미를 이해할 수 있게 되었습니다. 하나님께서는 정의로운 분이시기에 우리를 그냥 용서하실 수 없습니다. 지난 장에서 말씀드린 것처럼, 하나님께서 우리를 그냥 용서하신다면 그분은 불의한 분이실 것입니다. 하지만 하나님은 죄인들이 멸망받기를 원치 않으셨고, 그래서 아들을 보내셨습니다.

아들은 죄인들이 받아야 할 형벌을 십자가에서 대신 받으셨습니다. 죄인들이 받아야 할 하나님의 진노를 대신 받으셨습니다. 장차 마지막 심판 날에 죄인들이 받아야 할 부끄러움과 수치를 대신 십자가에서 받으셨고, 죄인들이 느껴야 할 지옥의 외로움도 십자가에서 대신 받으셨습니다. 하나님께서는 의로우시기에 죄인들을 형벌하셔야 하지만, 사랑이시기에 죄인들을 위해 아들을 보내셔서 대신 형벌을 받게 하셨습니다. 세상을 향한 그분의 사랑은 "이 잔을 내게서 지나가게 하옵소서"(마 26:39)라는 영원한 아들의 간절한 기도를 외면하게 했습니다.

이 모든 것이 하나님의 계획이었습니다. 그래서 사도 바울은 "우리가 아직 죄인 되었을 때에 그리스도께서 우리를 위하여 죽으심으로 하나님께서 우리에 대한 자기의 사랑을 확증하셨느니라"(롬 5:8)고 자랑스럽게 외칩니다! 하나님의 이러한 계획에 대하여 존 파이퍼는 잊을 수 없는 인상적인 이야기를 들려줍니다.

> 목회를 하고 있는 내 친구 중 하나가 자신의 설교 중 매우 강력했던 한 순간에 대하여 내게 말해 주었다. 그는 일리노이

주에 있는 한 교도소에서 고난 주간 목요일 밤에 말씀을 전했다. 그리스도의 죽음에 관해 메시지를 전하던 중, 그는 잠시 멈추고 수감자들에게 질문을 했다. "누가 예수를 죽였다고 생각합니까?" 한 사람이 말하기를 "유대인이요", 또 다른 사람은 "군인들이요", 또 누군가는 "빌라도요", "유다요"라고 했다. 내 친구가 "아니요, 틀렸습니다"라고 말하자, 그들은 "그러면 누구입니까?"라고 질문했다. 내 친구는 말했다. "그분의 아버지께서 죽였습니다."

이후 침묵이 흘렀고, 그는 성경을 집어 들고 읽었다. "여호와께서 그에게 상함을 받게 하시기를 원하사 질고를 당하게 하셨은즉"(사 53:10).[17]

성부 하나님께서는 성자 하나님이 상함받기를 원하셨습니다! 그렇다고 성부께서 성자를 사랑하시지 않으셨다고 생각하지는 마십시오. 그분은 영원 전부터 최고의 열정과 기쁨으로 성자를 사랑하셨습니다. 성자를 죽이시고 그분께 진노를 쏟아부으시며 즐거워하고 있는 성부의 모습을 떠올리지 마십시오. 성부께서는 창세 전부터 사랑하신 대상을 향해 진노와 저주를 부으시며 기뻐하신 것이 아닙니다. 오히려 그 순간 성부 하나님 역시 고통 가운데 계셨습니다!

성부와 성자는 괜찮은 사람을 사랑하신 것이 아닙니다. 선한 사람을 사랑하신 것도 아닙니다. 잘 순종한 사람을 사랑하신 것도 아닙니다. 성자 하나님은 죄인과 반역자와 최악의 배신자와 위선자들을 위해 죽임을 당하셨습니다. 따라서 은혜를 받을 수 있는 유일한 자격은, 그저 당신이 죄인이라는 것뿐입니다.

당신이 죄인이라면, 이 모든 이야기는 당신의 것입니다. 이 이야기의 주인공인 그리스도 앞으로 오십시오. 죽음으로 죄인들을 사랑하신, 그리고 그렇게 아들을 보내서서 죽게 하도록 계획하신 하나님의 사랑 앞으로 나아오십시오.

6장 돌아보기

- 그럼에도 불구하고 하나님은 사랑이시다. 하나님은 죄인을 향해 진노하시지만, 죄를 짓는 우리를 향한 그분의 마음에는 슬픔과 사랑이 얽혀 있다. 그래서 하나님께서는 성자 하나님을 보내 우리를 구원하시려는 계획을 세우셨다.

1. 구원자를 주시겠다는 약속

- 하나님께서 뱀에게 저주를 하실 때(창 3:15), 여기에는 인간 입장에서 볼 때 묘하게 위로가 되는 말씀이 있었다. 바로 '여자의 후손'이 뱀의 머리를 상하게 한다는 약속이었다. 이러한 약속을 원복음^{protoevangelium}이라고 부른다.
- 이 후손은 누구인가? 이후의 여러 구약성경 본문들을 살펴보면, 인간을 구원해 줄 것 같은 사람들이 존재했지만 그들 역시 연약하고 죄악된 인간들이었다. 그리고 신약에서 그 후손이 바로 예수 그리스도이심이 나타난다.

2. 구원자가 오시다

- 이 땅에 오신 그리스도는 어느 모로 보나 평범한 사람이였음에도 하나님의 능력을 나타내며 말씀을 전하셨다. 사람들은 그리스도를 다르고 왕으로 삼으려고도 했으나, 그분은 오히려 자신의 죽음을 예언하며 자신이 이 땅에 죽으러 왔다고 말한다.
- 결국 사람들은 예수님을 질투하여 죽이려 들고, 로마의 권력자 빌라도에게 끌고가 재판을 받게 한다. 그리고 당시 사람들이 가장 끔찍하게 여기던 형벌인 십자가를 지게 한다.

3. 끔찍한 십자가

- 십자가 형벌은 상당히 잔혹하고 끔찍했다. 오랜 기간 가혹한 육체적 고통을 받도록 설계되었고, 공개된 장소에서 극한의 수치스러움과 모욕을 받도록 집행되었다. 예수님께서는 잔인하게 채찍질당하신 뒤 십자가에 못 박혀 확실한 육체적 죽음을 당하신다.

4. 성부 하나님께 버림받다

- 예수님의 죽음은 어쩔 수 없는 것이 아니었다. 오히려 그분은 죽음을 택하셨

다. 물론 그분이 십자가에 달리기 전 번민과 괴로움에 시달리셨고 이 죽음을 피하게 해달라고 구하셨으나, 성부 하나님은 그 기도를 듣지 않으셨다.
- 마태복음 27:46의 외침(엘리 엘리 라마 사박다니!)은 예수께서 결국 성부 하나님께 버림받고 진노와 외면을 당하셨음을 말해 준다.
- 예수께서 고통을 받으신 이유는 우리 같은 죄인들이 받아야 하는 하나님의 진노와 형벌을 대신 받으시기 위해서였다. 그분은 죄인들을 위해 지옥의 고통을 대신 당하신다.

5. 독생자를 주신 하나님의 사랑
- 이 모든 것은 하나님의 계획이었다. 아들을 십자가에 못 박으신 분은 성부 하나님이시다. 그분은 우리 같은 죄인들을 사랑하셔서, 성자 하나님이 상함을 받기를 원하셨다. 성부와 성자는 괜찮은 사람을 사랑하신 것이 아니라, 최악의 배신자와 위선자들을 위해 죽음을 당하셨다.

나눔을 위한 질문

1. 창세기 3:15에서 말하는 '여자의 후손'은 누구를 가리킵니까?(152-153쪽 참조)

2. 예수님께서 이 땅에 오신 이유에 대하여 예수님 자신은 뭐라고 말씀하십니까?(156-157쪽 참조, 마 20:28, 요 10:14-15).

3. 성자 하나님께서 십자가에서 당하신 고통의 본질은 무엇입니까?(164-165쪽 참조, 마 27:46).

4. 존 파이퍼가 친구 목사로부터 들은 이야기 부분을 읽고 어떤 생각이 드셨습니까?(168-169쪽 참조)

5. 독생자를 주셔서 십자가에 죽게 하신 것이 하나님의 사랑이라고 느껴지십니까?

▶ 로마서 5장을 읽어 보시면, 다음 장을 이해하는 데 도움이 됩니다.

7 / 되찾은 행복

그리스도께서 죽으신 날, 로마의 한 군인은 심히 두려워하며 이렇게 말했습니다. "이는 진실로 하나님의 아들이었도다"(마 27:54). 예수님을 따르던 제자들은 이미 대부분 도망친 상태였고(마 26:56), 요셉이라는 이름의 한 부자가 용감하게도 빌라도에게 가서 예수님의 시신을 달라고 하여 그분을 무덤에 장사했습니다(마 27:57-60). 예수님을 따라다니던 여자들은 큰 슬픔과 괴로움에 빠져 있었고, 곧 아무 일도 하지 말아야 하는 안식일이 다가오고 있었기에 서둘러 무덤에 시신을 넣어 두고 도망치듯 집에 올 수밖에 없었지요(눅 23:54-56).

여자들은 안식일이 지나고 난 뒤(지금의 일요일) 새벽에 서둘러 무덤으로 갑니다. 유대의 장례법에 따라 제대로 향품도 바르지 못한 예수님의 시신을 보러 가기 위해서였지요. 그들은 무덤에 도착하자마자 놀라운 장면을 보게 됩니다. 무덤을 막아 놓았던 돌이 굴려 옮겨져 있고 예수님의 시신이 감쪽같이 사라진 것입니다! 여자들은 너무나 놀라서 베드로와 요한에게 달려가 이 사실을 알리고, 두 제자는 즉시 일어나 무덤을 향해 달려갑니다. 그들은 무덤 안으로 들어가 더욱 놀라운 장면을 보게 됩니다.

> 시몬 베드로는 따라와서 무덤에 들어가 보니 세마포가 놓였고 또 머리를 쌌던 수건은 세마포와 함께 놓이지 않고 딴 곳에 쌌던 대로 놓여 있더라(요 20:6-7).

세마포는 예수님의 시신을 감싸고 있던 수의였고, 머리에 감았던 수건은 감았던 모습 그대로 딴 곳에 있었습니다. 일단 예수님의 시신을 훔쳐간 것은 아닌 것이 확실합니다. 만일 도굴당한 것이라고 한다면, 질서정연한 모양으로 천들을 말아 놓았을 리가 없기 때문입니다. 게다가 세마포와 그 안의 향품이 비싼 것이었기 때문에 무덤 도굴은 당대에 흔한 일이었는데, 세마포와 향품만 쏙 빼놓고 시신만 훔쳐갈 이유는 없습니다.[1] 또한 예수님의 무덤은 로마의 경비병이 굳게 지키고 있었기 때문에(마 27:65-66) 도굴할 가능성도 희박했습니다.

세마포의 모습을 자세히 생각해 봅시다. 세마포는 그냥 놓여 있었고 머리에 감았던 수건도 감고 있던 모습 그대로 있습니다. 이것은 시신이 마치 공기처럼 증발하듯 사라졌다는 것을 의미합니다.[2] 탁월한 강해설교자 제임스 보이스는 이 모습을 다음과 같이 설명합니다. "예수께서 나가시자 그분을 감싸고 있던 세마포가 향품의 무게를 이기지 못하고 푹 꺼졌을 것이다. 예수께서 누워 계시던 그 자리에 아무도 손대지 않은 그대로 보존되어 있었을 것이다. 머리에 감았던 수건은 머리 부분이 오목한 채로 몸을 싸고 있던 세마포와 주님의 목과 어깨 부분만큼의 공간을 두고 서로 떨어져 있었을 것이다."[3]

무덤은 비어 있었고, 예수님의 시신은 사라졌습니다. 무슨 일이 일어난 것일까요? 예수께서는 이미 이 일에 대하여 이미 죽으시기 전에 말씀하셨습니다. "예수께서 제자들에게 이르시되 인자가 장차 사람들의 손에 넘겨져 죽임을 당하고 **제삼일에 살아나리라** 하시니 제자들이 매우 근심하더라"(마 17:22-23).

예수께서 부활하시다

예수께서 부활하셨습니다. 빈 무덤과 수의는 그분이 다시 살아나셨다는 증거입니다. 무덤에 찾아갔던 여자들과 제자들은 시신을 본 것이 아니라 죽음을 이기신 분의 승리를 보았습니다. 그뿐 아닙니다. 제자들은 곧 예수님을 만났습니다. 예수께서는 여자들을 만나 "평안하냐?"라고 물으셨고, 여자들은 놀람과 경탄으로 예수님께 경배했습니다(마 28:9). 이후 다른 남자 제자들 역시 예수님을 보았고, 성경에 기록된 바에 따르면 예수께서는 부활 이후에 사십 일 동안 계시며 열한 번 제자들에게 나타나셨습니다.[4]

이것은 환상을 보았거나 환각이 일어난 것이 아니었습니다. 예수께서는 부활한 이후에 자신의 몸을 만져 보라고 하셨으며(요 20:27), 함께 식사를 하시기도 했습니다(눅 24:30, 요 20:12-13). 제자들과 사도들은 자신들이 정말 부활하신 예수님을 보았다고 끊임없이 주장했습니다. 사람들은 이 소식을 끔찍하게 싫어하여 그들을 핍박했지만, 그들은 굽히지 않고 자신들이 본 것을 전하다가 목숨을 잃기도 했습니다. 만일 그들이 어떤 이익을 바랐기 때문에 부활 이야기를 거짓으로 꾸며낸 것이라면, 목숨을 걸고 부활을 전하려 들지는 않았을 것입니다. 부활의 소식을 전함으로 그들이 받은 것은 끔찍한 박해와 고난, 죽음뿐이었기 때문입니다.

그리스도께서 부활하셨다는 소식은 그분이 죄인들을 위해 죽으셨다는 소식과 함께 성경 이야기의 심장이요 중심입니다. 예수께서는 사십 일이 지난 후 제자들이 모두 보는 앞에서 하늘로 승천하셨는데, 이후 제자들은 "예수께서 부활하심을 증언할 사람"이 필요했기 때문에 맛디아라는 제자를 사도로 뽑았습니다(행 1:22-24). 즉 제자들이 전할 기독교 복음의 핵심을 부활이라고 본 것이지요. 그렇다면 우리는 생각해 볼 필요가 있습니다. 예수 그리스도의 죽음과 부활이 우리에게 어떤 의미가 있기에 기독교 복음의 핵심이라 말하는 것일까요?

부활의 의미

우선 예수께서 부활하신 것의 의미를 조금 깊이 생각해 볼 필요가 있습니다. 성경은 여러 곳에서 성부 하나님께서 예수님을 다시 살리셨다고 말합니다. 예를 들어, 베드로는 "하나님께서 그를 사망의 고통에서 풀어 살리셨으니 이는 그가 사망에 매여 있을 수 없었음이라"(행 2:24)고 말하지요. 그렇다면 왜 성부 하나님은 예수님을 다시 살리셨을까요? 우선 성경을 살펴봅시다. 바울은 디모데에게 보내는 편지에서 이렇게 말합니다.

> 그는 육신으로 나타난 바 되시고 **영으로 의롭다 하심을 받으시고** 천사들에게 보이시고 만국에서 전파되시고 세상에서 믿은 바 되시고 영광 가운데서 올려지셨느니라(딤전 3:16).

여기서 "영[성령]으로 의롭다 하심을 받으시고"라는 말은 무슨 의미일까요?[5] 이는 그리스도께서 부활하실 때 성령님으로 말미암아 의롭다 선포되었다는 말입니다. 그렇다면 예수께서 왜 의롭다고 선포되셔야만 했을까요? 그분은 원래 죄가 없으신 의로우신 분이 아닙니까? 그 이유는 그분이 죽으셨기 때문입니다. 죽음은 인간이 죄를 지었기 때문에 겪는 고통입니다(창 2:17). 그래서 성경은 "죄의 삯은 사망"(롬 6:23)이라고 선언합니다. 또한 "죄로 말미암아 사망이 들어왔나니"(롬 5:12)라고 말하기도 하고요.

그런데 예수께서 죽으신 이후에 만일 부활하지 않으셨다면, 그분은 그저 자신의 죄 때문에 죽으신 것으로 여겨질 수도 있었습니다. 게다가 예수께서 백성의 죄를 지고 십자가에서 하나님의 진노를 받기는 하셨지만, 예수님 자신은 죄가 없었으므로 하나님께서 그분을 계속 무덤에 두신다면 하나님이 불의하신 분이 됩니다. 따라서 베드로는 "그가 사망에 매여 있을 수 없었음이라"고 말하는 것이지요. 따라서 하나님께서는 예수 그리스도를 무덤에서 다시 살리십니다. 즉 부활로 예수님의 의로움이 입증된 것입니다. 이 진리를 독립개신교회신학교의 김헌수 교수는 이렇게 설명합니다.

> 부활은 예수께서 의로우시다는 것을 성부께서 인정해 주신 사건입니다.……완전한 제사를 드리니까 하나님께서 그것을 받으셨고, 그 제사가 의롭다는 것을 선언하여 주셨습니다. 예

수께서는 십자가에서뿐 아니라 이 세상에 사셨던 모든 기간에, 우리의 죄에 대한 하나님의 진노를 주님의 영혼과 육신으로 짊어지셨습니다. 하나님의 의를 온전히 만족시키신 것입니다. 하나님께서는 이렇게 온전한 제사를 드리신 예수님을 무덤에 그냥 두실 수 없었습니다. 하나님의 의가 온전히 만족되었기 때문에 예수님을 무덤에 두시면 하나님의 의에 어긋나는 것이 됩니다. 의로우신 하나님께서는 예수님의 제사를 받으시고 살려 주셨습니다. 부활로써 예수께서 의로우시다는 것을 선언하셨습니다.……이 점에서 '예수님의 부활은 예수님의 칭의'라고 할 수 있습니다.[6]

예수님의 칭의! 그분이 부활하심으로 만방에 그분은 의롭다고 선포되셨습니다. 이로써 예수 그리스도의 죽음은 그분이 죄인이기에 어쩔 수 없이 받아야 하는 벌이 아니라, 무죄하심에도 불구하고 우리 대신 죄를 지시고 받으신 벌이라는 것이 증명된 것입니다. 그래서 바울은 예수께서 "죽은 자들 가운데서 부활하사 능력으로 하나님의 아들로 선포되셨"다고 말합니다(롬 1:4).

예수님의 죽음과 부활, 우리의 죽음과 부활

그렇다면 이 '예수님의 칭의'가 우리에게 무슨 의미가 있을까요? 앞에서 우리는 아담이 우리 모든 인류의 대표였고 그가 죄를 범함으로 모든 인간이 원죄를 가지게 되었다는 것을 살펴보았습니다. 그래서 성경은 "한 사람으로 말미암아 죄가 세상에 들어오고 죄로 말미암아 사망이 들어왔나니 이와 같이 모든 사람이 죄를 지었으므로 사망이 모든 사람에게 이르렀느니라"(롬 5:12)고 말하지요. 그러한 맥락에서 성자 하나님께서 육체를 입고 오신 가장 중요한 이유는 인간의 새로운 대표가 되어 인간을 구원하시기 위해서였습니다. 다음 구절을 자세히 살펴봅시다.

> 그런즉 한 범죄로 많은 사람이 정죄에 이른 것같이 한 의로운 행위로 말미암아 많은 사람이 의롭다 하심을 받아 생명에 이르렀느니라. 한 사람이 순종하지 아니함으로 많은 사람이 죄인 된 것같이 한 사람이 순종하심으로 많은 사람이 의인이 되리라(롬 5:18-19).

여기서 바울은 두 사람을 대조합니다. 한 사람은 아담이고 다른 한 사람은 예수 그리스도시지요. 아담(그리고 하와)이 선악을 알게 하는 나무의 열매를 먹음으로 모든 사람을 죄로 이끌었지만, 이 새 대표는 '한 의로운 행위'를 함으로 많은 사람들을 의롭다 여기게 합니다. 이 '한 의로운 행위'는 무엇일까요? 정확하게는 그리스도께서 행하신 모든 선행을 가리킵니다.[7] 그분은 이 땅에서 사시는 동안 율법을 모두 다 지키셨고, 전혀 죄를 짓지 않으셨습니다. 그리고 그분의 선행과 율법 준수는 단지 그분만의 것이 아니라, 그분을 믿는 '많은 사람들'의 것입니다! 신학자이자 목회자인 존 스토트의 말을 들어 봅시다.

> 이제 우리가 정죄받았는지 아니면 의롭게 되었는지, 영적으로 살아 있는지 아니면 죽었는지의 여부는 **우리가 어떤 인간에게 속하였는지**에 달려 있다. 우리가 여전히 아담에 의해 시작된 옛 인간에 속했는지 아니면 그리스도에 의해 개시된 새 인간에 속했는지가 우리가 누구인지를 말해 준다.[8]

예수께서는 우리의 대표로 이 땅에 오셔서, 우리 대신 사시고, 우리 대신 죽으시며, 우리 대신 살아나셨습니다. 그래서 성경은 예수께서 "우리가 범죄한 것 때문에 내줌이 되고 또한 우리를 의롭다 하시기 위하여 살아나셨"(롬 4:25)다고 말합니다. 그래서 그리스도께서 죽으실 때 그분 안에 있는 사람들은 이미 자신의 전 생애의 죄, 즉 과거와 현재와 미래에 지을 모든 죄가 끝났습니다. 또한 그리스도께서 부활하심으로 의롭다고 선언되셨을 때, 함께 의롭다고 여김받을 수 있는 근거를 얻게 되었지요.

오직 그리스도 안에 있는 사람만이 이러한 복을 얻게 됩니다. 탁월한 신학자이자 목회자인 싱클레어 퍼거슨은 그리스도 안에 있는 사람들의 복에 대하여 이렇게 말합니다.

> 우리가 누리는 모든 영적 체험과 복은 그리스도와의 연합에 기반을 두고 있습니다. 이 모든 것은 '그리스도 안에서' 주어지고, '그리스도 안에' 있는 사람들만이 경험합니다. 바울은 특히……에베소서 1:3-14에서 이 사실을 강조합니다.……우리는 그리스도 안에서 택함받고(4절), 은혜받고(6절), 구속받고(7절), 화목하게 되고(10절), 예정되고(11절), 인치심을 받았다(13절)고 말합니다. 시종일관 그리스도인의 삶은 그리스도를 중심으로 이루어집니다. 끊임없이 그분을 바라봄으로써 우리의 모든 영적 필요가 채워집니다.[9]

누가 '그리스도 안'에 있는 자인가

여기서 우리는 이렇게 물을 수 있습니다. 누가 이렇듯 좋은 '그리스도 안'에 있는 복을 받은 사람입니까? 다시 말해, 우리는 어떻게 '그리스도 안'에 거할 수 있습니까? 이미 예수 그리스도께서 이천 년 전에 죄인들을 위해 이루신 죽음과 부활의 공로를 어떻게 받을 수 있습니까? 우선 바울이 에베소 교인들에게 보낸 편지의 일부를 읽어 보겠습니다.

> 그는 허물과 죄로 죽었던 너희를 살리셨도다. 그때에 너희는 그 가운데서 행하여 이 세상 풍조를 따르고 공중의 권세 잡은 자를 따랐으니 곧 지금 불순종의 아들들 가운데서 역사하는 영이라. 전에는 우리도 다 그 가운데서 우리 육체의 욕심을 따라 지내며 육체와 마음의 원하는 것을 하여 다른 이들과 같이 본질상 진노의 자녀이었더니 긍휼이 풍성하신 하나님이 우리를 사랑하신 그 큰 사랑을 인하여 허물로 죽은 우리를 그리스도와 함께 살리셨고(**너희는 은혜로 구원을 받은 것이라**) 또 함께 일으키사 그리스도 예수 안에서 함께 하늘에 앉히시니(엡 2:1-6).

이 내용은 지금까지 우리가 이야기한 것의 요약이라고 볼 수 있습니다. 바울은 우리가 이미 "허물과 죄로 죽었던" 사람들이지만, 긍휼이 풍성하신 하나님의 큰 사랑 때문에 "허물로 죽은 우리를 그리스도와 함께 살리셨고" "함께 일으키"셨다고 말합니다. 이 말에는 그리스도 안에서 그분의 죽음과 부활이 우리의 것이라는 의미가 담겨 있습니다. 비록 우리는 죽지도 부활하지도 않았지만 말입니다. 그리고 나서 바울은 이러한 연합으로 인한 구원이 어떻게 이루어진 것인지 말합니다.

> 너희는 그 은혜에 의하여 믿음으로 말미암아 구원을 받았으
> 니 이것은 너희에게서 난 것이 아니요 하나님의 선물이라
> (엡 2:8).

여기서 우리는 5절에서 바울이 한 말이 반복되는 것을 봅니다. 5절은 "은혜로 구원을 받은 것이라"고 말하며, 8절은 "너희는 그 은혜에 의하여……구원을 받았으니"라고 말하지요. 고려신학대학원의 길성남 교수는 이 말이 단순히 구원받은 사실에 대한 진술이라기보다는 기쁨이 넘치는 탄성이라고 말합니다.[10] 그런데 8절은 여기에 "믿음으로 말미암아"가 들어가지요. 이는 1-6절이 말하고 있는 모든 복이 오직 "믿음으로 말미암아" 우리에게 베풀어진다는 것을 말해 줍니다.

믿음! 오직 믿음뿐입니다. 성경 전체는 우리가 하나님의 은혜를 받는 것이 오직 믿음으로 말미암는다고 갈합니다. 이러한 믿음의 중요성에 대하여 미국의 신학자 앤서니 후크마는 이렇게 말합니다.

> 구원의 과정에서 믿음의 중요성은 아무리 강조해도 지나치지
> 않다.……히브리서 기자는 믿음이 없으면 하나님을 기쁘시게
> 할 수 없다고 말한다(히 11:6). 믿음은 하나님이 우리에게 요
> 구하시는 눈에 띄는 "일"이며(요 6:29), 그리스도를 믿는 일

은 하나님이 우리에게 하라고 명하시는 일이다(요일 3:23). 복음서의 기록 목적은 "너희로 예수께서 하나님의 아들 그리스도이심을 믿게 하려 함이요 또 너희로 믿고 그 이름을 힘입어 생명을 얻게 하려 함"이라고 요한은 말한다(요 20:31). 믿음은 우리가 구원받는 수단이며(롬 10:9), 확실한 소망에 이르는 길이다(히 11:1). 부활할 때까지 우리는 믿음을 통해 하나님의 능력으로 보호하심을 받는다(벧전 1:5). 바울은 신앙생활에서 유일하게 중요한 것이 사랑으로 말미암아 역사하는 믿음이라고 말한다(갈 5:6). 더 나아가 누가는 그리스도인을 묘사하는 데 "믿는 사람"(행 2:44)이라는 단어를 사용함으로써 믿음의 중요성을 강조한다.[11]

그래서 예수께서 세상에서 사람들을 가르치실 때 늘 요구하셨던 것이 바로 믿음이었습니다. 아래의 구절은 모두 예수님의 말씀입니다.

- 때가 찼고 하나님의 나라가 가까이 왔으니 회개하고 복음을 믿으라 하시더라(막 1:15).
- 내가 행하거든 나를 믿지 아니할지라도 그 일은 믿으라. 그러면 너희가 아버지께서 내 안에 계시고 내가 아버지 안에 있음을 깨달아 알리라 하시니(요 10:38).

- 너희에게 아직 빛이 있을 동안에 빛을 믿으라. 그리하면 빛의 아들이 되리라(요 12:36).
- 너희는 마음에 근심하지 말라. 하나님을 믿으니 또 나를 믿으라(요 14:1).

이 외에도 수없이 많은 부분에서 예수께서는 자신을 믿으라고 말씀하십니다! 믿음을 향한 그분의 요구는 끈질기고 지속적인 것이라서, 사실상 성경에서 예수님의 명령 모두가 그분을 믿으라는 요구라고 말할 수도 있습니다! 실제로 예수께서 행하라고 하시는 어떤 행위든지 믿음이 없이는 행할 수 없기 때문이지요. 그래서 사도 바울은 "믿음을 따라 하지 아니하는 것은 다 죄니라"(롬 14:23)고까지 말합니다. 이어서 생각해 보자면, 예수님의 제자들인 사도들 역시 사람들에게 믿음을 요구했습니다!

- 예수로 말미암아 난 믿음이 너희 모든 사람 앞에서 이같이 완전히 낫게 하였느니라(행 3:16).
- 이르되 주 예수를 믿으라. 그리하면 너와 네 집이 구원을 받으리라 하고(행 16:31).
- 제자들의 마음을 굳게 하여 이 믿음에 머물러 있으라 권하고(행 14:22).

그렇다면 이 믿음은 무엇입니까? 당신은 기독교에서 말하는 구원, 즉 하나님께서 그리스도 안에서 베풀어 주시는 각종 좋은 것이 오직 믿음으로만 말미암는다는 것을 이미 들어서 알고 계실 것입니다. 하지만 이 '믿음'이 어떤 것인지 자세히 설명을 듣지 못한다면 믿음을 오해하실 수도 있지요. 그래서 많은 사람들이 잘못된 방식으로 믿고 자신이 구원을 받았다고 착각하기도 합니다. 따라서 성경이 말하는 구원받는 믿음의 특징을 정확히 아는 것은 중요합니다. 성경은 대략 다음의 두 가지 특징을 말해 줍니다.

구원받는 믿음의 두 가지 특징

첫째, 이 믿음은 생생히 살아 있는 인격적 신뢰입니다. 믿음은 단순한 지적 동의가 아닙니다. 오히려 하나님을 향한 전적 신뢰와 의존입니다. 이것은 심지어 의지력도 아닙니다. "무엇을 기도하고 이루어질 것이라고 믿으면 반드시 이루어질 거야"와 같은 긍정적 사고방식도 아닙니다. 오히려 남편이 아내를, 아내가 남편을 신뢰하고 서로 의존하는 것과 같은 인격적 관계입니다. 예를 들어서 설명해 보겠습니다.[12] 당신은 이 책의 저자소개에 나온 대로 제 이름이 이정규이고 시광교회의 담임목사이며 고려신학대학원을 졸업했다는 사실을 믿으실 것입니다. 만일 안 믿기신다면 증명서를 발급해 드릴 수도 있지요. 그럼에도 불구하고 당신이 저를 (제 아내가 저를 믿고 신뢰하는 것처럼) 믿지는 않을 것입니다. 저에 관한 사실들을 믿는 것과 저를 믿는 것은 다르니까요.

마찬가지입니다. 예수님에 관한 사실, 즉 그분이 하나님이신 동시에 사람이시라는 것, 이천 년 전에 이 땅에 오셔서 사시고 죽으시며 부활하신 모든 일과 그분이 성경에 기록된 대로 말씀하신 모든 것을 있는 그대로의 사실로 인정할 수도 있습니다. 그러나 그것이 곧 믿음은 아닙니다. 오히려 믿음은 이 예수 그리스도를 신뢰하고 의지하며 갈망합니다. 앤서니 후크마는 이러한 신뢰를 잘 이해하도록 좋은 예화를 하나 들지요.

> 한 선교사가 책상 앞에 앉아 필사적으로 한 단어를 찾고 있었다. 그는 자신이 선교하고 있는 아프리카 부족의 언어로 요한복음을 번역하던 중이었는데, 그들 말로 '믿음'을 뜻하는 표현을 알지 못했다. 선교사가 골똘히 생각에 잠겨 있을 때, 그 부족의 한 사람이 선교사의 오두막집에 찾아와 의자에 털썩 앉으며 "이 의자에 내 온몸을 맡긴다"는 의미를 지닌 말을 했다. 그 순간 선교사는 벌떡 일어나 기뻐 춤을 추며 이렇게 외쳤다. "이제야 떠올랐다! 믿음이란 우리의 온몸을 그리스도께 맡기는 것이다!" 믿음에 대해서 이보다 더 많은 말을 할 수 있겠지만, 이것이야말로 믿음의 핵심이다.[13]

이러한 믿음을 가장 잘 설명해 주는 말씀은 히브리서 11장입니다. 히브리서에 대한 탁월한 강해설교집을 낸 리처드 필립스는 히브리서 11장을 가리켜 "믿음의 문제를 가장 명확하게 다루고, 그 본질을 가장 섬세하게 정의하며, 그 능력을 가장 철저하게 묘사한다. 고린도전서 13장이 사랑에 관한 것이듯 이 장은 믿음에 관하여 다루는데, 이것이야말로 하나님의 백성이 왜 그토록 이 본문을 소중히 여기며 자주 연구했는지를 말해 주는 이유다. 히브리서 11장은 **독자들의 운명이 믿음에 달려 있다고 믿는** 능력 있는 교사이자 사랑이 많은 목사가 쓴 작품이다"라고[14] 말합니다.

히브리서를 쓴 저자는 단순히 위대하고 좋은 믿음을 묘사하는 것이 아닙니다. 그저 믿음이라는 것이 무엇인지 묘사합니다. 그는 "우리는 뒤로 물러가 멸망할 자가 아니요 오직 영혼을 구원함에 이르는 믿음을 가진 자니라"(히 10:39)고 말해 놓고, 그 믿음이 "바라는 것들의 실상이요 보이지 않는 것들의 증거"(히 11:1)라고 선언합니다. 이렇게 믿음을 정의해 놓고, 저자는 구약성경이 기록하고 있는 믿음의 많은 모범들을 가지고 이 믿음의 본질을 증명합니다.[15]

여기서 묘사하는 믿음은 생생히 살아 움직이는 믿음입니다. 믿음을 가진 사람들은 단순히 지적 동의에 그친 것이 아니라, 하나님의 뜻대로 순종하며 열정적으로 희생하고 살아갑니다. 믿음은 하나님께서 세상을 지으신 것을 받아들이게 하고, 하나님께 참된 예배를 드리게 하며, 죽음을 두려워하지 않게 하고, 부르심에 순종하게 하며, 이 땅보다 하늘을 더 사모하게 하고, 가장 귀한 것을 하나님께 드리게 하며, 세상을 무서워하지 않게 하고, 하나님을 죄보다 더 사랑하게 합니다(히 11:3-5, 8, 16-17, 23, 25). 따라서 믿음은 선한 행위를 낳습니다. 마르틴 루터는 이것을 아주 생생하게 묘사합니다.

> 믿음은 사람의 마음속 깊은 곳에서 그에 상응하는 체험을 갖고 있지 않은 한 한낱 공상에 지나지 않고, 아무런 효력을 발휘하지 못하며, 더 나은 삶을 가져오지도 못한다. 하지만 믿음은 하나님이 우리 속에서 일으키는 그 무엇이다. 그것은 우리를 변화시키며, 우리는 하나님께로부터 다시 태어난다(요 1:13). 믿음은 옛 아담을 죽이고 우리를 마음과 생각과 우리의 모든 힘에서 전혀 다른 사람으로 만들어 놓는다. 그리고 믿음은 성령이 동반된다. 오, 믿음에 이르게 되면 그것은 얼마나 생생하고 창조적이며 적극적이고 강력한 것인지, 믿음은 내내 좋은 것 외에 다른 것을 행할 수 없다. 믿음은 결코 행해야 할 선행이 어디 있느냐고 묻지 않고, 오히려 그러한 질문이 던져지기 전에 **선행을 이미 행하고 계속해서 선행을 행하고 있다. 이런 식으로 활동적이 되지 않는 사람은 믿음이 없는 사람**이다.[16]

둘째, 이 믿음은 늘 회개를 동반합니다. 성경이 말하는 믿음은 꼭 회개와 짝을 이룹니다. 예수께서는 사람들에게 "때가 찼고 하나님의 나라가 가까이 왔으니 **회개하고** 복음을 **믿으라** 하시더라(막 1:15)"고 말씀하시며 믿음과 회개를 함께 말씀하셨습니다. 또한 사도들 역시 사람들에게 "하나님께 대한 **회개**와 우리 주 예수 그리스도께 대한 **믿음**을 증언"했지요(행 20:21). 만일 누군가가 믿음을 가졌다고 주장한다 하더라도, 자신의 죄를 내려놓고 회개하지 않으면 참된 믿음을 가진 것이 아닙니다. 그래서 미국의 신학자 존 머레이는 "구원에 이르는 믿음은 회개하는 믿음이요, 생명에 이르는 회개는 믿음으로 하는 회개다"라고 말합니다.[17]

그렇다면 회개는 무엇일까요? 그것은 바로 하나님을 향한 돌이킴입니다.[18] 자신이 하나님께 저지른 죄를 애통해하고, 자신이 죄를 안 지을 수 없을 정도로 타락했다는 것을 인정하며, 더 나아가 자신이 저지른 죄뿐만 아니라 자신이 행한 선한 행동마저도 죄악되다는 것을 고백하는 것이지요. 그리고 이렇듯 죄인 된 우리를 용납하고 구원하며 건지시기 위하여 성부께서 성자 하나님을 죽게 하시고 부활하게 하심으로 우리를 사랑하셨다는 것을 인정하는 것입니다. 그리고 죄를 사랑하며 즐거워했던 자신의 삶에서 돌이켜 하나님을 사랑하고 즐거워하는 삶으로 나아가는 것이지요.

이렇듯 자신의 죄를 고백하고 참회하며 구원자이신 그리스도 예수를 의지하고 신뢰하는 것을 참된 믿음이라고 말합니다. 또는 '믿음과 회개'라는 두 단어를 합쳐 '회심'이라는 용어를 사용하기도 하지요. 이러한 믿음이 사랑은 아니지만 사랑을 낳습니다. 그래서 사도 바울은 구원을 얻게 하는 믿음을 가리켜 "사랑으로써 역사하는 믿음"(갈 5:6)이라고 말합니다.

이렇듯 회개를 동반하고 사랑으로 역사하는 믿음이야말로 그리스도께서 죽으시고 부활하심으로 이루신 은혜를 받는 통로입니다. 옛 아담의 원죄와 사망으로부터 벗어나 새로운 대표로서 죄인들을 위해 죽으시고 죄인들을 의롭다고 하시기 위해 살아나신 그리스도를 우리는 믿음으로 받아들이고 껴안으며 기뻐합니다. 이러한 믿음에는 자신의 죄에 대한 처절한 슬픔이 있지만, 하나님께 용서받고 의롭다고 여기심을 받았다는 확신과 기쁨 역시 존재하지요. 이렇듯 기쁨으로 그리스도를 믿는 사람이야말로 그리스도를 대표로 모신 새 사람입니다.

믿고 회개하십시오

여기까지 읽고서 당신이 어떻게 반응할지 궁금합니다. 바라건대(그리고 간절히 기도하건대), 당신의 반응이 다음과 같았으면 좋겠습니다.

형제들아, 우리가 어찌할꼬(행 2:37).

성경이 가르치는 이 모든 이야기는 진실입니다. 그리고 이것이 진실이라면 당신은 죄인입니다. 하나님은 당신의 죄에 대해, 당신의 경건하지 않은 삶에 대해 진노하십니다(롬 1:18). 당신은 하나님의 진노를 피할 수 없습니다. 하나님께서 당장이라도 당신의 생명을 중단시켜서 회개할 기회를 앗아가실 수도 있지만, 지금 당신이 숨을 쉬고 있는 것은 오직 하나님의 자비와 오래 참으심으로 회개할 기회를 주시는 것입니다(벧후 3:9).

당신은 언제 죽을지 모릅니다. 지옥과 당신의 거리는 당신이 앉아 있는 의자와 당신의 거리만큼이나 가깝습니다. 그곳은 불의 연못(계 20:15)이며 풀무불(마 13:42)입니다. 당신이 상상할 수 있는 가장 끔찍한 곳을 상상하더라도 실제 지옥에 비하면 과장이 아니라 축소일 뿐입니다. 하나님은 엄숙하고 공의로운 목소리로 당신에게 지옥을 선언하십니다. **영원한 고통**이라고(마 25:46) 말입니다! 당신은 지옥의 자식이자(마 23:15) 마귀의 자식(요 8:44)이며 진노의 자녀입니다(엡 2:3).

하나님의 진노가 당신의 머리 위에 있습니다(요 3:36). 그분의 얼굴이 당신을 노려보고 있습니다(시 34:16). 당신의 죄 때문에 당신을 미워하시며(시 5:5), 그분의 저주가 모조리 당신 몫입니다(갈 3:10). 당신은 하나님의 적이며, 하나님께서는 천사들을 명하셔서 당신을 지옥에 던져 버리라고 하실 것입니다(마 13:30).

하나님께서는 당신이 멸망받는 것에 대하여 조금도 책임이 없으십니다. 그분은 공의로우시며 죄를 절대적으로 미워하십니다. 온 우주가 다 그분의 편입니다. 당신은 그날에 몰랐었다고 항변할 수 없습니다(롬 1:19). 그분 앞에서 당신은 입이 막힐 것입니다(롬 3:19). 하나님의 거룩한 율법이 당신을 정죄할 것입니다. 천사들도 당신을 정죄할 것입니다. 온 피조물은 하나님을 대적하는 당신에게 유익을 주고 싶어 하지 않습니다. 당신이 피조세계를 통해서 유익을 얻고 있다면, 비를 내리시고 해를 비추시며 죄인을 참으시는 하나님의 전적 은총에 기인한 것입니다. 피조물들은 당신 편이 아닙니다. 당신의 죄 때문에 온 피조물은 탄식합니다(롬 8:22). 당신이 하나님을 원망했던 당신의 경박한 말과, 이웃의 소유를 탐했던 당신의 탐심과, 음란하게 자기를 위했던 당신의 천박함은 모두 드러나 당신을 부끄럽게 할 것입니다(히 4:13). 심지어 선하다고 생각했던 일도 그 이면에 있던 당신의 거짓된 동기가 드러날 것입니다.

그럼에도 당신에게 위로의 말씀을 전하고 싶습니다. 하나님은 사랑이십니다. 그리고 그분은 당신과 저 같은 죄인들을 위해 아들을 주셨습니다(롬 5:8) 그리고 다음과 같이 말씀하십니다.

> 오호라 너희 모든 목마른 자들아, 물로 나아오라. 돈 없는 자도 오라. 너희는 와서 사 먹되 돈 없이, 값없이 와서 포도주와 젖을 사라. 너희가 어찌하여 양식이 아닌 것을 위하여 은을 달아 주며 배부르게 하지 못할 것을 위하여 수고하느냐. 내게 듣고 들을지어다. 그리하면 너희가 좋은 것을 먹을 것이며 너희 자신들이 기름진 것으로 즐거움을 얻으리라(사 55:1-2).

당신은 당신의 구원을 위해 스스로 할 수 있는 것이 아무것도 없습니다. 그러나 당신은 한 가지 할 수 있는 일이 있습니다. 바로 그분의 자비에 기대는 것입니다. 그분을 바라보십시오. 그분이 자비로우시고 사랑이 많으시고 은혜가 풍성하신 분임을 신뢰하십시오! 당신은 다음과 같이 겸손하게 기도할 수 있습니다. 솔직하십시오!

> 성부 하나님, 저는 당신을 사랑하며 당신의 뜻대로 살려는 마음이 없음을 고백합니다. 정직하게 말하면, 저는 제가 주인이 아닌 당신이 주인이 되는 삶이 두렵습니다. 저는 제가 짓고 있는 죄악이 너무 좋고 이것이 즐겁습니다. 그리고 당신을 섬

기며 당신의 뜻대로 사는 삶이 지루하고 힘들며 고통스럽게만 보입니다.

그러나 하나님! 저는 지옥에 가고 싶지 않습니다. 당신의 진노 또한 두렵습니다. 저는 버림받고 싶지 않습니다. 저는 스스로 아무것도 할 수 없고, 스스로는 손가락 하나 까딱할 힘도 없습니다. 제 마음은 너무나 고통스럽습니다.

당신의 아들이신 그리스도를 의지하여 기도합니다. 나 같은 죄인들의 죄를 위해 죽으시고, 또한 의롭다 하시기 위해 살아나신 예수님을 의지하며 기도합니다. 저를 용서하소서! 저를 불쌍히 여겨 주소서! 저를 보실 때 저를 쳐다보지 마시고 '그리스도 안에' 있는 저를 바라보소서! 예수 그리스도 안에서 당신께 돌이키고 회개합니다. 이제 예수 그리스도를 믿음으로 당신을 만나고자 합니다!

이렇게 그리스도 안에서 하나님을 찾을 때, 하나님께서는 당신을 거절하실 수 없습니다. 제가 "거절하지 않으신다"라고 말하지 않은 것을 주의하십시오. 그분은 그리스도 안에서 용서를 구할 때 거절하실 수 없습니다. 이미 당신의 죄는 그리스도께서 다 담당하셔서 끝내 버리셨기 때문에, 만일 하나님께서 당신을 처벌하신다면 그분은 불의하신 분이 됩니다. 따라서 하나님께서는 그리스도를 의지하는 자를 처벌하지 않으시고, 예수님을 기뻐하시는 것처럼 그들을 기뻐하십니다. 그러니 어서 그리스도께로 피하십시오!

주 예수께서는 오늘도 큰소리로 당신을 오라 부르고 계십니다. 당신이 그분을 만나고 참된 확신을 경험하는 순간, 당신이 그분 안에서 당신의 죄악된 행실을 기쁘게 버리고 하나님으로 말미암은 기쁨을 경험하는 순간, 죄악의 낙보다 하나님을 더 기뻐하게 되는 바로 그 순간, 당신은 이렇게 노래하게 될 것입니다.

> 예수를 나의 구주 삼고 성령과 피로써 거듭나니
> 이 세상에서 내 영혼이 하늘의 영광 누리도다.
> 이것이 나의 간증이요 이것이 나의 찬송일세.
> 나 사는 동안 끊임없이 구주를 찬송하리로다.[19]
> — 화니 크로스비

7장 돌아보기

- 무덤의 문은 열려 있었고 그 안은 비어 있었다. 세마포는 감싸고 있던 모습 그대로 질서 정연한 모양으로 말려 있었다. 이는 예수께서 예언하신 대로(마 17:22-23) 살아나신 것이다.

1. 예수께서 부활하시다

- 빈 무덤과 수의는 그분이 살아나신 증거다. 예수께서는 부활하신 이후 제자들을 열한 번이나 만나셨다. 이 역사적 사실은 복음의 핵심이자 중심이다.

2. 부활의 의미

- 성경은 예수님의 부활을 가리켜 "영으로 의롭다 하심을 받으시고"(딤전 3:16)라고 표현한다. 그분은 원래 의로우신 분인데 왜 의롭다 하심을 받을 필요가 있을까? 왜냐하면 그분이 죽으셨기 때문이다. 그것은 죽음의 죄 때문에 겪는 고통이며, 만일 그분이 부활하지 않으셨다면 그분의 죽음은 그저 그분의 죄 때문으로 치부될 수도 있었다.
- 그러나 죽으신 뒤 부활하심으로, 예수께서 자신의 죄 때문이 죽으신 것이 아니라 다른 죄인들을 대신하여 죽으신 것이 입증된 것이다. 따라서 예수님의 부활은 예수께서 의로우시다는 선언 곧 '예수님의 칭의'다.

3. 예수님의 죽음과 부활, 우리의 죽음과 부활

- 그렇다면 이 '예수님의 칭의'가 우리에게 무슨 의미가 있는가? 5장에서 우리는 아담이 우리의 대표가 되어 모든 인간이 원죄를 가지게 되었다는 사실을 배웠다. 마찬가지로, 예수께서는 자신을 믿는 죄인들의 새 대표가 되시기 위해 오셨다.
- 그래서 그분이 행한 선행은 우리의 것으로 여겨진다. 예수님은 우리의 대표로 이 땅에 오셔서, 우리 대신 사시고, 우리 대신 죽으시며, 우리 대신 살아나셨다. 오직 그리스도 안에 있는 사람만이 이러한 복을 누릴 수 있게 된다.

4. 누가 '그리스도 안'에 있는 자인가

- 에베소서 2:5, 8은 우리에게 베풀어진 구원이 "믿음으로 말미암아" 우리에게 주어진다고 말한다. 성경은 우리가 오직 믿음으로 하나님께서 예비하신 복을 받는다고 말한다(앤서니 후크마의 예화 참조).
- 예수님과 사도들의 요구 역시 믿음이었다. 그렇다면 이 믿음의 특징은 무엇인가?

5. 구원받는 믿음의 두 가지 특징

- 첫째, 이 믿음은 생생히 살아 있는 인격적 신뢰다. 이것은 단순한 지적 동의가 아니다. 예수님에 관한 사실들은 모두 믿으면서도, 믿음의 대상이 되시는 예수님은 안 믿을 수 있다. 이러한 믿음은 참된 믿음이 아니다. 참된 믿음은 늘 선행을 낳는다.
- 둘째, 이 믿음은 늘 회개를 동반한다. 성경이 말하는 믿음은 늘 회개와 짝을 이룬다. 회개는 자신이 하나님께 저지른 죄를 애통하고, 자신이 죄를 안 지을 수 없을 정도로 타락했다는 것을 인정하며, 더 나아가 자신이 저지른 죄뿐만 아니라 자신이 행한 선한 행동마저도 죄악되다는 것을 고백하며 하나님께로 돌이키는 것이다.

6. 믿고 회개하십시오

- 하나님의 은혜 아래에서 자신의 죄를 고백하고 그리스도를 믿으라.

나눔을 위한 질문

1. "사실 예수님의 시신은 도굴당한 것이지 그가 부활한 것이 아니다" 라는 말은 어떤 문제를 가지고 있습니까?(175쪽 참조, 요 20:6-7)

2. 왜 예수님의 부활이 예수님이 의로우시다는 것을 증명하는 일이 됩니까?(179-180쪽 참조, 특히 김헌수 교수의 말)

3. 그리스도의 부활과 칭의가 우리의 것이 되기 위해 우리에게 요구되는 것은 무엇입니까?(185-186쪽 참조, 특히 앤서니 후크마의 말)

4. 예수님을 믿는 것과 예수님에 관한 사실들을 믿는 것은 어떻게 다릅니까? 후자가 구원 얻는 믿음이 될 수 있습니까?(188-189쪽 참조)

5. 회개하지는 않지만 예수 그리스도를 믿는 믿음이 있는 사람이 구원을 얻을 수 있습니까?(192-193쪽 참조)

▶ 로마서 8장을 읽어 보시면, 다음 장을 이해하는 데 도움이 됩니다.

8 지금 누릴 수 있는 행복

죽으시고 부활하신 구주께서 이 땅에 오신 것은, 그저 우리를 지옥에서 건져내어 '천국행 티켓'을 주시기 위함이 다가 아닙니다. 그분은 "내가 온 것은 양으로 생명을 얻게 하고 더 풍성히 얻게 하려는 것이라"(요 10:10)고 말씀하셨습니다. 하나님께서 베푸신 구원의 부요함과 위대함이 얼마나 놀라운지요. 그래서 사도 바울은 자신이 받은 사명을 가리켜 "측량할 수 없는 그리스도의 풍성함을 이방인에게 전하게 하시"는 것이라고 말합니다(엡 3:8). 그렇습니다. 실로 그리스도께서 죽으시고 부활하심으로 우리에게 베푸신 것은 놀랍도록 풍성합니다.

이것을 아는 것은 중요합니다. 알아야 누릴 수 있기 때문입니다. 이와 관련하여 생각나는 이야기가 있습니다. 증기기관선의 시대인 20세기 초, 암울한 시기를 살던 많은 영국인

청년들이 기회의 땅인 미국으로 가기 위해 대서양을 건넜습니다. 뱃삯은 비싼 편이었고 그것을 구하기 위해서는 오랫동안 일해야 했습니다. 한 청년이 가까스로 3등실 표를 구해 배에 올랐습니다. 그는 꿈에 부풀어 있었지만, 가련하게도 먹을 것을 살 돈이 없었습니다. 그저 가방에 넣은 두 덩어리의 딱딱한 빵뿐이었지요. 일주일이 넘는 항해 기간 동안 이틀은 배고픔을 참았으나, 사흘이 되는 날은 도저히 견딜 수 없었습니다. 그래서 곧 식당으로 달려가 음식을 집어 먹기 시작했습니다. 곧 선내 경찰이 와서 자신을 잡아갈 것이라고 생각했지만, 웬일인지 아무도 제지하지 않고 관심을 기울이지도 않았습니다. 의아하게 생각한 청년이 바로 옆의 말끔하게 차려입은 신사에게 이유를 묻자 그는 이렇게 답했습니다. "몰랐습니까? 표 안에는 당신의 일주일 식사비용도 포함되어 있답니다."

그래서 사도 바울은 이렇게 기도했던 것입니다. "믿음으로 말미암아 그리스도께서 너희 마음에 계시게 하시옵고 너희가 사랑 가운데서 뿌리가 박히고 터가 굳어져서 능히 모든 성도와 함께 지식에 넘치는 그리스도의 사랑을 **알고** 그 너비와 길이와 높이와 깊이가 어떠함을 **깨달아** 하나님의 모든 충만하신 것으로 너희에게 충만하게 하시기를 구하노라"(엡 3:17-19). 그리스도의 사랑 안에 있는 보화들은 너무나 풍성해서 "그 너비와 길이와 높이와 깊이가" 무한합니다. 존 스토트는 이 아름다운 수사를 가리켜 그리스도의 사랑이 "전 인류를 포함하기 충분하리만큼 '넓고', 영원까지 이어질 정도로 충분히 '길며', 가장 타락한 죄인에게 닿을 만큼 '깊고', 하늘로 그 죄인을 올릴 만큼 충분히 '높다'"고 말합니다.¹ 바울은 이렇듯 놀라운 사랑을 **알고 깨닫기를** 간절히 구하고 있는 것입니다!

그렇다면 이 아름다운 사랑은 우리에게 무엇을 베풀어 줍니까? 더 정확히 말하자면, 그리스도의 죽음과 부활이라는 이 놀라운 선물 상자 안에는 어떤 선물들이 들어 있습니까? 아래에 열거할 은혜보다 훨씬 더 풍성하고 놀라운 선물들이 있고 우리는 죽는 날까지 그것을 다 알지 못할 것이지만, 몇 가지 중요한 선물들을 생각해 보려고 합니다.²

그리스도와 함께 의롭다고 여김받음

거룩하고 영원한 재판장께서는 그리스도 안에 있는 믿는 사람들을 더 이상 죄인이라고 여기시지 않습니다. 예수 그리스도를 대표로 한 믿는 사람들에게는 그리스도라는 의롭고 완전하신 중보자가 계시기 때문입니다. 우선, 성부 하나님은 믿는 사람들을 정죄하실 수 **없습니다**. 비록 그들은 죄인들이기에 정죄받아 마땅하지만, 그들이 당해야 하는 형벌을 그리스도께서 대신 당하셨기 때문입니다. 만일 하나님께서 그들을 처벌하신다면 같은 죄에 대하여 이중으로 처벌하는 셈이 되기에, 하나님께서 불의하신 분이 됩니다. 게다가 영원하신 아들께서 죽음으로 말미암아 이루신 공로를 무시하는 처사가 될 것입니다. 따라서 하나님께서는 믿고 회개하는 죄인들을 정죄하실 수 **없습니다**!

그뿐 아닙니다. 우리는 지난 시간에 그리스도의 부활 사건이 그리스도의 칭의라는 사실을 살펴보았습니다. 그리스도께서 무덤에 머물러 계시지 않고 부활하심으로 말미암아 그분이 의로우시다는 것, 그리고 그분의 죽음이 죄인들을 대신하여 죽으신 대속이었다는 것 말입니다. 따라서 '그리스도 안'에 있는 우리 역시 그분의 부활로 인하여 의롭다고 여김받을 근거를 가지게 되었습니다. 다시 한 번 하나님의 말씀을 인용하자면, 예수께서는 "우리가 범죄한 것 때문에 내줌[십자가에서 죽으심]이 되고 또한 우리를 의롭다 하시기 위하여 살아나셨"습니다(롬 4:25).

이에 근거하여 믿는 자들은 그리스도께서 행하신 모든 선한 행동을 거저 받습니다. 예수께서는 이 땅에 오셔서 하나님의 말씀을 완전하고 흠 없이 지키셨는데, 그 공로를 거저 받는다는 말입니다! 그래서 성부 하나님께서는 믿는 자들을 **예수 그리스도께서 의로우신 만큼 의롭다고 여겨 주십니다**. 즉 우리가 지은 죄는 그리스도의 죽음으로 말미암아 이미 처벌

받고 끝장난 것으로 여겨지고, 우리가 하나도 행하지 않은 그리스도의 선한 행동들은 우리가 행한 것으로 여겨진다는 것입니다! 이것을 흔히 '칭의'라고 부릅니다. 오직 믿음으로 의롭다 여겨진다고 하여 '이신칭의'라고 부르기도 합니다.

여기서 주의해야 할 것이 있습니다. 칭의는 우리가 실제로 의로워지는 것을 말하지 않습니다. 오히려 의롭다고 선언되는 것입니다. 우리는 믿음으로 의롭다고 여김받은 이후에도 여전히 연약하고 타락한 죄인으로 남아 있습니다. 즉 우리는 "의인인 동시에 죄인"*simul justus et peccator*입니다.[3] 그렇다고 해서 믿은 이후에 죄를 지으면 다시 죄인이라고 여김받는 것이 아닙니다. 믿는 그리스도인들 중 어떤 사람들은 조금 더 거룩한 삶을 살고 어떤 사람들은 아직 연약한 가운데 있지만, 그들 모두가 똑같이 그리스도만큼 의롭다고 선언됩니다. 게다가 이 선언은 미래에 바뀌는 것도 아닙니다. 싱클레어 퍼거슨의 표현을 빌리자면, "칭의는 최후의 심판날에 이루어질 하나님의 평결이 현재로 미리 앞당겨진 것이기 때문입니다."[4]

『천로역정』을 쓴 위대한 청교도 존 번연은 회심하기 전 자신의 죄에 대한 커다란 자책과 괴로움에 몸부림치고 있었습니다. 그는 자신의 죄에 대하여 너무나 민감한 나머지 죽을 지경이 되었지만, 우리를 의롭다고 선언하시는 그리스도의 칭의를 깨닫고 다음과 같이 고백합니다.

들판을 가로질러 가고 있었던 어느 날이었습니다. 내 양심은 상처받아 모든 것이 불분명하다는 생각에 두려워 떨고 있었습니다. 그런데 갑자기 내 영혼에 다음과 같은 문장이 떠올랐습니다. "너의 의는 하늘에 있다." 그리고 동시에 나는 영혼의 눈으로 하나님 우편에 계신 그리스도를 보았습니다. 바로 그곳에 나의 의가 있었습니다. 그래서 내가 어디에 있든 무엇을 하든지 하나님께서는 내게 의가 부족하다고 말씀하실 수 없었습니다. 내 의가 바로 하나님 앞에 있었기 때문입니다. 게다가 나는 내 선한 마음이 나의 의를 더 낫게 만드는 것도 아니요, 내 나쁜 마음이 나의 의를 더 나쁘게 만드는 것도 아님을 알게 되었습니다. 나의 의는 "어제나 오늘이나 영원토록 동일하신"(히 13:8) 예수 그리스도 자신이기 때문입니다! 이제 내 발을 묶고 괴롭혔던 족쇄는 풀려 나갔습니다.[5]

그리스도께서 우리의 의가 되십니다! 그분은 우리에게 "지혜와 의로움과 거룩함과 구원함이 되셨"습니다(고전 1:30). 따라서 누구든지 그리스도를 믿는 믿음 안에 있다면, 그는 영원히 안전하고 평안합니다!

그리스도와 함께 거룩해짐

여기서 우리는 반문하게 됩니다. "그러면 우리에게 거룩한 삶은 필요 없다는 말인가요? 우리의 선행이 아니라 그리스도의 행위로 우리가 의롭다고 여김받는다면, 게다가 그것도 영원히 그 의로움이 보장받는다면 우리는 마음껏 죄를 지으며 살아도 되지 않나요?" 사도 바울은 이미 그러한 질문을 받은 적이 있었습니다. "은혜를 더하게 하려고 죄에 거하겠느냐"(롬 6:1). 이는 우리가 '죄의 상태'에 기꺼이 머물러도 어쨌든 하나님은 우리에게 은혜를 계속 베풀어 주실 수밖에 없지 않느냐는 질문이지요.[6]

이 질문에 대하여 긍정적으로 답변해 보자면, 사실상 이 질문을 하는 것은 칭의를 정확하게 이해했기 때문입니다. 사실상 이러한 의문이 들지 않았다면, 어떤 의미에서 그는 복음을 제대로 이해한 것이 아닙니다. 그래서 마틴 로이드 존스는 이렇게 말합니다. "만일 어떤 사람이 (믿음이 아닌) 행위로 의롭다 하심을 받는다고 설교한다면, 누구도 이러한 질문을 하지 않을 것입니다."[7]

따라서 이러한 질문을 가지게 되는 것 자체는 나쁜 것이 아닙니다. 하지만 바울은 이러한 질문에 "그럴 수 없느니라"(롬 6:2)고 단호하게 선언합니다. 왜 그렇습니까? 바울은 이어서 답합니다. "죄에 대하여 죽은 우리가 어찌 그 가운데 더 살리요. 무릇 그리스도 예수와 합하여 세례를 받은 우리는 그의 죽으심과 합하여 세례를 받은 줄을 알지 못하느냐"(롬

6:2-3). 이 말은 마치 이와 같습니다. "우리는 이미 그와 연합했다. 그런데도 불구하고 다시 죄와 연합할 수 있겠느냐? 죄에 빠져 살아갈 수 있겠느냐? 그것은 불가능하다!" 미국의 기독교 작가 필립 얀시는 바울의 이러한 대답에 대한 재미있는 비유를 소개합니다.

> 결혼 첫날밤 신부에게 이렇게 이야기 할 신랑이 있을까? "당신을 정말 사랑하오. 평생 당신과 함께 살고 싶소. 하지만 몇 가지 짚고 넘어갈 게 있소. 결혼 후 나는 다른 여자들과 얼마나 깊이 사귈 수 있는 거요? 같이 자도 좋소? 키스해도 좋소? 가끔씩 바람을 피워도 괜찮겠지? 당신이 속상할 줄 알지만, 배반한 나를 용서할 수 있는 기회가 그만큼 많다는 것 아니겠소!" 이런 바람둥이한테 어울리는 유일한 대답은 뺨을 한 번 올려 친 뒤 "그럴 수 없느니라"고 말해 주는 것뿐이다. 그는 사랑의 기본도 모르는 사람이다.[8]

그렇습니다! 신자는 예수님과 연합한 자입니다(롬 6:5). 그래서 성경은 믿는 자들의 무리인 교회를 예수님의 신부라고 부릅니다(요 3:29, 엡 5:23-24, 계 21:2, 9). 그렇기에 늘 정절과 거룩함, 진실함으로 살아가야 합니다. 그리고 어떤 사람이 가지고 있는 믿음이 거짓이 아니라 참된 믿음이라면, 그는 '의롭다 칭함받았으니 마음껏 죄를 짓자'고 생각하지 않고, 오히려 기쁨과 즐거움으로 어떻게 하면 하나님의 뜻대로 살지를 고민하게 될 것입니다. 그리고 시간이 갈수록 거룩해지고 죄를 멀리하게 될 것입니다.

하지만 우리는 이러한 과정을 우리의 의지력으로 홀로 해내도록 강요받지 않습니다. 우리가 스스로를 의롭다고 칭할 수 없듯이, 스스로를 의롭게 만들 능력도 없기 때문입니다. 우리는 죄인이며, 따라서 타락했을 뿐 아니라 무능하기까지 합니다. 우리의 구주께서는 우리를 죄의 책임으로부터 구원하셨을 뿐만 아니라, 죄를 즐거워하는 마음 곧 죄의 능력으로부터도 구원하시기 때문입니다. 그 과정은 길고 점진적이지만[9] 그 결과는 확실합니다.

> 오직 성령의 열매는 사랑과 희락과 화평과 오래 참음과 자비와 양선과 충성과 온유와 절제니 이같은 것을 금지할 법이 없느니라(갈 5:22-23).

성령 하나님은 온갖 좋은 인격적 열매를 맺도록 하십니다. 사랑, 희락, 화평, 오래 참음, 자비, 양선(선함), 충성, 온유, 절제. 이 모든 아름다운 인격은 사실상 하나님의 인격을 다채롭게 표현한 것입니다.[10] 즉 이 모든 좋은 열매는 다 하나님의 성품이라는 것입니다. 성령님은 우리 안에서 하나님을 닮아 가게 하십니다. 그래서 거룩하신 하나님을 따라 우리를 거룩하게 만드시지요.

무엇보다, 성령 하나님은 신자들의 마음을 유순하게 하시고 부드럽게 하십니다. 그리하여 하나님의 법을 들을 뿐 아니라 사랑하게 하시지요. 변화된 마음은 이렇게 말합니다. "내가 주의 계명들을 사모하므로 내가 입을 열고 헐떡였나이다"(시 119:131). 잘 보십시오. 그에게는 십계명과 같은 하나님의 계명이 자신을 옭아매는 고통이 아니라 사랑하고 사모하는 대상입니다. 그는 하나님의 말씀을 지키지 못했다고 두려워하거나 무서워하지 않습니다. 이미 그리스도의 공로로 의롭다고 여김받았기 때문입니다. 그러나 그는 자신이 사랑하고 즐거워하는 하나님을 섬기지 못하여 슬퍼합니다. 이러한 마음 가운데서 신자는 기쁘게 하나님의 말씀을 지키고 사랑합니다.

그리스도 안에서 확신하게 하심

이렇듯 우리가 거룩하게 되지만, 성령님의 역사는 점진적이고 인격적입니다. 성령님은 우리를 거룩하게 하시지만 우리의 의지를 강압하지 않으십니다. 말씀으로 끊임없이 설득하시지요. 성령님은 한편으로 단호하고 분명하게 우리의 죄와 싸우시고, 다른 한편으로 우리에게 말씀을 사랑함으로 지킬 수 있도록 설득하십니다. 그것은 신자가 범죄하는 것을 자주 참으신다는 의미이기도 하지요. 그래서 신자들은 의롭다고 여겨지지만, 동시에 죄인입니다.

그렇다면 문제가 하나 생깁니다. 우리가 하나님께 죄도 짓고 선도 행한다면, 우리는 과연 우리가 받은 구원을 확신할 수 있을까요? 예를 들어 봅시다. 우리가 "사람이 마음으로 믿어 의에 이르고 입으로 시인하여 구원에 이르느니라"(롬 10:10) 같은 말씀을 들을 때면, 마음에 확신과 즐거움이 생길 것입니다. 우리가 그리스도를 믿기 때문입니다. 하지만 "불의한 자가 하나님의 나라를 유업으로 받지 못할 줄을 알지 못하느냐. 미혹을 받지 말라. 음행하는 자나 우상 숭배하는 자나 간음하는 자나 탐색하는 자나 남색하는 자나 도적이나 탐욕을 부리는 자나 술 취하는 자나 모욕하는 자나 속여 빼앗는 자들은 하나님의 나라를 유업으로 받지 못하리라"(고전 6:9-10) 같은 말씀을 들을 때는 구원의 확신을 잃게 됩니다. 신자는 자주 이러한 범죄를 저지르기 때문입니다.

물론 신자는 서서히 이러한 죄에서 벗어날 것입니다. 그러나 벗어나는 과정 중에는 확신이 떨어지게 마련이지요. 한편으로는 하나님을 신뢰하지만 다른 한편으로는 계속 죄를 짓는 삶을 살아간다면, 우리는 우리가 구원받을 가능성이 높다고는 판단할 수 있겠지만 확실히 구원받을 것이라고 생각할 수는 없겠지요. 그래서 사도 바울은 이렇게 부르짖습니다. "내 속사람으로는 하나님의 법을 즐거워하되 내 지체 속에서 한 다른 법이 내 마음의 법과 싸워 내 지체 속에 있는 죄의 법으로 나를 사로잡는 것을 보는도다. 오호라 나는 곤고한 사람이로다. 이 사망의 몸에서 누가 나를 건져내랴"(롬 7:22-24).[11]

바울은 이렇듯 불확실성 가운데 고민하는 그리스도인들에게 "그리스도 예수 안에" 있는 자에게는 결코 정죄함이 없다고 선언합니다(롬 8:1). 바울은 로마서 8장 전체의 논증을 통해 그 이유를 삼위일체 하나님의 보호하심에서 찾습니다. 이것에 대하여 살펴봅시다.

첫째, 성부 하나님은 우리를 구원하시기 위해 미리 정하시고 계획하셨습니다.

> 하나님이 **미리 아신** 자들을 또한 그 아들의 형상을 본받게 하기 위하여 **미리 정하셨으니** 이는 그로 많은 형제 중에서 맏아들이 되게 하려 하심이니라. 또 **미리 정하신** 그들을 또한 **부르시고** 부르신 그들을 또한 **의롭다 하시고** 의롭다 하신 그들을 또한 **영화롭게 하셨느니라**(롬 8:29-30).

여기서 우리는 성부 하나님께서 우리를 위해 하신 다섯 가지 일을 봅니다. 그분은 우리를 "미리 아셨고", "미리 정하셨으며", "부르시고", "의롭다 하셨고", "영화롭게 하셨"습니다. 이 모든 것은 아직 다 이루어지지 않았지만, 마치 이미 다 이루어진 것처럼 기록되어 있습니다. 왜 그렇습니까? 하나님께서 결정하시고 계획하신 것은 반드시 이루어 내시기 때문입니다. 특히 앞의 네 일은 신자의 입장에서 과거에 이루어진 일이지만, "영화롭게 하셨다"는 미래의 일입니다. 아직 우리는 죄를 짓고 있고 앞으로도 지을 것이지만, 궁극적으로는 죄와 완전히 결별하고 영광스럽게 변할 것입니다(마지막 장에서 자세히 살펴보겠습니다). 그래서 신약학자 더글러스 무는 이러한 표현이야말로 "그리스도인들이 즐기는 확신의 궁극적 근원"이라고 말합니다.[12] 또한 다음의 말씀도 읽어 봅시다.

> 자기 아들을 아끼지 아니하시고 우리 모든 사람을 위하여 내주신 이가 어찌 그 아들과 함께 모든 것을 우리에게 주시지 아니하겠느냐(롬 8:32).

지난 장에도 보았지만, 우리 구주 예수 그리스도를 십자가에 달려 죽게 하신 분은 성부 하나님이십니다! 그분의 계획이 그리스도를 십자가로 가게 하였습니다. 성부는 자기 백성을 위해 예수 그리스도를 내어 주셨고, 그것이 사실이라면 그분이 무엇을 주시든 아들을 주신 것보다 더 귀한 것은 없습니다. 그리고 그분이 아들을 기꺼이 주셨다면, 다른 그 무엇을 아끼시겠습니까? 범죄한다고 해서 우리를 버리시겠습니까? 그럴 수 없습니다!

둘째, 성령 하나님은 우리를 돌보시고 우리 안에서 우리를 위해 간구하십니다.

- 이는 그리스도 예수 안에 있는 생명의 성령의 법이 죄와 사망의 법에서 너를 해방하였음이라(롬 8:2).
- 예수를 죽은 자 가운데서 살리신 이의 영이 너희 안에 거하시면 그리스도 예수를 죽은 자 가운데서 살리신 이가 너희 안에 거하시는 그의 영으로 말미암아 너희 죽을 몸도 살리시리라(롬 8:11).
- 성령이 친히 우리의 영과 더불어 우리가 하나님의 자녀인 것을 증언하시나니(롬 8:16).
- 이와 같이 성령도 우리의 연약함을 도우시나니 우리는 마땅히 기도할 바를 알지 못하나 오직 성령이 말할 수 없는 탄식으로 우리를 위하여 친히 간구하시느니라(롬 8:26).

특히 26절을 자세히 살펴봅시다. 성령님은 우리의 연약함을 도우십니다. 여기서 연약함은 "우리가 피조물이기 때문에 허약하고 유한하다는 것뿐 아니라, 우리가 죄와 타락으로 일관한다는"[13] 것을 의미입니다. 성령님은 그러한 우리의 연약함을 보시며 탄식하십니다.[14] 즉 그분의 감정과 열정을 실어서 우리를 위해 기도하고 계시다는 것입니다. 죄를 벗하는 우리를 인내하시는 것을 넘어, 우리를 보시며 탄식하고 계시기까지 합니다. 그러한 그분의 간구로 인하여 우리는 죄로부터 보호받고 결국 승리하게 될 것입니다.

셋째, 성자 하나님 역시 우리를 위해 간구하고 계십니다.

> 누가 정죄하리요. 죽으실 뿐 아니라 다시 살아나신 이는 그리스도 예수시니 그는 하나님 우편에 계신 자요 우리를 위하여 간구하시는 자시니라(롬 8:34).

여기 보십시오! 그리스도께서도 역시 우리를 위하여 간구하십니다. 보통 사람들은 그분이 죽으시고 부활하신 다음에 천국에서 아무 일도 안 하고 계신다고 생각합니다. 하지만 그렇지 않습니다. 그분은 우리를 위해 간구하고 계십니다. 죄인인 우리를 사랑하셔서 우리를 위해 죽으시고 부활하신 분은, 우리가 완전히 구원받아 영광스러운 마지막에 이르게 될 때까지 쉬지 않으십니다. 신약성경은 이러한 구주의 기도에 대하여 여러 번 강조합니다.

- 그러므로 자기를 힘입어 하나님께 나아가는 자들을 온전히 구원하실 수 있으니 이는 그가 항상 살아 계셔서 그들을 위하여 간구하심이라(히 7:25).
- 만일 누가 죄를 범하여도 아버지 앞에서 우리에게 대언자가 있으니 곧 의로우신 예수 그리스도시라(요일 2:1).

19세기 미국의 유명한 설교자 옥타비우스 윈슬로우는 그리스도의 십자가에 대한 그의 책에서, 이러한 그리스도의 중보에 대하여 가상 대화를 기록합니다. 비록 이 대화가 가상이기는 하지만, 우리 구주 예수 그리스도께서 어떻게 우리를 위하여 기도하시는지 알려 줍니다.

아버지여, 이 죄 많은 자녀를 아버지께 데려왔나이다. 아버지의 용서를 구하나이다. 한 번 더 이 자녀를 제 손에서 받아 주소서. 이 자녀는 제게 속하였나이다. 이 자녀는 죄가 크나 자신의 죄를 자백하나이다. 아버지의 시선 감당할 수 없으니, 이 자녀를 보지 마소서. 저를 보소서. 제가 이 자녀의 악함을 가리겠나이다. 이 자녀는 감히 자기 자신을 위하여 변론할 수 없으나, 제가 이 자녀의 대언자이며 이 자녀의 문제를 맡았나이다. 이 자녀 위해 제가 흘린 피 한 방울 한 방울, 이 자녀 위해 제 심령에 새긴 모든 슬픔, 이 자녀 위해 제가 입은 모든 상처, 기억하시고 용서하소서.

성부 하나님! 저는 이 자녀를 절대 잃을 수 없나이다. 비록 죄가 크나 이 자녀도 제게 속한 자녀이며, 죄가 이 자녀를 파괴시켰으나 제가 죄를 멸하였고, 사망이 이 자녀를 따르나 제가 사망을 정복하였으며, 사탄이 이 자녀를 옭아매나 사탄은 제 발밑에 있나이다. 내 아버지여, 이 자녀의 기도를 들으소서! 아니, 제 기도를 들으소서. 온 세상을 다 준다 해도 결코 이 자녀와 바꿀 수 없으니 당신의 영광 위해 당신이 택하시고 만드신 이 자녀, 죄 때문에 상하고 통회하는 심령으로 서 있는 이 자녀, 제게 모든 소망을 걸고 있는 이 자녀를 받아 주소서. 저는 제 자녀를 알고 제게 속한 이들을 아옵나이다. 제 가슴에 얼굴을 파묻고 흘리는 그들의 모든 눈물, 제 심장 고동소리와 어울려 뛰는 그들의 심장 고동소리, 죄로 인한 탄식과 간절한 기도, 제게 매달려 의지하는 그들의 깊은 사랑과 신뢰, 이로써 제게 속한 이들을 아옵나이다. 저는 그들이 쫓겨나는 것을 도저히 볼 수 없나이다. 비록 약해도 그들은 제 양 무리 중에 약한 양이며, 저를 가장 아프게 하는 양도, 저를 가장 적게 사랑하는 양도, 길 잃고 방황하는 양도 저는 한결같이 사랑하나이다. 이 자녀를 집으로 인도하기 위하여, 더 빨리 돌아오게 하기 위하여, 안타까운 마음으로 채찍을 사용하긴 했지만, 이 자녀는 제 것이며 세상에서 불러낸 제 양이옵니다. 제

사랑이 아니면 이 자녀에게는 집도 없고 권리도 없습니다. 땅과 지옥이 공모하여 이 자녀를 해치려 하나, 제가 그를 지키고 보호하고 구원하오니 우리는 하나입니다.[15]

우리를 위해 열정적으로 간구하시는 분은 성령 하나님만이 아닙니다. 성자 하나님께서도 열정과 사랑으로 우리를 위해 간구하십니다. 그분은 우리의 중보자로서, 우리를 향한 사랑과 동정으로 가득하십니다. 그리스도는 실로 '우리의 연약함을 동정하지 못하실 이가 아니요 모든 일에 우리와 똑같이 시험을 받으신 이로되 죄는 없으'신(히 4:15) 분이십니다.

보십시오. 성부 하나님의 계획은 변치 않을 것입니다. 성령 하나님과 성자 하나님은 우리를 돌보시고 우리를 위해 간구하십니다. 이렇듯 삼위일체의 돌봄과 보호와 사랑은 우리로 하여금 하나님의 사랑을 조금도 의심하지 말라고 설득합니다. 따라서 우리가 우리 자신을 분석하고 살필 때에는 가질 수 없는 구원의 확신을, 그리스도 안에서 삼위 하나님이 하시는 일을 보면 가질 수 있습니다. 여기에 우리의 완전한 확신이 있습니다. 구원은 심지어 "내가 믿기 때문에" 받는 것도 아닙니다. 오히려 "하나님께서 나를 구원하시기로 했고, 구원하시며, 반드시 구원하실 것이기 때문에" 받는 것입니다. 누구도 이 사랑을 방해할 수 없습니다! 그래서 바울은 다음과 같이 힘차게 외칠 수 있었습니다.

> 내가 확신하노니 사망이나 생명이나 천사들이나 권세자들이나 현재 일이나 장래 일이나 능력이나 높음이나 깊음이나 다른 어떤 피조물이라도 우리를 우리 주 그리스도 예수 안에 있는 하나님의 사랑에서 끊을 수 없으리라(롬 8:38-39).

그리스도 안에서 자녀 삼아 주심

하나님께서 우리에게 베풀어 주시는 것의 절정은 성부 하나님께서 우리를 자녀 삼아 주신다는 데서 드러납니다. 칭의, 성화, 확신 등의 은혜도 놀라운 것이지만, 우리를 자녀 삼아 주시는 것은 더 감동적이지요. 싱클레어 퍼거슨은 "판사가 무죄 평결을 내렸다고 해서 피고가 판사의 집으로 가서 아들로서의 모든 특권을 다 누리는 것은 아닙니다"라고 말하는데,[16] 이는 하나님께서 우리에게 주신 것이 얼마나 큰지 생각하게 해줍니다. 우리를 범죄자가 아닌 의인이라고 말씀하실 뿐만 아니라, 자녀 삼아 주시고 모든 특권을 주시니까요!

- 영접하는 자 곧 그 이름을 믿는 자들에게는 하나님의 자녀가 되는 권세를 주셨으니(요 1:12).
- 때가 차매 하나님이 그 아들을 보내사 여자에게서 나게 하

시고 율법 아래에 나게 하신 것은 율법 아래에 있는 자들을 속량하시고 우리로 아들의 명분을 얻게 하려 하심이라(갈 4:4-5).

- 그 기쁘신 뜻대로 우리를 예정하사 예수 그리스도로 말미암아 자기의 아들들이 되게 하셨으니(엡 1:5).

이 모든 말씀은 그리스도를 믿는 사람들이 아들의 신분을 얻게 되었다는 것을 말해 주고 있습니다. 싱클레어 퍼거슨이 말한 바와 같이 "하나님의 자녀로 새롭게 칭함을 받은 우리는 이제 마귀의 자녀도(요일 3:10) 아니고, 불순종의 자녀도(엡 5:6) 아니고, 진노의 자녀도(엡 2:3) 아닙니다."[17] 우리가 하나님으로부터 오는 온갖 좋은 복을 빌어서 받는 것도 우리의 공로와 힘으로 받는 것이 아니라, 오히려 "하늘에 계신 우리 아버지여!"라고 말하며 당당하고 기쁘게 받습니다(마 6:9).

앞에서 살펴보았듯이, 성부 하나님이 '성부' 곧 아버지신 이유는 그분이 예수 그리스도의 아버지시기 때문입니다. 사실상 오직 예수 그리스도만이 성부를 아버지라 부르실 수 있습니다. 성부는 사랑의 원천이요 출발이 되셔서, 성자 하나님을 사랑하시며 기뻐하셨습니다. 성자 하나님은 그 사랑을 받고 기뻐하시면서 즐거움으로 반응하셨습니다. 성령 하나님은 성부와 성자 하나님 사이의 사랑의 고리가 되셔서, 기쁨으로 성부와 성자가 교제할 수 있도록 교제의 영이 되셨습니다. 이러한 맥락에서 다음의 말씀을 깊이 생각하며 읽어 봅시다.

> 너는 내 형제들에게 가서 이르되 내가 내 아버지 곧 너희 아버지, 내 하나님 곧 너희 하나님께로 올라간다 하라 하시니 (요 20:17).

이 말씀은 (최소한 제게는) 성경에서 가장 달콤한 부분입니다. 예수 그리스도의 죽으심과 부활, 승천을 통해 그분의 제자들은 아버지에 대한 아들의 지위를 함께 누립니다![18] 예수께서 아버지라 부르시는 분을 우리 역시 아버지라 부를 수 있게 되었습니다. 이것이 바로 그리스도께서 우리에게 기도를 가르치실 때 "너희는 이렇게 기도하라. 하늘에 계신 우리 아버지여"(마 6:9)라고 하나님을 부르라 말씀하신 이유입니다.

이러한 자녀됨의 복은 그리스도로 말미암아 주어졌습니다. 그리스도께서 십자가에서 성부 하나님께 버림받으심으로 우리가 성부 하나님께 받아들여졌습니다. 앞에서 말씀드린 바와 같이, 그리스도께서 십자가에서 성부 하나님을 아버지라 부르지 못하심으로 우리는 감히 하나님께 아버지라 부르며 나아갈 수 있게 된 것입니다! 그래서 우리 구주 예수 그리스도께서도 기쁘게 우리를 "형제라 부르시기를 부끄러워하지 아니하"셨습니다(히 2:11). 우리는 하나님의 가족으로 입양되었습니다!

그뿐 아닙니다. 성부 하나님과 성자 하나님 가운데 교제의 영이 되셔서 서로 사랑하게 하시는 성령님은, **우리와 성부 하나님 간에도 교제의 영이** 되십니다! 우리에게 자녀됨의 신분을 주시는 분은 성자 하나님 곧 그리스도시지만, 그것을 경험하고 누리게 하시는 분은 성령 하나님이십니다.

- 너희는 다시 무서워하는 종의 영을 받지 아니하고 양자의 영을 받았으므로 우리가 아빠 아버지라고 부르짖느니라(롬 8:15).
- 너희가 아들이므로 하나님이 그 아들의 영을 우리 마음 가운데 보내사 아빠 아버지라 부르게 하셨느니라(갈 4:6).

성령 하나님은 신비로운 방식으로 일하십니다. 그분은 우리 안에서 하나님의 사랑을 깊이 체험하게 하시지요. 성부와 성자 간 교통의 영이신 성령님은 하나님과 우리 사이에 교통의 영이 되십니다. 그래서 하나님을 "아빠, 아버지!"라 부르짖게 하십니다. 성령님은 우리가 지성적이고 피상적으로 이해하기만 했던 복음의 지식을 가슴으로 이해하게 하십니다. 자신의 죄를 피상적으로 알던 사람들에게 죄에 대한 깊은 참회와 후회의 마음을 주시고, 하나님의 진노와 형벌을 머리로만 이해하던 사람들에게 그 진노와 형벌 아래서 떨게 하시며, 그리스도의 십자가에서의 일하심과 부활에 대하여 알기만 했던 사람들에게 그 사랑 앞에 감격하게 하십니다.

삼위 하나님과의 교제

첫 시간의 내용을 기억하십니까? 삼위 하나님은 서로를 사랑하심으로 창세 전부터 행복하셨습니다. 이 행복과 사랑은 오직 하나님만 누리시던 것이었지요. 하나님께서 당신의 흘러넘치는 행복과 영광을 드러내기 위해 세상을 창조하셨지만, 세상 역시 이 복을 누리도록 허용하시지는 않았습니다. 그분은 영화롭고 아름다운 천사를 만드셨지만, 천사에게도 이 복을 누리도록 허용하시지 않았습니다(히 1:5, 13).

오직 예수 그리스도 안에 있는 자기 백성에게만 이 복을 허용하셨습니다. 예수 그리스도를 믿어 그 안에 있는 사람이 누리는 것이 무엇인지 아십니까? 성부 하나님이 성자 하나님을 사랑하시는 것과 똑같이 그들은 성부 하나님의 사랑을 누립니다. 그들이 성자 하나님 곧 예수님의 이름으로 기도할 때, 성부 하나님은 그들의 기도를 예수께서 기도하시는 것처럼 들으십니다. 그들이 범죄하여도 예수님의 중보 사역 때문에 그들의 죄를 보지 않으시고, 그들이 행하지 않은 예수님의 선행을 그들의 것으로 여겨 주십니다. 성령 하나님은 이 가운데 교통의 영이 되셔서, 우리로 하여금 하나님과 더불어 기쁘게 교제할 수 있도록 함께하십니다. 이것은 관념적이라기보다는 체험적이어서, 누구든 그리스도 안에서 하나님을 경험하는 체험을 구한다면 얻을 수 있습니다!

주 예수 그리스도의 은혜와 하나님의 사랑과 성령의 교통하심이 너희 무리와 함께 있을지어다(고후 13:13).

예배가 끝날 때 이 말씀을 들어 보셨을 것입니다. 보통 목사가 이 말씀을 사용하여 성도들을 축복하는데, 이것을 가리켜 '축도◆'라고 부릅니다. 예전에 제가 어렸을 때 목사님이 축도를 하시고 모두가 눈을 감고 있으면, 그 시간이 예배가 끝나는 시간이라 생각하고 축도가 끝나자마자 부리나케 도망치

◆ 축도(祝禱, benediction) 사실상 '축도' 또는 '축복기도'보다는 '강복선언'(降福宣言)이라는 표현이 더 적절하다. 왜냐하면 단순히 복을 빌어 주는 기도가 아니라, 삼위 하나님의 복을 선포하고 들으며 즐거워하는 행위이기 때문이다. 보통 고린도후서 13:13을 듣지만 민수기 6:24-26 말씀을 듣기도 한다. "여호와는 네게 복을 주시고 너를 지키시기를 원하며, 여호와는 그의 얼굴을 네게 비추사 은혜 베푸시기를 원하며, 여호와는 그 얼굴을 네게로 향하여 드사 평강 주시기를 원하노라." 여기에도 '여호와'가 세 번 등장하는데, 역시 삼위 하나님을 암시한다. 따라서 강복선언이 말하는 진정한 복은 삼위 하나님과의 교제다.

곤 했습니다. 그 시절 목사님이 "축도를 받지 않고 집에 가면 복을 받지 못한단다"라고 말씀하셨는데, 어쨌든 복은 받고 집에 가야 했으니까요. 저는 축도의 복이 건강이나 부요함, 공부 잘하는 것 등의 복이라고 생각했습니다.

하지만 여기서 말하는 복은 그러한 복이 아닙니다. 오히려 그보다는 비교할 수 없는 하나님과의 교제를 말합니다. 사도 바울은 지금 이렇게 말하고 있는 것입니다. "죽으시고 부활하신 그리스도의 은혜를 통해, 그리고 우리로 하여금 성부 하나님과 교제하게 하시는 성령 하나님의 능력으로, 너희들은 모두 사랑이신 하나님을 누릴 수 있다! 누구든지 오라! 누구든지 그리스도 안에 있는 자들은 삼위 하나님과 더불어 교제할 수 있다!" **하나님의 가족이 되는 것**, 하나님과 더불어 교제하는 것, 이것이야말로 성경이 말하는 복의 절정입니다! 우리가 복음 안에서 누리는 모든 것이 다 이 복을 향하고 있습니다.

그리스도 안의 새로운 가족들이여! 인간은 아담 안에서 모든 것을 잃어버렸습니다. 하지만 새로운 아담이신 그리스도 안에서 더 많은 것을 누립니다. 우리의 구원은 그저 우리가 아담의 타락 이전 상태로 회복되는 것이 아니라 그 이상이 되는 것입니다. 17세기 청교도였던 아이작 왓츠의 노래를 들어 보십시오.

그리스도 안에서 아담의 후손들은 자랑하는구나.
그들의 조상이 잃어버렸던 것보다 더 많은 복을'¹⁹

8장 돌아보기

- 예수께서 이 땅에 오신 것은 그저 우리를 지옥에서 건지기 위함이 아니라, 넘치도록 풍성한 은혜를 베풀기 위해서였다. 이러한 풍성한 은혜를 알지 못하면 우리는 가난한 신앙생활을 하게 된다(배에 탄 청년의 예 참조).

1. 그리스도와 함께 의롭다고 여김받음

- 하나님께서는 그리스도를 믿는 사람들을 의롭다고 여기신다. 이것을 '칭의'라고 부른다.
- 칭의는 우리가 실제로 의로워지는 것을 의미하지 않는다. 우리는 여전히 연약하고 죄를 짓는 사람들로 남아 있다. 그러나 하나님께서 우리 모두를 그리스도께서 의로우신 만큼 의롭다고 선언하신다.

2. 그리스도와 함께 거룩해짐

- 그렇다면 우리가 의롭다고 인정되었으니 마음껏 죄를 짓고 살아도 되지 않겠는가? 바울은 "그럴 수 없느니라"(롬 6:1)고 대답한다.
- 그리스도를 믿는다는 것은 그분과 연합했다는 의미다. 이것을 쉽게 이해하는 비유는 결혼이다. 결혼한 이후에 배우자 외의 다른 사람과 교제하는 것이 잘못된 것이듯, 믿은 후에 죄에 빠져 살아가는 것은 잘못된 것이다.
- 참된 믿음을 가진 사람들은 성령님의 능력으로 거룩함의 열매를 맺는다. 인격적으로 더 하나님을 닮아가게 되고, 하나님의 말씀을 즐겁고 기쁜 것으로 받아들인다.

3. 그리스도 안에서 확신하게 하심

- 신자가 의를 행하기도 하고 죄를 짓기도 한다면, 신자는 어떻게 구원받은 것을 확신할 수 있는가?
- 바울은 "그리스도 예수 안에" 있는 우리에게 결코 정죄함이 없다고 말하며 하나님께서 우리를 보호하신다고 알려 준다(롬 8:1).
  첫째, 성부 하나님은 우리를 구원하시기 위해 미리 정하시고 계획하셨다. 그분은 우리를 "미리 아셨고", "미리 정하셨으며", "부르시고", "의롭다 하셨고", "영화롭게 하셨"다(롬 8:29-30). 우리를 위해 아들을 내주신 분이 무엇을 아끼시겠는가?

둘째, 성령 하나님은 우리를 돌보시고 우리 안에서 우리를 위해 간구하신다. 그분은 우리의 연약함을 보시며 탄식하시고(롬 8:26), 그분의 간구로 인하여 우리는 보호받고 승리하게 될 것이다.

셋째, 성자 하나님 역시 우리를 위해 간구하고 계신다. 사람들은 예수께서 죽으시고 부활하신 다음에 천국에서 아무 일도 안 하고 계시고 있다고 생각하지만, 그분은 우리를 위해 기도하고 계신다. 이러한 주님의 중보 때문에 우리는 영광스러운 승리의 마지막을 경험하게 될 것이다.

- 우리의 행동을 보면 우리는 확신할 수 없지만, 우리를 위해 일하시는 삼위 하나님의 사역을 볼 때 우리는 안전하다는 것을 확신할 수 있다(롬 8:38-39).

4. 그리스도 안에서 자녀 삼아 주심

- 이것이야말로 하나님께서 베푸시는 은혜의 절정이다. 판사가 무죄 평결을 내렸다고 해서 피고가 판사의 집으로 가서 아들로서의 모든 특권을 누리는 것은 아니다. 그러나 하나님께서는 우리를 거룩하고 의롭다고 선언하실 뿐 아니라, 우리에게 자녀의 신분을 주신다.

- 이는 성자께서 성부를 아버지라고 부르시며 사랑을 받으시듯, 우리 역시 성부 하나님을 즐거워하고 기뻐하며 특권을 누린다는 것이 다. 성령 하나님은 성자와 성부 간에 교제의 영이 되시듯, 우리와 성부 간에 교제의 영이 되셔서 그분을 아빠 아버지라 부르게 하신다(롬 8:15).

5. 삼위 하나님과의 교제

- 다른 어떤 창조물도 누리지 못한 이 복을 하나님께서는 그리스도 예수 안에 있는 자들에게 주신다. 구하는 자들에게 성령님은 얼마든지 이 복을 체험하게 하신다.

- 보통 우리가 축도라고 부르는 고린도후서 13:13은, 삼위 하나님만이 누리시던 영원한 교제 안으로 우리를 초대하신 것이다. 그리스도를 믿는 사람들은 그리스도 안에서 **새로운 가족**이 되는 것이다!

나눔을 위한 질문

1. 성부 하나님께서는 예수님을 믿는 사람들을 정죄하실 수 없습니다. 왜 그렇습니까?(204-205쪽 참조)

2. "이제 믿는 사람이 되어 의롭다고 칭함받았으니, 마음껏 죄를 지어도 되지 않느냐"는 생각은 왜 잘못된 것입니까?(207-209쪽 참조, 특히 필립 얀시의 말)

3. 우리의 구원을 안전하게 하시기 위해 삼위 하나님은 무슨 일을 행하십니까?(213-217쪽 참조, 롬 8장)

4. 성부 하나님께서 우리를 자녀 삼아 주시는 복이 칭의의 복과 다른 점은 무엇입니까?(220쪽 참조, 특히 싱클레어 퍼거슨의 말)

5. 고린도후서 13:13의 말씀을 읽어 봅시다. 예배 시간에 보통 축도로 사용되는 이 말씀의 진정한 의미는 무엇입니까?(225-226쪽 참조)

9

행복 안에 계속 머무르기

하나님이 복음이다

지금까지 우리가 살펴본 이야기들을 우리는 복음^{福音}이라고 부릅니다. 이는 헬라어 '유앙겔리온'^{εὐαγγέλιον}을 번역한 단어인데, 사전적으로 '기쁜 소식'[1] 또는 '좋은 소식'을 의미합니다. 그렇다면 지금까지 배운 것을 복습도 할 겸 다음의 질문에 답해 봅시다. "복음은 왜 기쁜 소식 혹은 좋은 소식입니까? 복음의 무엇이 좋습니까?" 속으로 한번 대답해 보십시오.

어떤 대답을 하셨습니까? 당신은 복음이 죄 사함을 주기 때문에, 혹은 지옥과 하나님의 형벌로부터 우리를 건져 주기 때문에, 또는 복이나 평안이나 기쁨 등을 주기 때문에 좋다고 말씀하셨는지도 모르겠습니다. 자, 그러면 여러 가지 대답을 품고서 다음의 말씀을 읽어 봅시다.

그리스도께서도 단번에 죄를 위하여 죽으사 의인으로서 불의한 자를 대신하셨으니 이는 우리를 **하나님 앞으로 인도하려 하심이라.** 육체로는 죽임을 당하시고 영으로는 살리심을 받으셨으니(벧전 3:18).

본문은 뭐라고 말합니까? 그리스도께서 십자가에서 죄인을 위해 죽으시고 부활하신 이유는 바로 "우리를 하나님 앞으로 인도하려 하심"에 있다고 말합니다. 성경에서 말하는 복음의 궁극적 선 곧 복음이 우리에게 주는 가장 좋은 선물은 하나님 자신입니다. 그래서 존 파이퍼는 이렇게 말합니다. "하나님이 복음이다. 다시 말해, 좋은 소식을 좋게 하는 것은 바로 하나님 자신이다. 다른 어떤 것도 복음을 좋은 소식으로 만들지 못한다. 하나님은 좋은 소식을 좋게 하는 궁극적이며 가장 좋은 선물이다."[2]

심지어 죄 사함과 칭의, 성화, 확신 등의 좋은 소식도 복음의 가장 좋은 것이 아닙니다. 왜 우리는 죄를 용서받아야 할까요? 누군가는 이 질문에 "천국 가기 위해서요"라고 대답할 것입니다. 그렇다면 왜 우리는 천국에 가야 할까요? 그곳이 그저 좋은 곳이기 때문일까요? 먹을 것, 입을 것, 잘 곳 걱정 없고 모든 근심과 평안과 고통이 사라지기 때문일까요? 물론 천국은 그렇듯 좋은 곳이기는 합니다. 하지만 성경의 인물들은 그렇게 생각하지 않았습니다. "하늘에서는 주 외에 누가 내게 있으리요. 땅에서는 주 밖에 내가 사모할 이 없나이다"(시 73:25)라고 말했지요.

만일 천국에 가더라도 그곳에 하나님이 계시지 않고 그분과의 교제를 누릴 수 없다면, 그곳은 좋은 곳이 아니며 기쁜 소식도 아닙니다. 차라리 지옥이라 하더라도 하나님의 사랑을 누릴 수 있다면 그곳이 천국일 것입니다. 그래서 사실상 하나님을 사랑하지 않는 사람들에게는 천국이 아무런 쓸모가 없는데, 이는 참된 믿음은 하나님을 향한 사랑을 낳기 때문입니다. 우리가 사랑으로 구원을 얻는 것이 아니라 믿음으로 구원을 얻지만, 믿음은 늘 사랑을 낳습니다(갈 5:6).

예전에 교회를 오래 다닌 한 형제와 상담을 한 적이 있습니다. 그는 모태신앙이었고, 대학 시절까지 열심히 교회에서 활동하다가 직장에 다니고 있었습니다. 그의 삶에는 하나님과의 관계가 전혀 없었는데, 그의 관심은 오직 돈과 명예, 승진, 권력, 좋은 차, 좋은 집, 휴가, 오락, 스포츠 등에 있었습니다. 물론 이러한 것들이 나쁜 것은 아닙니다. 하지만 그의 관심사는 이것들 외에는 없었지요. 그는 일주일에 한 번 교회에 가서 예배를 드리기는 했지만, 그 외에는 기도도 성경 읽기도 하지 않은 채 믿지 않는 사람처럼 살아가고 있었습니다. 놀랍게도 그는 구원을 확신하고 있었는데, 제 생각에는 좀 충격

요법이 필요해 보였습니다(물론 너무 센 말이긴 했지만요).

"선생님, 제 생각에는 선생님은 구원을 확신하시면 안 될 것 같습니다."
—"뭐라고요? 그게 무슨 말입니까?"

그는 크게 화를 내면서 자신은 교회에 꽤 오래 다녔으며, 한때 봉사나 전도도 했고, 하나님께서 살아 계신 것도 확실히 믿고 있다고 말했습니다. 정말 많이 흥분한 상태였습니다. 그래서 제가 말했습니다.

"저는 선생님이 기뻐할 줄 알았는데요."(인정합니다. 제가 비꼬는 투였습니다. 상담을 이런 식으로 하면 안 됩니다. 아무튼)
—"기뻐하다니요? 내가 왜 구원 못 받는다는 말을 듣고 기뻐하겠습니까?"
"선생님은 시간이 없어서 기도나 성경 읽기를 하지 않는다고 했습니다. 주말엔 쉬고 싶기 때문에 성도들과 교제하고 싶지 않고, 주일 예배는 매번 지루해합니다. 하나님과의 교제도 없고, 하나님의 말씀도 듣지 않고, 당연히 그 말씀을 행하지 않습니다. 그렇다면 왜 천국에 가려고 하십니까? 천국에서는 선생님이 싫어하는 그것들밖에 없습니다."

―"뭐라고요?"

"천국에서 누리는 기쁨은 지금 선생님이 기뻐하는 것과 거리가 멉니다. 그곳에서 성도들은 하나님께 예배하고 기도하며 찬송하고 높이는 일로 떨 듯이 기뻐합니다. 나중에 요한계시록을 주의 깊게 읽어 보십시오. 온통 예배, 예배, 예배입니다. 천국은 물질이나 쾌락보다 하나님을 더 사랑하는 사람들만이 즐거운 곳입니다. 그런 곳은 선생님께 적합한 곳이 아닙니다."

복음으로 우리가 누리는 기쁨은 하나님과의 교제입니다. 더 정확히 말하자면, 성자 하나님의 중보 안에서 성령 하나님의 도우심을 통해 성부 하나님을 만나는 것이지요. 예수 그리스도께서는 우리가 전에 즐기던 것을 계속 즐기면서 지옥에만 가지 않도록 하기 위해 십자가에 못 박혀 죽으신 것이 아닙니다. 오히려 전에 즐기던 것을 버리고 하나님을 즐거워하도록 십자가에서 죽으시고 부활하신 것이지요. 복음은 하나님을 사랑하는 사람들이 누리고 즐거워하는 기쁜 소식입니다. 지옥은 싫지만 죄는 사랑하며, 하나님은 싫지만 천국은 좋아하는 그런 사람이 갈 곳이 아닙니다. 그래서 19세기 목회자 J. C. 라일은 그러한 사람을 향해 "천국의 기쁨은 당신이 바라는 기쁨과 다릅니다. 천국의 행복은 당신이 맛볼 수 있는 행복이 아닙니다. 천국에서 하는 일은 당신을 오히려 지

치게 하고 당신의 마음에 부담이 될 것입니다. 너무 늦기 전에 회개하고 돌이키십시오!"라고 말합니다.[3]

천국은 삼위 하나님과 영광스러운 교제를 나누는 곳입니다. 본래 삼위 하나님만 누리시던 영원한 기쁨과 만족이 모든 그리스도인에게 개방되고 충만하게 흘러넘칩니다. 하나님의 사랑과 그리스도의 은혜와 성령님의 교제하게 하심이 신자들에게 흡족하고 충분하게 공급될 것입니다. 조나단 에드워즈는 이러한 완성된 하나님 나라의 비전을 이렇게 묘사합니다.

> 천국에는 영원한 삼위일체 하나님의 사랑의 샘이 개방되어 있어서, 어떠한 장애도 없이 이 샘으로 나아갈 수 있습니다. 천국에서는 이 영광스러운 하나님이 충만한 영광 가운데서 사랑의 빛으로 나타나시며 비춰십니다. 천국에는 사랑의 원천이 흘러넘쳐 사랑과 기쁨의 시내와 강을 이루어 모든 사람이 마시며 헤엄칠 수 있습니다. 그렇습니다. 사랑이 흘러넘쳐 사랑의 바다를 이룹니다.[4]

바로 이러한 이유 때문에 우리 하나님은 참으로 사랑이십니다. 그분이 만일 자신이 가진 것들을 주시기는 하지만 자신을 주시지 않는다면, 참으로 사랑이신 분은 아닐 것입니다. 하지만 그분은 무엇보다 자기 자신을 베풀어 주십니다. 이러한 사랑의 하나님은 다른 종교, 예를 들어 이슬람교에서는 상상하지 못합니다. 아래는 이슬람에서 사용하는 『하디스』(예언자 무함마드의 전승록)의 일부입니다.

> 낙원에 들어갈 첫 무리는 보름달같이 (빛날) 것이다.……그들의 마음은 마치 단 한 사람의 마음 같을 것인데 그들 가운데 아무 불화도 없을 것이며, 모두가 각각 두 아내를 가질 것인데 아내들은 저마다 아름답고 순결하며 투명하여 그들 다리뼈의 골수가 살결을 통과하여 보일 것이다. 그들은 주야로 알라를 영화롭게 할 것이고 결코 병에 걸리지 않을 것이며, 코를 풀지 않을 것이고 침도 뱉지 않을 것이다.[5]

이러한 천국이 기쁜 곳일까요? 심지어 『하디스』에서의 천국은 72명의 순결한 처녀 아내를 제공한다는 구절도 있습니다.[6] 이러한 천국은 남녀 차별적이라는 의미에서도 무의미하고 비윤리적이지만, 더 나아가서 그다지 기쁜 곳이 아니라는 차원에서도 수준 낮은 천국입니다. 미녀들과 함께하는 기쁨이야 누리겠지만, 신과 함께하는 기쁨은 누릴 수 없기 때문이지요. 지금도 아랍의 부호들은 돈만 쓴다면 얼마든지 이런 천국을 누릴 수 있습니다. 게다가 이슬람교의 신은 사랑이 아닌 것이 분명한데, 그는 자신이 가진 것을 줄 생각은 있을지언정 자신을 줄 생각이 없기 때문입니다.

그러나 우리 하나님은 자신을 베푸십니다. 우리를 그리스도 안에 있게 하셔서 본래 하나님의 위격들끼리 누리시던 그 완벽하고 위대한 사랑을 우리 역시 누리게 하십니다. 삼위 하나님의 새로운 가족이 되었다는 것은 얼마나 위대한 일인지요! 하나님께서는 이보다 더 큰 은혜를 우리에게 주실 수 없습니다. 하나님보다 더 큰 것이 없기 때문입니다. 그래서 사도 요한은 탄성을 내지릅니다. "보라, 아버지께서 어떠한 사랑을 우리에게 베푸사 하나님의 자녀라 일컬음을 받게 하셨는가"(요일 3:1).

> 가까이, 하나님께로 더욱 가까이
> 그러나 더 가까이 갈 필요는 없네.
> 하나님의 아들 안에서
> 나는 성자만큼 하나님께 가까이 있기에.
>
> 소중한, 하나님께 너무 소중한
> 그러나 더 소중할 수는 없네.
> 하나님이 성자를 사랑하는 그 사랑으로
> 나를 사랑하시기에.[7]
> — 케이츠비 패짓

하지만 이러한 하나님과의 교제는 천국에서만 가능한 것이 아닙니다. 하나님께서는 우리로 하여금 이 땅에서도 하나님을 보고 맛볼 수 있도록 하셨습니다. 물론 그것은 천국에서 누리는 완전한 기쁨보다는 희미하고 작겠지만, 험난한 이 세상에서의 삶을 기쁨으로 채울 만큼은 충분히 베풀어집니다. 하나님께서는 삼위 하나님과 누리는 교제를 위해 많은 것들을 선물해 주셨는데, 여기서는 무엇보다 개인적으로 누릴 수 있는 두 가지 방편◆을 소개하고자 합니다.

하나님의 말씀 읽기

하나님의 말씀인 성경이야말로 하나님과 더불어 교제할 수 있는 가장 중요한 방편입니다. 즉 우리는 성경을 읽을 때(또는 듣거나 묵상할 때) 삼위 하나님의 교제 안으로 들어갑니다. 그렇다면 이러한 교제가 어떻게 일어나는지에 대하여 잠시 살펴봅시다.

첫째, 성경은 하나님의 말씀입니다. 성경은 쉬지 않고 하나님의 자녀들에게 성경을 읽으라고 권하는데, 이는 성경이 우

◆ **방편** 하나님의 은혜가 베풀어지는 통로. 하나님께서는 인간 편의 어떤 노력이나 공로를 조건으로 은혜를 베푸시는 것이 아니지만, 은혜를 주시는 통로를 정해 놓으시고 그것을 통해 은혜를 베푸신다. 말씀, 기도, 성례, 교회생활(특히 권징)은 이러한 은혜의 방편이다.

리를 하나님과의 교제 가운데로 이끌기 때문입니다. 성경은 다양한 시대에 다양한 저자들이 쓴 66권 책들의 묶음이지만, 모든 저자가 이 책을 쓸 때 하나님께서는 그 내용을 불어넣어 주셨습니다. 그래서 성경은 "모든 성경은 하나님의 감동으로 된 것"(딤후 3:16)이라고 말합니다.

이것은 모든 성경이 완전히 진리라는 것을 의미합니다. 성경은 하나님의 말씀이기에 전혀 오류가 없습니다. 이는 하나님께서 거짓말을 하실 수 없기 때문입니다(히 6:18). 물론 어떤 분들은 과학이나 고고학, 철학 등이 성경의 진실성과 모순을 발견했다고 믿을 수도 있겠지만, 사실상 그러한 이슈들은 모두 성경 내에서 일관적 변증이 가능합니다. 게다가 만일 성경이 하나님의 말씀이면서 동시에 거짓이 있다면, 하나님께서 거짓말을 하신다는 끔찍한 결론에 이르게 되지요. 또는 성경에 거짓이 있고 따라서 하나님의 말씀도 아니라고 한다면, 하나님을 알 수 있는 길이 사라지고 맙니다. 하나님은 자신을 우리에게 나타내 주실 의도가 없으셨던 것이고, 하나님을 알려는 우리의 모든 노력은 헛될 뿐이지요. 하지만 감사하게도 성경은 하나님의 말씀이며, 진리이기에 오류가 없습니다. 그래서 시편 19편을 기록한 시인은 이렇게 노래합니다.

여호와의 율법은 완전하여 영혼을 소성시키며

여호와의 증거는 확실하여 우둔한 자를 지혜롭게 하며

여호와의 교훈은 정직하여 마음을 기쁘게 하고

여호와의 계명은 순결하여 눈을 밝게 하시도다.

여호와를 경외하는 도는 정결하여 영원까지 이르고

여호와의 법도 진실하여 다 의로우니

금 곧 많은 순금보다 더 사모할 것이며

꿀과 송이꿀보다 더 달도다(시 19:7-10).

하지만 여기서 이런 의문이 생길 것 같습니다. "성경이 진리이고 하나님의 말씀이라는 것을 성경으로 증명하다니, 이건 순환논법의 오류 아닌가?" 순환논법이란 이런 것입니다. 제가 "이정규는 탁월한 지성을 가지고 있다"고 주장했다고 합시다. 그러면 사람들이 물어보겠지요. "당신이 정말 그렇게 똑똑하다면, 어디 한번 증명해 보십시오." 그런데 그 말을 듣고 제가 이렇게 대답합니다. "아, 방금 말했잖아요. 제가 탁월한 지성을 가지고 있다고."

이건 입증이 아니라 주장을 되풀이한 것에 불과합니다. 이렇게 생각하면 성경으로 성경을 증명하는 것은 잘못되어 보입니다. 그렇다면 어떻게 증명해야 할까요? 예를 들어, 제가 졸업했던 대학교나 신학대학원의 성적표를 가져와서 입증한다든지(생각만 해도 끔찍합니다), 저를 지도했던 교수님의 증언을 들어 본다든지 하는 것이지요(그건 더욱 끔찍하군요). 성적이 좋다거나 교수님의 증언이 제가 뛰어난 지성을 가지고 있다는 내용이라면 대부분 고개를 끄덕일 것입니다.

하지만 성경의 권위는 다릅니다. 성경은 최고의 권위이며 하나님의 말씀입니다. 그런데 만일 성경을 고고학이나 생물학과 같은 것으로 증명한다면, 이미 성경은 증명을 위해 다른 권위에 호소해야 하는 더 낮은 권위가 되고 맙니다. 따라서 최종적이고 최고의 권위는 스스로 증명할 수밖에 없습니다. 그래서 네덜란드의 탁월한 신학자 헤르만 바빙크는 "기초 원리(성경의 권위)의 진리는 논증될 수 없고 다만 인정될 수 있을 뿐이다. 기초 원리는 다른 것이 아닌 스스로에 의해 신뢰된다. 기초 원리의 근원은 존재할 수 없고 탐구될 필요도 없다"고 말합니다.[8]

따라서 성경을 읽을 때 우리는 순수하고 완전한 하나님을 만날 수 있습니다. 그래서 성경을 믿지 않는 것은 하나님을 믿지 않는 것이고, 성경을 불순종하는 것은 하나님을 불순종하는 것입니다. 성경을 읽고 들을 때 우리는 실제로 하나님을 만나는 것입니다! 그래서 아우구스티누스는 우리가 성경에 대하여 의심을 품는 경우에 대하여 이렇게 말합니다. "이 책[성경]의 저자가 진리를 드러내지 못했다고 말할 필요가 없고, 사본에 오류가 많다든지, 해석자가 잘못했다든지, 당신이 이해하지 못하는 것이라고 말해야 한다."[9]

둘째, 성경은 그리스도에 관한 책입니다. 모든 성경은 성자 하나님에 대하여 말하고 있습니다. 그래서 예수님 스스로도 "너희가 성경에서 영생을 얻는 줄 생각하고 성경을 연구하거니와 이 성경이 곧 내게 대하여 증언하는 것이니라"(요 5:39)고 말씀하십니다. 이는 예수님에 대하여 직접적으로 말하고 있는 신약성경뿐 아니라 구약성경 역시 마찬가지입니다. 이미 위의 말씀에서 예수께서 언급하신 '성경'도 구약성경이고요. 구약성경은 모두 예언, 모형, 계시적 사건, 법규 등을 통해 그리스도의 인격과 가르침, 사역, 죽음과 부활을 말해 주고 있습니다.[10]

예수께서는 부활하셨을 때, 그분의 죽음 때문에 근심 가운데 있는 두 제자들을 붙드시고 "모세와 모든 선지자의 글로 시작하여 모든 성경에 쓴 바 자기에 관한 것을 자세히 설명"(눅 24:27)하셨습니다. 또한 이후에 다른 제자들을 향해 나타나셨을 때도 "모세의 율법과 선지자의 글과 시편에 나를 가리켜 기록된 모든 것이 이루어져야 하리라"(눅 24:44)고 말씀하셨지요. 여기서 예수께서 말씀하신 '모세의 율법', '선지자의 글', '시편'은 구약성경 전체를 가리키는 표현입니다.[11]

구약성경을 힘써 읽어 보십시오. 당신은 아담과 관련한 이야기를 읽으면서도, 결국 우리의 새로운 대표이자 완벽한 새 아담인 예수 그리스도를 보게 될 것입니다. 아브라함에 관한 이야기를 읽으면서도, 결국 아브라함이 바랐던 그리고 바라야 했던 바로 그 구주가 예수 그리스도를 가리킨다는 것을 알게 될 것입니다. 이스라엘 백성에게 있던 다양한 왕들을 보며 우리는 우리가 섬기는 모든 왕이 결국은 연약하고 죄악으로 가득 차 있다는 것을 깨닫고 절망하게 될 것입니다. 심지어는 다윗과 같은 선한 왕이라 하더라도 말입니다. 그러나 구약성경은 메시아가 오실 것을 기다립니다. 강하고 능력 있지만 선하고 아름다운 진짜 왕 말입니다!

구약 후반부의 여러 선지서들을 읽는다면, 하나님의 뜻대로 살기를 간절히 바라는 선지자들과, 우상숭배와 죄악으로 얼룩진 백성의 대립을 보게 될 것입니다(특히, 예레미야를 읽어 보십시오). 심지어 선지자들은 하나님의 뜻을 전하는 자신조차도 그 뜻을 행하지 못하는 죄인이라는 것을 깨닫고 절망합니다. 그러나 그 절망은 오히려 소망으로 이어지는데, 죄와 사탄의 세력에 대항하여 승리하실 메시아를 바라보게 하기 때문입니다! 그 메시아는 그리스도요, 구약성경은 온통 그리스도로 가득합니다.[12]

신약성경 역시 그리스도로 가득합니다. 그리스도는 네 복음서(마태복음, 마가복음, 누가복음, 요한복음)의 중심 내용이며, 이후의 책들 역시 마찬가지로 그리스도에 관한 책입니다. 여러 저자들이 신약 교회에 쓴 여러 편지들은 모두 예수 그리스도가 무슨 일을 하셨으며 그 의미가 어떤 것인지 상세하게 설명하고 있습니다. 게다가 사도들의 이야기처럼 보이는 사도행전 역시, 사실상 승천하셔서 사도들을 통해 지금 만물을 다스리고 있는 예수 그리스도에 관한 책입니다.[13] 그래서 존 스토트는 지혜롭게도 이렇게 조언합니다. "성경을 소유하는 것, 읽는 것, 사랑하는 것, 공부하는 것, 아는 것으로는 충분하지 않습니다. 우리는 성경의 그리스도가 우리 삶의 중심이신지 자문해 보아야 합니다. 그렇지 않다면 우리의 성경 읽기는 전부 무익합니다. 성경은 바로 이 목적을 위한 수단이 되려고 쓰인 책이기 때문입니다."[14]

셋째, 성경은 성령님의 도움으로 읽으며, 성령님을 만나게 합니다. 또한 성령님께서 쓰신 책이기도 합니다! 물론 66권의 성경은 다양한 인간 저자에 의해 쓰였지요. 그래서 문체나 서술 방식, 장르 등에서 각각 개성을 가지고 있습니다. 이는 성경이 쓰인 방식이 기계적이지 않다는 것을 알려 줍니다. 예를 들어, 하나님께서 저자들에게 내용을 불러 주시면 저자들이 받아 적기만 한 것이 아닙니다. 오히려 저자들은 치밀하게 조사하고 연구하며 내용을 수집하고 편집했습니다.

그러나 그 모든 과정에서 성령님은 저자들 안에서 일하셨습니다. 하나님의 가장 깊은 것까지도 통달하신 성령님은(고

전 2:10) 예수께서 가르치고 말씀하신 모든 것을 사도들에게 생각나게 하셨습니다(요 14:26). 불완전한 성경의 저자들은 그저 주의 깊게 단어와 문장을 써 내려갔을 뿐이지만, 성령님께서 그 과정을 통제하고 인도하시며 오류를 막아 주셨습니다. 저자들은 성령의 손이었으며, 엄밀히 말하면 저자가 아닌 단지 기록자들일 뿐이었습니다. 성경의 저자는 하나님뿐입니다. 성경은 전능하신 하나님이 그분의 피조물에게 보낸 편지입니다.[15]

그렇기 때문에 성경은 인간의 능력으로 읽어내고 이해할 수 있는 책이 아닙니다. 기록자들에게 영감을 주셔서 성경을 쓰게 하신 성령님은, 성경을 읽는 우리에게 읽은 것을 깨닫게 하십니다. 그래서 예수께서는 제자들에게 "진리의 성령이 오시면 그가 너희를 모든 진리 가운데로 인도하시리니 그가 스스로 말하지 않고 오직 들은 것을 말하며 장래 일을 너희에게 알리시리라"(요 16:13)고 말씀하시지요. 이는 예수님의 제자들뿐 아니라 성경을 읽는 우리에게도 역시 적용되는 말씀입니다. 우리가 성경을 주의 깊게 읽고 묵상◆할 때, 하나님의 성령께서는 기쁨으로 우리를 가르치실 것입니다!

◆ **묵상** 하나님의 말씀인 성경을 문맥과 의미를 따져 이해하고, 깊이 생각하며 자주 암송하여 말씀을 체화시키는 일이다.

또한 하나님은 우리가 하나님의 말씀을 들을 때 성령을 보내 주십니다. 바울은 갈라디아 교회에 보낸 편지에서 이렇게 묻습니다. "너희에게 성령을 주시고 너희 가운데서 능력을 행하시는 이의 일이 율법의 행위에서냐 혹은 **듣고 믿음**에서냐"(갈 3:5). 당연히 그 대답은 듣고 믿음으로 인함입니다. 존 파이퍼는 이렇게 말합니다. "들음이란 단어에 주목하라. 이것은 말씀이 선포되었다는 것을 암시한다. 바울은 하나님의 말씀을 전했다. 이제 그는 이렇게 상기시킨다. '믿음으로 말씀을 듣는 것이 너희가 성령을 받는 수단이다.'"[16] 즉 성경을 읽고 들을 때 우리 영혼 안에는 성령님이 주시는 기쁨과 능력으로 충만하게 될 것입니다!

지금까지 배운 것을 정리해 볼까요? 결국 성경을 읽는 것은 삼위일체 하나님과의 교제로 우리를 이끌어 갑니다. 성경은 하나님의 말씀이고, 그리스도에 관한 말씀이며, 성령의 능력으로 기록되었고, 성령의 가르치심과 인도하심으로만 읽을 수 있으며, 읽을 때 성령님은 우리 안에 충만하게 거하십니다. 그래서 존 스토트는 이렇게 말합니다. "성경은 하나님으로부터 오고, 그리스도를 중심으로 하며, 성령의 영감을 받은 책이지요. 따라서 성경에 대한 가장 좋은 정의 역시 삼위일체적입니다. 성경은 성령을 통한 아들에 대한 아버지의 증언인 것입니다."[17]

복음이 주는 가장 좋은 선물은 하나님 자신입니다. 그리고 성경을 읽을 때, 우리는 살아 계신 삼위 하나님과의 교제로 빠져 들어갑니다. 이 책을 읽고 이 책을 설명하는 설교를 들으며 우리는 그리스도를 보게 되고, 성령님은 읽고 듣는 것을 깨닫게 하시며, 결국 우리는 그리스도 안에서 하나님을 만나게 됩니다. 이 책을 가까이 하십시오. 조금 인내심이 필요하기는 하겠지만, 이 책을 가까이할수록 당신은 하나님과 가까워질 것입니다. 이 책을 이해하는 것은 지성에 깨달음을 주며, 이 책을 통해 하나님을 만나는 것은 마음에 기쁨을 넘치게 하고, 이 책을 순종하는 것은 의지에 만족을 줄 것입니다.[18]

하나님께 기도하기

많은 사람들이 기도를 자판기와 같이 여깁니다. '기도'라는 행위를 하면 자동으로 하나님께서 '응답'이라는 선물을 내려 주실 것이라고 생각합니다. 물론 우리 주님께서는 "너희가 내 안에 거하고 내 말이 너희 안에 거하면 무엇이든지 원하는 대로 구하라. 그리하면 이루리라"(요 15:7)고 말씀하셨습니다. 이는 하나님의 뜻에 합한 것을 구하는 신자들의 기도를 들으신다는 의미입니다.[19] 따라서 우리의 죄악을 따라서 기도하면 응답하지 않으십니다(약 4:3).

하지만 기도는 '간구-응답'이라는 개념 이상의 의미를 가지고 있습니다. 그것은 바로 하나님의 교제로부터 출발합니다. 저는 '우리와 하나님의 교제'라고 말하지 않고 '하나님의 교제'라고 말했습니다. 기도는 근본적으로 하나님의 교제가 그 기원입니다. 이런 질문을 한번 던져 볼까요? "누가 가장 먼저 하나님과 말했을까요?"[20] 아마 아담이라고 대답할지도 모르겠습니다. 하지만 아래의 말씀을 읽어 봅시다.

> 하나님이 이르시되 우리의 형상을 따라 우리의 모양대로 우리가 사람을 만들고 그들로 바다의 물고기와 하늘의 새와 가축과 온 땅과 땅에 기는 모든 것을 다스리게 하자 하시고 (창 1:26).

이미 2장에서 살펴보았지만, 여기서 '우리'는 바로 성부, 성자, 성령 곧 삼위 하나님을 가리킵니다.[21] 하나님은 지금 혼잣말을 하시는 것이 아닙니다. 한 분이신 세 위격은 서로 의논하고 계십니다. 성경신학자인 그레엄 골즈워디는 본문을 통해 이렇게 말합니다. "하나님은 다른 어떤 것이 존재하기 전에 그분 자신 안에서 말씀하시는 분이며, 어떠한 인간이 존재하기 전에 성부 하나님과 대화하신 분은 성자 하나님이시다. 창조 전에 성부 하나님께 말씀하신 분, 하늘에 계신 아버지께 말씀하신 성자 하나님은 기도의 실상을 이해하는 초점이다."[22] 보십시오. 하나님께 가장 먼저 말한 존재는 하나님입니다!

여기서 우리는 예수께서 성부 하나님께 기도하신다는 신비로운 사실을 다시 한 번 생각해 볼 수 있습니다. 예수께서는 그분의 삶 내내 기도하셨습니다. 그분은 습관적으로 기도하셨고(눅 22:39), 또한 간절히 기도하시기 위해 광야까지 찾아가시기도 했습니다(눅 5:16).[23] 그분은 기도를 가르치실 뿐 아니라 친히 기도의 모범이 되셨습니다! 심지어 히브리서를 쓴 저자는 그분의 기도를 "심한 통곡과 눈물로 간구와 소원을 올"리는 기도라고 말하기도 합니다(히 5:7). 누가는 그분의 기도를 가리켜 "힘쓰고 애써 더욱 간절히 기도하시니 땀이 땅에 떨어지는 핏방울같이" 될 정도로 기도하셨다고 말합니다(눅 22:44).

이는 신비로운 일입니다. 하나님께서 하나님을 향해 이토록 간절히 기도하시다니요! 성자 하나님은 성부 하나님을 향해 기도하셨고, 이는 창세 전부터 이루어졌던 일입니다. 우리는 창세 전에 하나님께서 무엇을 하고 계셨는지 정확히 알지 못하지만, "아버지께서 창세 전부터 나를 사랑하시므로"(요 17:24)라는 예수님의 말씀을 따라 생각해 볼 수 있습니다. 성부와 성자, 성령 하나님은 서로 간의 무한한 신뢰와 사랑을 바탕으로 즐거운 교제를 나누고 있었고, 사실상 이것이야말로 기도의 원형입니다.

이것은 예수께서 우리에게 가르치신 기도를 이해하는 데 중요한 실마리가 됩니다. 우리 구주께서는 제자들에게 "그러므로 너희는 이렇게 기도하라"(마 6:9)는 말씀을 시작으로 기도를 가르치셨습니다. 이것이 오늘날 교회에서 암송하는 주기도문이지요.

> 하늘에 계신 **우리 아버지여**, 이름이 거룩히 여김을 받으시오며 나라가 임하시오며 뜻이 하늘에서 이루어진 것같이 땅에서도 이루어지이다. 오늘 우리에게 일용할 양식을 주시옵고 우리가 우리에게 죄지은 자를 사하여 준 것같이 우리 죄를 사하여 주시옵고 우리를 시험에 들게 하지 마시옵고 다만 악에서 구하시옵소서. 나라와 권세와 영광이 아버지께 영원히 있사옵나이다. 아멘(마 6:9-13).

나중에 이 기도를 깊이 공부해 보시면 큰 도움이 될 것입니다. 여기서는 기도에 대한 가장 중요한 지점을 짚어 보는 정도에서 만족하려 합니다. 우리 주님께서는 제자들에게, 그리고 우리에게 "하늘에 계신 **우리 아버지여**" 하고 기도를 시작하라 명하십니다. 성자 하나님께서 성부 하나님께 '아버지여'라고 부르며 교제하듯, 우리에게도 역시 '아버지여'라고 부르며 교제를 시작하라고 말씀하시는 것입니다! 즉 삼위 하나님만 누리시던 교제 안에 우리 역시 들어가 함께 교제하는 것이 바로 기도입니다. 삼위 하나님의 교제는 기도의 원형이며, 우리가 삼위 하나님과 더불어 하는 교제가 기도라는 것이지요.

기도는 그리스도의 십자가로 인해 우리에게 주어진 선물입니다. 우리는 두렵거나 무서운 절대자 또는 전능자에게 우리의 공로를 바치려 기도하는 것이 아닙니다. 정성을 바쳐서 신을 감동하게 하려는 것도 아닙니다. 마치 자녀가 아버지에게 필요한 것을 달라고 구하듯 다가가는 것입니다. 이것은 주고받는 거래가 아닙니다. 오히려 필요한 것이 생겨 아버지를 의지하는 자녀의 신뢰와, 자녀를 잘 알고 현재 필요한 것을 늘 기쁘게 공급하려고 하는 아버지의 사랑이 있습니다. 따라서 기도는 하나님의 호의를 사려고 하는 행동이라기보다는, 이미 그리스도 때문에 하나님의 호의를 받은 사람의 교제입니다.

우리는 성자 하나님의 죽음과 부활을 통해 자녀의 신분을 얻었습니다. 성령 하나님은 우리에게 그 사랑을 깨닫게 해주시고 우리를 "아빠 아버지여!"라고 부르짖게 하십니다. 우리는 그 신분 안에서 얼마든지 필요한 것을 구하라고 요구받습니다. 선하신 우리 아버지는 우리 자신보다 우리에 대하여 더 잘 알고 계시기 때문에, 필요한 것을 공급하실 뿐만 아니라 우리가 우리 죄에 이끌려 필요하지도 않은 것을 구할 때 거절하기도 하십니다. 마치 아이가 위험한 칼을 달라고 할 때 아버지가 거절할 때와 같이 말입니다.

그 가운데 자녀가 얻는 것은 하나님과의 교제입니다. 예를 들어 보겠습니다. 제가 청소년기에 부모님은 모두 일을 하셨기 때문에 늘 바쁘셨습니다. 그 가운데서도 두 분은 늘 헌신적으로 저를 돌보려 하셨지만 자주 부모님과 함께 있지는 못했습니다. 부모님은 용돈을 늘 넉넉하게 주셨는데, 그럼에도 불구하고 저는 월말이 되기 전에 다 써 버리곤 했습니다. 그래서 용돈이 필요하면 슬금슬금 아버지에게 다가가 돈이 필요하다고 말씀드렸습니다. 그러면 아버지는 받았던 돈을 다 어디 썼냐고 꾸짖으신 다음 저를 앉혀 놓고 이런저런 이야기를 하셨습니다. 요즘 어떻게 지내는지 물어보기도 하셨고요. 그때 제게 필요한 것은 오직 돈이었기 때문에 몇십 분 동안 나누었던 대화가 그리 즐겁지는 않았습니다. 그럼에도 아버지는 인내심을 가지고 저와 대화를 이어 나가셨고, 대화가 끝나면 항상 3만원 정도의 용돈을 주시곤 하셨지요. 그러면 저는 돈을 받자마자 곧바로 집밖으로 뛰어나갔고요.

자, 생각해 봅시다. 저는 아버지와 30분 정도 대화를 나눈 대가로 3만원을 벌어들인 것일까요? 그럴 리 없습니다. 아버지께서 제게 용돈을 주신 것은 거래나 대가가 아니었으니까요. 그렇다면 제가 대화를 거부하고 "대화 따윈 필요 없고 용돈이나 달라니까요"라고 말했다면 아버지가 용돈을 주셨을까요? 그랬을 리 없습니다. 그러면 우리는 이렇게 물어볼 수 있습니다. "용돈을 준 것이 대화 때문도 아니고, 그렇다고 대화를 하지 않았다면 용돈을 줄 리 없다니. 그렇다면 대화는 왜 하는 겁니까?"

왜 하는 것일까요? 그것은 아버지와의 교제를 위해서입니다. 아버지는 그 순간만이라도 아들과 교제하고 싶으셨던 것입니다. 용돈을 주신 것은 제 노동의 대가가 아닙니다. 오히려 값없이 받은 은혜의 선물이지요. 저와 아버지의 부자 관계 때문에 말입니다. 어릴 때는 그러한 생각까지 하지 못하고 그저 돈이나 바라지만, 나이가 들고 철이 들면 아버지에게 용돈을 드리면서라도 아버지와 더불어 교제하기를 바라기 마련입니다. 마찬가지입니다. 우리가 기도하는 이유는 하나님과 더불어 교제하고 누리기 위함이고, 기도가 깊어지고 하나님과의 교제가 즐거워지면 우리가 구하고 갈망하는 것 이상으로 하나님을 갈망하게 됩니다.

그래서 우리가 예수 그리스도 안에서 기도할 때(이것이 '예수님의 이름으로 기도합니다'라는 말의 의미입니다), 우리는 기쁘게 성부 하나님을 아버지라 부르게 됩니다. 성령께서는 우리의 기도를 도우시고 힘을 불어넣어 주십니다. 우리가 무릎을 꿇고 겸손히 하나님을 찾을 때, 하나님은 우리의 기도를 들으시고 **당신 자신과 교제하게** 하십니다. 우리는 기도하라는 초대와 함께, 삼위 하나님 안에서 그분과 더불어 기뻐하라는 초대를 받습니다. 이 놀라운 초대 안에서 우리는 점점 기도해서 받는 응답보다 기도 자체를 즐거워하게 됩니다. 그렇습니다! **기도의 가장 큰 선물은 기도 그 자체**인 것입니다.

말씀으로 기도하며 하나님 누리기

우리는 하나님의 말씀을 듣고, 읽고, 묵상하며 삼위 하나님을 만납니다. 그리고 기도라는 놀라운 특권으로 하나님의 교제 안으로 들어갑니다. 신자는 죄짓기 전의 아담이 받은 특권보다 더 많은 특권을 더 낫게 누립니다. 심지어 우리가 죄를 범했고, 또한 지속적으로 죄를 짓고 있는데도 말이지요! 하나님의 교제 안으로 초대하는 그분의 열심과 사랑은 변치 않고 열정적이어서, 그리스도를 믿는 누구도 결코 잃지 않으실 것입니다. "나를 보내신 이의 뜻은 내게 주신 자 중에 내가 하나도 잃어버리지 아니하고 마지막 날에 다시 살리는 이것이니라"(요 6:39).

하나님의 말씀을 듣고, 읽고, 묵상하십시오. 그리고 하나님께 하나씩 필요한 것을 구하되, 무엇보다 하나님 자신을 구하십시오. 그분과의 신비롭고 아름다운 교제를 누리게 해달라고 간구하십시오. 가장 좋은 방법은 하나님의 말씀인 성경으로 기도하는 것입니다. 존 파이퍼의 설명을 들어 봅시다.

기쁨을 위한 싸움에서 주된 기도 방법은 하나님의 말씀으로 기도하는 것이다. 다시 말해, 말씀을 읽거나 암송한 후 그 말씀을 기도로 바꾸는 것이다. (당연히 나를 포함해서) 대부분의 사람들은, 한 순간이라도 아무것도 보지 않은 채 의미 깊은 영적 갈망을 하나님께 올려 드릴 수 있을 정도로 강한 정신력을 소유하고 있지 않다. 내가 생각하기에는 언제나 그런 것 같다. 하나님께 집중하며 그리스도를 높이는 방법으로 몇 분 이상 기도하기 위해서는 성령의 도움이 필요한데, 성령은 그분의 감동으로 기록된 말씀을 통해 돕기를 좋아하신다.[24]

이러한 방식은 기도에 몰입하게 해줄 뿐 아니라, 우리가 기도하는 내용이 하나님의 뜻이라는 것을 확신하며 기도에 임할 수 있도록 도와줍니다. 특히 시편을 사용하여 기도하십시오. 예수님과 사도들도 시편을 사용하여 기도했고, 그들의 기도를 하나님께서 기뻐 받으시며 즐거워하셨습니다.

그리스도 안에서 하나님을 즐거워합시다! 성령께서는 언제든지 당신을 도우실 것입니다. 삼위 하나님의 교제 안으로 들어갑시다. 그것은 당신이 천국에 갈 때까지 미루어져 있지 않습니다. 지금 하나님의 말씀과 겸허한 기도라는 방편을 통해 누릴 수 있도록 제공되었습니다. 하나님의 사랑과 그리스도의 은혜, 성령님의 교제가 당신에게 펼쳐져 있습니다!

9장 돌아보기

1. 하나님이 복음이다
- 복음은 무엇을 선물로 주는가? 복음이 주는 가장 좋은 선물은 하나님 자신이다.
- 복음을 듣고 믿는 것이 단지 지옥에 가지 않는 수단이고, 하나님을 기뻐하거나 원하지 않는다면, 그를 위한 기쁜 소식은 없다. 복음으로 우리가 누리는 기쁨은 하나님과의 교제다.
- 그렇다면 우리는 어떻게 하나님과의 교제를 누리고 기뻐하는가? 그러한 방편은 무엇인가?

2. 하나님의 말씀 읽기
- 성경을 읽고 듣는 것이야말로 하나님을 만나는 중요한 방편이다. 다음과 같은 성경의 특성 때문에 우리는 성경을 읽을 때 하나님과 더불어 교제한다.
  첫째, 성경은 한 점 거짓도 오류도 없는 하나님의 말씀이다. 그 자체로 최고의 권위이기 때문에 우리는 완전한 하나님을 만날 수 있다.
  둘째, 성경은 그리스도에 관한 책이다(요 5:39). 신약성경뿐 아니라 예수님이 오시기 전에 기록된 구약성경 역시, 결국은 예수 그리스도에 대해 가르치고 있다.
  셋째, 성경은 성령님의 도움으로 읽어야 하며, 또한 성령님을 만나게 하는 책이다. 성령님은 저자들 안에서 일하셔서 하나님의 말씀을 생각나게 하고 깨닫게 하셨다. 성경의 저자들이 글을 쓸 때, 성령님께서 그 과정을 통제하시고 인도하시며 오류를 막아 주셨다. 그렇기 때문에 성경은 인간의 능력으로 이해할 수 있는 책이 아니다. 우리가 성경을 주의 깊게 읽고 묵상할 때, 하나님의 성령께서는 기쁨으로 우리에게 읽는 것을 가르치신다.
- 정리하자면, 결국 성경을 읽는 것은 삼위일체 하나님과의 교제로 우리를 이끌어 간다는 것이다. 성경은 하나님의 말씀이고, 그리스도에 관한 말씀이며, 성령의 능력으로 기록되었고, 성령의 가르치심과 인도하심으로만 읽을 수 있으며, 읽을 때 성령님은 우리 안에 충만하게 거하신다.

3. 하나님께 기도하기

- 기도는 원하는 것을 구하면 응답이 툭 튀어나오는 자판기와 같은 것이 아니다. 오히려 기도는 하나님과의 교제다. 그리고 기도의 기원에는 '하나님의 교제' 곧 삼위 하나님이 본래 누리시던 교제가 있다. 우리는 우리가 하나님께 기도하는 것만 생각하지만, 실제로 하나님께 가장 먼저 말씀하시던 분은 하나님이다(창 1:26).
- 예수께서는 성부 하나님께 "아버지여!"라고 부르며 늘 간절히 기도하셨다. 그러한 예수께서 우리에게 "하늘에 계신 우리 아버지여!"라고 부르며 기도하라고 가르치신다. 즉 삼위 하나님만 누리시던 교제 안에 우리 역시 들어가 함께 교제하는 것, 그것이 바로 기도다.
- 우리는 필요한 것을 구하고 응답을 받는다. 그렇다고 우리가 기도한 것이 어떤 공로가 되어 응답을 받는 것은 아니다. 오히려 자비로우신 하나님의 은혜 때문이다. 그렇다고 기도를 하지 않아도 응답을 받는 것은 아니다. 그렇다면 왜 기도하는가? 하나님과 더불어 교제하기 위해서다.

4. 말씀으로 기도하며 하나님 누리기

- 하나님과의 교제를 지금 누리기 위한 가장 좋은 방법은 말씀을 사용하여 기도하는 것이다. 이는 우리를 끈질기게 기도에 몰입할 수 있도록 도와주고, 우리가 기도하는 내용이 하나님의 뜻이라는 것을 확신하며 기도할 수 있게 해준다.

나눔을 위한 질문

1. 하나님을 원하지는 않지만 지옥만은 피하고 싶은 마음이 참된 신앙일 수 있습니까?(236-237쪽 참조)

2. 이슬람의 천국과는 달리 성경이 약속하는 복음의 궁극적 선물은 무엇입니까?(238-239쪽 참조)

3. 성경이 하나님의 말씀이라는 사실을 성경으로 증명한다면 일종의 순환논법일 것입니다. 그럼에도 이러한 입증이 정당한 이유는 무엇입니까?(242-244쪽 참조)

4. 성경을 읽는 것이 어떻게 삼위 하나님과의 교제로 우리를 이끌어 갑니까?(249쪽 참조)

5. 기도의 원형은 무엇입니까?(251쪽 참조)

6. 기도의 가장 중요한 목적은 무엇입니까?(254-256쪽 참조)

▶ 요한복음 17장을 읽어 보시면, 다음 장을 이해하는 데 도움이 됩니다.

IV 새로운 가족

10

하나님의 행복한 가족으로

"하나님은 사랑이십니다." 사실 우리는 지난 9주 동안 이 한 가지 진리를 이해하기 위해 힘썼습니다. 우리는 하나님께서 그분의 사랑 때문에 행하신 모든 일을 배움으로 하나님을 알아갑니다. 지금까지 배웠던 것을 다시 정리해 보겠습니다.

1. 하나님은 본질적으로 사랑이십니다. 그래서 창세 전부터 성부, 성자, 성령 하나님께서 서로 사랑하셨습니다. 하나님은 영원토록 행복하신 분입니다.
2. 사랑으로 풍성하신 하나님은 그분 안에서 터져 나오는 넘치는 사랑과 영광으로 인해 세상을 창조하셨습니다. 그 세상은 완전하신 하나님께서 보시기에 좋았습니다. 행복한 하나님이 만드신 행복한 세상이었지요.

3. 그러나 인간은 하나님의 사랑과 선하심을 의심하여 그분께 반역하고 타락했습니다. 이 때문에 인간과 인간, 인간과 세상, 인간과 하나님의 관계가 깨어지고 불행이 찾아왔습니다.
4. 의로우신 하나님은 인간을 형벌하기로 하셨고, 인간은 죄에 대한 형벌을 받을 뿐만 아니라 죄를 좋아하는 마음을 품고 비참하게 살게 되었습니다.
5. 사랑이신 하나님은 인간이 지은 죄를 대속하도록 독생자를 보내기로 계획하셨습니다. 독생자이신 성자 하나님은 인간이 당해야 하는 죄와 형벌을 대신하여 죽으시고 부활하셨습니다.
6. 부활하신 그리스도 안에서, 그리스도를 믿는 신자들 모두는 하나님의 사랑을 다시 회복합니다. 그 안에 모든 좋은 선물이 들어 있습니다.
7. 무엇보다 그리스도를 믿는 사람들이 받는 가장 좋은 선물은 하나님 자신입니다. 우리는 그리스도 안에서 말씀이나 기도를 통해 하나님과 교제함으로 삼위 하나님과의 즐거운 교제를 누립니다.

하나님을 누리는 이 즐거운 복은 아직 도두 우리에게 주어지지 않았습니다. 우리는 이 땅에서 하나님을 온전히 누리는 것이 아니라, 그저 맛볼 뿐입니다. 그래서 사도 바울도 "우리가 지금은 거울로 보는 것같이 희미하나 그때에는 얼굴과 얼굴을 대하여 볼 것이요 지금은 내가 부분적으로 아나 그때에는 주께서 나를 아신 것같이 내가 온전히 알리라"(고전 13:12)고 말합니다. 우리는 하나님과 마치 얼굴과 얼굴을 대하는 것처럼, 하나님과 하나가 되어 조건 없이 그분의 사랑에 흠뻑 젖게 될 것입니다.[1]

하나님이 우리에게 사랑을 명하시다

우리 구주께서 십자가를 지시기 직전, 제자들을 향한 그분의 사랑은 감정적으로도 심히 복받쳐 올랐습니다. 그래서 사도 요한은 이렇게 말하지요. "유월절 전에 예수께서 자기가 세상을 떠나 아버지께로 돌아가실 때가 이른 줄 아시고 세상에 있는 **자기 사람들을 사랑하시되 끝까지 사랑하시니라**"(요 13:1). 사랑으로 넘치는 예수님의 마음은 그분으로 하여금 제자들을 섬기게 했습니다. 제자들로부터 섬김을 받는 것이 아니라, 그분이 직접 섬기기 시작하셨지요. 예수께서는 수건을 가져다가 허리에 두르시고 대야에 물을 떠서 제자들의 발을 씻으시고 수건으로 닦아 주십니다(요 13:4-5). 이는 정말 놀라운 일이었는데, 당시 발을 씻는 것과 같은 더러운 일은 일반적으로 종 가운데서도 가장 비천한 종에게 맡겨진 일이었기 때문이었지요.[2] 예수께서는 그렇게 사랑의 본을 보이신 뒤에 제자들과 이후의 모든 그리스도를 믿는 사람들을 향해 이렇게 말씀하십니다.

> 새 계명을 너희에게 주노니 서로 사랑하라. 내가 너희를 사랑한 것같이 너희도 서로 사랑하라. 너희가 서로 사랑하면 이로써 모든 사람이 너희가 내 제자인 줄 알리라(요 13:34-35).

우리 구주께서는 우리를 사랑하셨습니다. 그러나 그분이 우리에게 주신 것은 그뿐이 아닙니다. 그분은 우리에게 서로 사랑하라는 계명 역시 주셨습니다! 우리를 사랑하시는 하나님께서 우리에게 주신 이 계명은 단순한 윤리가 아닙니다. 타 종교에도 있는 "그러니 그저 친하게 잘 살아 보세" 정도의 명령도 아닙니다. 오히려 이 명령 안에는 큰 기쁜 소식이 들어 있습니다. 이 계명의 특징을 세 가지 정도로 추려서 설명해 보겠습니다.

첫째, 이 계명은 예수께서 주신 또 다른 행복한 선물입니다. 이 말을 꼭 붙잡으십시오. 하나님께서 우리를 사랑하신다는 소식은 기쁘고 행복한 선물인 반면, 우리가 서로를 사랑해야 한다는 소식은 힘든 의무이고 고통이라고 생각하지 마십시오. 전혀 그렇지 않습니다! 인간은 사랑을 받기만 할 때 행복한 존재가 아닙니다. 사랑해야 할 대상을 발견하여 그 대상을 향해 온 열정과 시간과 에너지를 쏟을 때 비로소 살아 있음을 느끼는 존재입니다. 그리스도께서는 당신의 사랑을 받아 기쁜 무리들을 모으시고, 그들로 서로 사랑하게 하심으로 기쁨을 더하십니다! 서로 사랑하라는 계명은 그래서 행복한 선물입니다.

둘째, "내가 너희를 사랑한 것같이"라는 표현을 주의 깊게 살펴보십시오. 여기서 우리는 또 다른 측면의 기쁜 선물이 있다는 것을 알게 됩니다. 우리 구주께서 단순히 세상에서 말하는 수준의 사랑을 요구하시는 것이 아닙니다.[3] 오히려 **하나님이 하시는, 하나님 수준에서 하시는 일을 우리에게 요구하시며, 하나님의 사역에 우리를 동참시키십니다!** 이러한 높은 수준의 요구는 우리를 괴롭히기 위한 것이 아니라, 오히려 우리에게 가장 명예롭고 위대한 일을 요구하셨다는 측면에서 기쁜 선물입니다. 마치 오랫동안 최고의 교육과 훈련과 돌봄을 받은 군인이 최고 수준의 특명을 받았을 때 그것을 영광으로 여기는 것처럼 말이지요!

셋째, 이 계명을 기쁘게 순종하는 사람들이야말로 참된 그리스도인입니다. 성경에서 '제자'라고 부르는 말은 좀 더 훈련받고 수준 높은 '슈퍼 그리스도인'을 말하는 것이 아닙니다.[4] 오히려 예수 그리스도를 믿는 참된 그리스도인들을 지칭하는 성경에서 가장 흔한 용어입니다.[5] 그래서 신약학자 D. A. 카슨은 "이러한 인격적 명령에 대한 근본적 순종이 없는 정통신앙은 그저 사기^{humbug}에 불과하다"고[6] 말하지요.[7]

무엇보다 이 명령이 좋은 소식인 이유는, 내가 이 명령에 순종하지 않더라도 이 명령에 순종하는 사람들과 함께 있다면, 나는 지속적으로 최고의 사랑을 받을 수 있다는 점에 있습니다. 이 말이 좀 얌체같이 느껴지시나요? 물론 그렇습니다. 사랑을 받기보다 먼저 사랑을 행할 생각을 해야겠지요. 그러나 모두가 그러한 생각을 품고 살아가는 공동체가 있다면, 우리는 때로 우리가 실패할 때도 사랑을 받을 수 있을 것이고 서로를 의지할 수 있을 것입니다. 이러한 사랑의 명령을 지키는 공동체가 있다면 그야말로 죄악된 이 세상에 유일한 구원일 것이고, 감사하게도 하나님께서는 직접 그러한 구원을 세우셨습니다. 그리고 우리는 그 공동체를 교회라 부릅니다.

교회, 하나님의 사랑 안에 머무는 법

교회는 예수 그리스도를 믿는 사람들이 그저 서로 외로움을 달래는 모임이 아닙니다. 교회를 세우신 분은 우리 구주 예수 그리스도십니다! "내가 이 반석 위에 내 교회를 세우리니……"(마 16:18). 게다가 예수께서는 이 교회를 지극히 사랑하셨는데, 심지어 교회를 자신의 신부라고까지 표현하십니다

(엡 5:25, 계 21:2, 9). 그중 (제가 생각하기에) 가장 아름다운 표현은 우리 구주께서 교회의 '머리'라고 표현하는 본문입니다.

> 그를 만물 위에 교회의 머리로 삼으셨느니라. 교회는 그의 몸이니 만물 안에서 만물을 충만하게 하시는 이의 충만함이니라(엡 1:22-23).

교회는 예수 그리스도의 몸입니다! 그분은 머리로서, 우리의 운동 능력과 인지력을 공급하고, 그럼으로 생명과 방향성을 부여합니다.[8] 무엇보다 그분이 머리시고 교회가 몸이라는 사실은 우리 구주와 교회가 분리될 수 없는 하나임을 강조합니다. 예를 들어 봅시다. (끔찍한 상상이지만) 제가 손이 잘려 나갔다고 합시다. 그렇다면 손이 '나'입니까? 아니면 잘려 나간 손 외의 나머지 부분이 '나'입니까? 누구나 나머지 부분이 '나'라고 말할 것입니다. 발이나 다리는 어떻습니까? 팔은요? 모두 '나머지 부분'이지요.

그렇다면 머리는 어떻습니까? (역시 끔찍한 상상이지만) 머리가 잘려 나가면 어느 쪽도 자신이 '나'라고 주장할 수 없습니다. 그냥 그 사람은 죽어 버리고 맙니다! 머리와 몸은 불가분의 관계에 있으며, 서로가 없이는 존재하지 않습니다. 본문을 자세히 보십시오. 예수께서 교회의 머리라는 것만 말하는 것이 아닙니다. 교회 역시 그의 몸이라고 말하고 있습니다. 만일 예수께서 교회의 머리이신 점만 말하는 것이라면, 바울의 강조점은 그저 교회의 주인이 예수님이라는 이야기일 뿐입니다. 그러나 바울은 23절에서 서둘러 교회도 그분의 '몸'이라고 말합니다.[9]

예수께서는 교회에 절대적으로 소중합니다. 하지만 그것이 끝이 아닙니다. 교회도 예수님께 너무나 소중합니다. 머리와 몸이 불가분의 관계이듯, 서로는 절대적으로 필요합니다. 물론 그리스도께서 교회 없이는 행복하시지도, 완전하시지도 않는다고 오해할 필요는 없습니다. 그러나 세우신 교회를 향한 그분의 사랑은 '내 몸'이라고 말씀하실 정도로 완전히 연합되어 있다고 선언하실 정도입니다!

그렇다면 교회는 무엇입니까? 교회는 그리스도인의 공동체입니다. 교회는 모이는 장소를 가지고 있지만 건물이 아니고, 제도와 조직을 가지고 있지만 제도와 조직 자체도 아닙니다. 교회는 한편으로 역사 가운데 그리스도를 믿는 모든 신자의 총합을 가리키며, 다른 한편으로 지역 곳곳에 흔히 흩어져 무리를 이루고 있는 신자들의 모임을 가리킵니다. 전자는 후자보다 완전하고 거룩하지만, 전자는 늘 후자를 통해 우리에게 나타납니다.

그러므로 믿는 신자들은 교회 그 자체, 곧 교회의 구성원입니다. 그렇지만 교회는 신자들에게 주어진 하나님의 선물이기도 하지요. 믿는 사람들의 공동체 안에서 하나를 이루고 있는 것은 신자들에게 절대적으로 필요합니다. 신자들은 이 공동체에서 하나님에 대하여 배우고, 양육을 받으며, 돌봄과 섬김을 받습니다. 하나님께서는 개인적으로 그리스도인들을 만나시지만, 통상적으로 신자들의 모임인 교회의 예배를 통해서 만나 주십니다. 그래서 장 칼뱅은 "하나님께서는 그분을 아버지로 섬기는 자들에게 교회를 어머니로 주셨다"고[10] 말합니다. 그렇다면 교회는 어떻게 신자들을 섬길까요?

첫째, 교회는 신자들에게 하나님의 말씀을 지속적으로 공급해 줍니다. 교회에는 하나님의 말씀을 오랫동안 읽고 이해하며 누린 사람들이 모여 있고, 특별히 이 일에 헌신된 직분자인 목사가 있습니다. 목사는 하나님의 말씀을 읽고 이해하며 설명하는 일에 능숙하게 훈련된 사람이며, 신자들을 위한 간절한 기도와 사랑을 가지고 복음을 전해 줍니다. 그는 가르칠 뿐 아니라 질문에 대한 답을 해줄 것이고(아마 이 『새가족반』을 인도하고 있을지도 모르겠군요!), 당신이 스스로 하나님의 말씀을 읽고 이해하는 데 도움을 줄 것입니다. 신자들은 이러한 교회의 섬김을 통해 하나님을 만납니다.

둘째, 교회는 예배를 통해 하나님을 직접적으로, 또한 교제를 통해 하나님을 간접적으로 만날 수 있도록 돕습니다. 교회의 신자들은 연약하고 죄를 짓지만, 서로를 사랑하는 마음으로 기도하고 권면하며 함께 천국을 향해 걸어갑니다. 신자들은 죄를 각자 해결하는 것이 아니라 공동체적으로 저항합니다. 그러한 시도에 하나님께서는 복을 주셔서 죄를 이기고 하나님을 사랑하게 하십니다. 그리고 무엇보다 이러한 신자들이 진리와 성령의 도우심 안에서 행하는 예배를 기쁘게 받으시며 자신을 나타내십니다. 성찬은 이러한 하나님의 돌봄을 잘 나타내 주는 성례◆로서, 우리를 먹이고 돌보시는 하나님의 사랑을 상징적으로 표현하며, 영적 복을 받는 수단이 됩니다.

셋째, 무엇보다 교회에는 적절한 제도와 직분이 있어서 신자들을 실제적으로 돕습니다. 장로들은 신자들의 신앙을 살필 뿐만 아니라, 세상을 살아가면서 어려운 일이 있거나 괴로운 일이 있을 때 위로와 격려를 주어 돕습니다(교회마다 이 역할을 장로가 아닌 다양한 사람들이 하기도 합니다). 또한 집사들은 교회 내의 행정과 사무를 관할하며 물질적인 어려움을 가진

◆ **성례(聖禮, sacrament)** 하나님께서 자기 백성들을 위해 주신 사랑을 깨닫고 생각나게 하는 의식이다. 이는 하나님의 말씀이 가르쳐 주는 하나님의 은혜를 눈에 보이는 방식으로 깨닫고 알게 한다. 성례가 시행될 때 성령님은 그 의미를 깨닫고 경험할 수 있도록 일하시고, 신자는 이를 통해 은혜를 받는다. 성경이 말하는 성례는 성찬과 세례 두 개뿐이다.

사람들을 구제하는 일을 맡습니다. 이러한 직분자들이 우리 주께서 명령하신 대로 "내가 너희를 사랑한 것같이 너희도 서로 사랑하라"(요 13:34)는 계명에 힘을 다해 순종할 때, 교회는 사랑의 나라인 천국을 미리 맛보는 공동체가 됩니다.

넷째, 무엇보다 신자들은 교회에서 사랑을 행할 장(場)을 얻게 됩니다. 예를 들어, 누군가 예수 그리스도를 믿기는 하지만 교회 공동체에 소속되어 있지 않다고 합시다. 또는 마치 극장에 가듯 교회에 예배를 보고(?) 오기만 할 뿐 공동체와 상관없이 살아간다고 합시다. 그는 "내가 너희를 사랑한 것같이 너희도 서로 사랑하라"는 계명을 순종하는 것이 불가능합니다. 사랑할 대상인 '서로'가 없기 때문입니다! 이것은 우리 구주를 향한 노골적 무시입니다. 공동체 안에 있으면서 사랑을 하지 않거나 누군가를 미워한다면 우리가 연약해서 그렇다는 변명이라도 할 수 있지만, 아예 공동체 밖에 존재한다면 주님의 명령을 지킬 생각도 없다고 말하는 것과 같기 때문입니다.

즉 우리는 교회 안에 거함으로 사랑을 하며, 사랑을 받습니다. 따라서 무엇보다 하나님의 사랑을 가장 깊이 누릴 수 있는 방법은 하나님의 가족 안에 계속 머물러 있는 것입니다. 교회는 하나님의 사랑을 누릴 수 있는 방법 정도가 아닙니다. 어쩌면 하나님의 사랑 그 자체입니다! 하나님께서는 교회를 통해서 당신의 사랑을 공급하시고 베풀어 주십니다. 이는 개인적으로 말씀을 읽고 기도하는 것 이상입니다. 하나님은 당신을 하나님의 가족으로 입양하셨고, 그 가족 안에 머물러 있으라고 하십니다.

그러나 지상 교회는 불완전하다

하지만 마음속으로 이러한 생각이 들지 모르겠습니다. "당신이 말하는 교회의 이상은 참 멋지군요. 하지만 제가 보는 현실 교회는 전혀 딴판이던데요." 네, 때로는 그렇게 보일 것입니다. 설교는 길고 지루하며, 예배는 쓸데없고 자잘한 순서로 가득하고, 사람들은 뭔가 가식적이고 이기적으로 보일 것입니다. 그들이 서로에게 쓰는 '형제님' 혹은 '자매님'과 같은 호칭은 닭살이 돋고 우스꽝스럽게 느껴지기도 합니다. 주일에 한 번만 모이면 되지 이런저런 명목으로 모임은 왜 그렇게 많은지 의문스러울 것이고요. 그리고 이곳 사람들은 '권면'이라는 명목하에 모임 참여와 여러 활동들을 은근히 강요하는 느낌마저 듭니다! 점점 내 자유를 빼앗아 가려고 말이지요.

하지만 이러한 오해들은 교회 활동들의 진정한 의미를 알게 된다면 차츰 이해하게 될 것이고, 더 나아가서는 즐거워하게 될 것입니다. 설교에서 다루는 주제들은 때로 너무나도 중요하지만 영적인 내용이라서, 집중하여 깊이 생각하고 듣지 않으면 직관적으로 이해되지 않는 경우가 많습니다. 이천 년의 긴 교회사 가운데 사람들은 성경을 사용하여 어떻게 예배를 바르게 하나님께 드려야 하는지를 고민했고, 그 결과물이 바로 우리가 행하는 예배입니다. 교회의 사람들은 죄인이지만 의롭게 살아야 한다는 생각을 가지고 있기에, 때로는 "뭐야, 난 그냥 죄인이니 죄짓고 살래"라고 쿨하게 말하는 사람보다 가식적으로 보일 것입니다. '형제'와 '자매'는 우리가 그리스도와 더불어 형제와 자매가 되었다는 기쁜 소식을 반영하는 용어입니다. 사랑하는 연인이 일주일에 한 번만 만나면 된다는 생각을 하지 않듯, 서로 사랑하는 교회는 일주일에 한 번만 만나자고 말할 수 없지요. 진리를 아는 사람들은 때로 우리가 행하지 않지만 꼭 행해야 하는 일을 권면하려는 마음을 포기할 수 없고, 그것은 때로 강요처럼 보이는 권면으로 나타나기도 합니다. 모든 사람이 아주 세련되게 당신을 설득해야 한다고 생각하는 것은 때로 지나친 욕심일 수 있고요.

하지만 이건 어떨까요? 세상의 기준으로조차 도저히 이해되지 않는 목회자와 교회 구성원들의 범죄 말입니다. 성범죄를 저질러 놓고 회개하지 않는 일이라든지, 교인들 모두의 재산을 사유화하는 일, 마치 북한 세습 정권처럼 교회를 세습한다든지, 국민의 의무이자 특권인 근로소득세조차 내지 않으려는 모습은 삼위 하나님의 사랑으로 충만한 공동체라기보다는 일종의 이익집단, 또는 교양도 윤리도 없는 비상식적 집단처럼 보입니다.

저 역시도 이러한 교회의 모습에 대해 부끄러움과 반성을 느낍니다. 또한 교회가 자기 자신부터 먼저 살펴보며 세상에 회개를 외쳐야 한다는 생각도 듭니다. 개인적인 이야기를 하는 것을 용서해 주시기 바랍니다. 저는 목사이고, 제가 목사로 교회를 위해 봉사하기로 결심한 이유 역시 이렇듯 처참한 교회의 현실과 무관하지 않았습니다. 저는 '기존의' 한국교회가 가지고 있던 한계를 제도적·신학적으로 극복하고, 세상에서도 윤리적으로 본이 되는 행복한 공동체를 세우리라는 소망에 불탔습니다. 그리고 야심차게(!) 교회를 개척했지요.

교회를 세우고 섬긴 지 이제 7년이 되어가는 지금, 자신감은 훨씬 줄고 자괴감은 더 늘었습니다. 물론 우리 교회는 그동안 한국교회가 가지고 있던 적폐들을 해소하려 노력했고, 그중 어떤 요소들은 그럴듯한 모양을 갖추기도 했습니다. 강해설교와 성경공부를 최우선순위에 두었고, 교회의 재정을 투명하게 공개했으며, 목회자에게만 쏠린 권한을 분산하기 위한 시스템도 만들었습니다. 또한 일 중심적 교회 행사를 없애고 예배와 나눔과 교제 중심으로 정착하게 하려고 노력했으며, 건전한 상식이 통하도록 민주적 절차와 정관도 만들어 놓았습니다.

하지만 문제는 더 깊은 곳에 있었습니다. 우리는 하나님께 의롭다고 인정받은 사람들이지만, 여전히 죄인이라는 것이지요. 죄의 영향력은 끔찍하고 파괴적이며 광범위해서, (이미 여러 번 이야기했지만) 우리의 악행뿐 아니라 좋은 의도의 행동 안에서도 끊임없이 작용했습니다. 때로 우리의 선행은 이기심과 교만, 게으름과 자기자랑으로 더럽혀졌고(저 자신이 가장 그랬습니다), 그것은 교회 안팎의 많은 사람들에게 상처와 괴로움을 남겼습니다. 아직 7년이 채 되지 않은 역사 가운데도 우리 교회는 많은 상처를 가지고 있습니다.

게다가 교회는 항상 참된 믿음이 있는 그리스도인으로만 구성되지 않습니다. 교회 안에는 교회의 문화와 언어, 삶에 적응하기만 했지 참되게 믿음을 가지지 못한 사람들도 많이 있고, 이러한 사람들('명목상의 그리스도인'이라고 합시다)을 늘 명료하게 구분하는 것은 거의 불가능합니다. 더 나아가 명목상의 그리스도인들 중에는 목사가 있을 수도 있습니다. 그래서 사도 바울조차 "믿음 안에 있는가 너희 자신을 시험하고 확증하라"(고후 13:5)고 말하지 않습니까! 이러한 사실은 저 자신조차 등골을 서늘하게 합니다. 저는 보통 강단에서 죄에서 돌이켜 그리스도를 따르라고 설교하지만, 보통 우리 교회에서 가장 설교를 열심히 들어야 하는 사람은 저 자신인 경우가 많습니다.

그럼에도 불구하고 감사한 것은, 하나님께서는 이 와중에도 늘 신실하게 일하셨다는 것입니다. 저를 필두로 우리 교회는 자주 죄를 지었지만, 때로 하나님께서는 그러한 악을 선으로 바꾸셨습니다. 하나님께서는 우리에게 자주 '부끄러움을 느낄 줄 아는' 은혜를 주셨고, 그것은 회개로 이어졌습니다. 우리 교회에는 좋은 일도 상처 못지않게 많았는데, 그 이유는 늘 우리가 괜찮은 사람이었기 때문이 아니라 죄인임에도 불구하고 용납받고 은혜받은 사람들이었기 때문이었습니다.

교회에서 느끼는 '은혜'는 은혜롭고 착하며 교양 있고 괜찮은 사람들이 늘 많은 좋은 것을 주고받기 때문에 느끼게 되는 것이 아닙니다. 오히려 끈질기게 이기적이고 교만하며 소심하고 사나운 죄인들 안에서 하나님께서 그들의 성품을 바꾸시는 것을 바라봄으로 느끼게 됩니다. 그러므로 좋은 교회는 천사같이 깨끗하고 순결한 사람들이 모인 곳이 아닙니다(그러한 교회는 존재하지도 않습니다). 오히려 악마 같은 사람들이 서서히 하나님 닮은 짓(?)들을 흉내 내는 곳이지요. 사실 교회 생활을 오랫동안 하다 보면, 이렇듯 사람들의 삶이 하나님의 은혜로 조금씩 바뀌어 가는 모습을 더 즐거워하게 될 것입니다. 그렇게 교회를 향한 애정이 생긴다면, 교회의 신자들이 불완전하니 갈 만한 곳이 못 된다는 생각보다는, 어떻게든 더 좋은 모습의 교회를 세워 가기 위해 개혁해야 하겠다는 생각이 드실 것입니다.

우리를 보존하시기 위한 우리 구주의 기도

하나님께 감사하게도, 우리는 이 일을 우리들만의 힘으로 하지 않습니다. 예수께서는 십자가에 달려 돌아가시기 전, 제자들과 제자들 이후로 예수님을 믿게 될 모든 사람을 위해 간절하게 기도하셨습니다. 사도 요한은 요한복음 17장에 이 기도를 정성들여 기록했는데, 마르틴 루터는 이 기도에 대하여 이렇게 말합니다. "이것은 진실로 측량할 수 없이 열렬하며 진심에서 우러나온 기도다. 그리스도께서는 우리들에 관하여, 그리고 아버지에 관하여 그분의 심중을 열어 보이시고 모두 토로하신다. 그것은 매우 정직하고 단순하게 들리며 매우 심오하고 풍부하며 광범위하여, 그것을 측량할 수 있는 사람이 아무도 없다."[11]

이 기도는 무엇보다 앞으로도 계속 연약하여 죄를 짓고 살아가게 될 자신의 제자들과 그 이후의 신자들을 보호해 달라는 내용으로 가득합니다. 그리고 우리는 이 기도를 읽으며 무엇보다 우리를 향한 주님의 심정을 깊이 알게 됩니다(나중에 요한복음 17장을 소리 내어 기도하듯 읽어 보십시오). 또한 여기에 두 가지 놀라운 복이 약속되어 있다는 것을 알게 됩니다.

첫째, 우리 구주께서는 우리가 하나되는 복이 있게 해달라고 간절히 기도하셨습니다. 이미 13장에서 서로 사랑하라고 명령하신 주님께서는, 우리가 서로 사랑할 수 있게 해달라고 간절히 기도하셨습니다. 아래의 말씀을 살펴봅시다.

> 나는 세상에 더 있지 아니하오나 그들은 세상에 있사옵고 나는 아버지께로 가옵나니 거룩하신 아버지여, 내게 주신 아버지의 이름으로 그들을 보전하사 **우리와 같이 그들도 하나가 되게** 하옵소서(요 17:11, 21-23절도 보십시오).

무엇보다, "우리와 같이 그들도 하나가 되게"라는 말을 보십시오. 그리고 우리가 1장에서 배웠던 성부, 성자, 성령 하나님 간의 위대하고 아름다운 사랑을 떠올려 보십시오. 여기서 구주께서는 그렇게 삼위가 하나이신 것처럼 서로 사랑하게 해달라고 간구하시는 것입니다![12] 예수님의 기도는 지금 성부 하나님으로부터 응답되고 있는 중이고, 장차 완전하게 응답될 것입니다. 비록 우리가 지금 서로 시기하고 미워하며 질투하고 교만을 드러내며 정욕적으로 행하지만, 우리를 거룩하게 하시는 성령님의 일하심 때문에, 우리를 위해 지금도 간구하시는 성자 하나님의 중보하심 때문에 결국은 사랑과 연합에 이르게 될 것입니다.[13]

그리고 우리가 마침내 천국에 다다를 때, 역사가 완성되고 심판이 끝나며 새 하늘과 새 땅을 바라볼 대 그 연합은 절정에 이르게 될 것입니다. 우리 마음에는 미움을 비롯한 모든 죄악의 감정이 사라지며, 미워하거나 시기하고 질투할 만한 대상도 보이지 않습니다. 그날 우리가 맞이하게 될 미래는 사랑으로 행복하신 하나님처럼 영원토록 행복한 신자들의 행복입니다. 조나단 에드워즈는 이러한 천국의 아름다움을 「천국은 사랑의 나라입니다」라는 설교에서 그려냅니다.

> 천국에는 위선과 거짓이 없습니다. 완전한 단순함과 진실함만이 있습니다. 천국에는 속이는 것이나 불성실이나 변덕스러움이나 시기심이 없습니다. 사랑을 표현하고 사랑을 하는 데 아무런 장애물이 없습니다. 사랑을 표현하는 방식에서 신중치 못하거나 꼴사나운 것이 없습니다. 어떤 말이나 행동도 어리석거나 경솔하지 않습니다. 천국에는 담이나 오해가 없이 충분한 이해와 완전한 친밀감이 있습니다. 천국에는 견해나 관심의 차이로 인한 분열이 없습니다. 천국에 있는 모든 존재는 서로 아주 친밀하며 하나님으로 연결되어 있습니다. 모든 것이 공동의 것이며 서로에게 자신을 내어 줍니다. 모든 이가 완전한 풍요와 부요와 존경심으로 서로를 기뻐하며, 어떠한 질병이나 고통이나 박해나 적대감이나 오해가 없습니다. 이 모든 것이 사랑의 동산인 하나님의 낙원에 있습니다.[14]

둘째, 우리 구주께서는 우리가 하나님을 사랑할 수 있게 해

달라고 기도하셨습니다. 성경 전체에서 가장 위대한 구절이라고 할 만한 26절에서 예수께서는 이렇게 기도를 마무리하십니다.

> 내가 아버지의 이름을 그들에게 알게 하였고 또 알게 하리니 **이는 나를 사랑하신 사랑이 그들 안에 있고** 나도 그들 안에 있게 하려 함이니이다(요 17:26).

얼핏 보면 "나를 사랑하신 사랑이 그들 안에 있고"라는 구절은 "나를 사랑하신 사랑처럼 그들도 사랑해 주시고"처럼 들립니다. 그러나 본문은 신자들이 하나님의 사랑의 대상이라고 말하는 것이 아니라(물론 신자들은 하나님의 사랑의 대상이지만), 신자들의 사랑의 대상이 본문의 '나'(예수님)가 된다는 것입니다.[15] 즉 예수께서는 지금 "나를 사랑하신 사랑이 그들(신자들)에게도 있어서 신자들도 아버지께서 나를 사랑하듯 나를 사랑할 수 있게 해주십시오"라고 기도하시는 것입니다!

사랑하는 사람은 행복합니다. 당신도 사랑하며 가슴이 두근거리고 마음이 행복감으로 가득한 경험을 해보셨을 것입니다. 하지만 우리의 사랑은 자주 실망이나 낙심으로 바뀝니다. 왜냐하면 우리는 자주 변하고 사랑을 잃어버리기 쉬운데, 우리가 사랑하는 대상 역시 변하고 매력을 잃어버리기 쉬우며 유한하기 때문입니다. 하지만 예수님은 우리가 변하지 않고 충만한 열정으로(아버지께서 예수님을 사랑하시듯), 변하지 않고 영원히 아름다운 대상을(예수님을) 영원히 사랑하게 해달라고 구하시는 것입니다. 그 대상은 조금도 나를 거절하지 않고 사랑으로 감싸 안으며, 나도 그분을 사랑하고 기뻐하되 그 기쁨은 전혀 줄지 않습니다!

배타성이 없어서 질투가 나지 않겠느냐고요? "하나님께서 나만 사랑해 주셨으면 좋겠는데. 내 애인(혹은 배우자)이 나만 사랑해 주는 것처럼." 이러한 생각이 드십니까? 염려할 필요 없습니다. 하나님께서 당신의 백성 모두를 사랑하시는데도 우리는 전혀 질투가 나지 않는데, 그것은 하나님의 사랑이 무한하기 때문입니다. 우리는 모두 우리의 애인이나 배우자가 주는 사랑이 유한하다는 것을 알고, 그것이 우리에게 부족하다고 느끼기에 질투합니다. 그러나 하나님은 모든 당신의 백성에게 자기 전부를 주시면서도 부족하지 않으신 분입니다.

이러한 행복은 영원의 시간이 지나도 줄거나 지루해지거나 지치지 않을 것입니다. 그래서 조나단 에드워즈는 천국에서 누리는 이 무한한 행복이 "실제로 완전히 베풀어졌다고 말할 수 있는 시점은 결코 오지 않을 것이다"라고[16] 말합니다. 아무리 맛있는 것을 먹더라도 결국은 질리고 배부르게 마련입니다. 그러나 하나님을 사랑하는 것, 그리고 새 하늘과 새 땅의 신자들을 사랑하는 것은 질리거나 권태기가 오지 않습니다. 서로를 향한 매력은 한결같이 증가합니다. 우리는 어제보다 오늘 더, 오늘보다 내일 더 사랑하게 될 것입니다. 하나님의 새로운 가족으로서 우리는 영원히 행복할 것입니다.

4장에서 배웠던 내용을 기억하십니까? 우리는 죄로 인해 인간끼리의 관계가 깨져 버렸고, 무엇보다 하나님과의 관계가 엉망이 되었습니다. 그러나 하나님께 감사합시다. 그리스도의 죽으심으로 인해 하나님은 우리를 영원토록 기쁘게 사랑하시게 되었습니다. 또한 성부 하나님과 우리 사이에서 기도하시고 중보하시는 그분의 사랑으로 인해, 우리 역시 하나님을 사랑할 수 있게 되었고, 또한 서로를 사랑할 수 있게 되었습니다. 이제 인간과 인간의 관계, 인간과 하나님의 관계가 예수 그리스도로 인해 회복되고 있으며, 그 회복은 절정을 향해 달려가고 있습니다!

우리 주님께서는 같은 내용으로 지금도 우리를 위해 기도하십니다. 예수께서는 그 밤에 제자들 앞에서 소리 내어 기도하셨을 때, 또한 우리 각 사람을 기억하셨고 우리를 위해서 기도하셨습니다. "내가 비옵는 것은 이 사람들만 위함이 아니요 또 그들의 말로 말미암아 나를 믿는 사람들도 위함이니"(요 17:20). 여기에는 앞으로 예수님을 믿고 하나님의 자녀가 될 자들이 모두 포함되어 있습니다. 예수님은 우리를 위해서 기도하셨습니다. 우리의 죄와 허물을 지고 십자가에서 하나님의 저주와 진노를 받으시기 바로 전에 말입니다.

우리의 현재 삶은, 교회의 일원이 되어 신앙을 가지고 하나님을 섬기는 이 삶은 저 영광스러운 미래를 향한 삶입니다. 우리는 이 삶을 현재 교회를 통해 미리 맛보고, 또한 세상의 완성에 이르렀을 때 완전하게 누립니다. 따라서 현재 겪는 모든 고난과, 못나고 약한 교회의 모습과, 불완전한 서로의 모습을 용납하고 긍휼히 여깁시다. 무엇보다 나 자신이 죄인이라도 용납받은 사람이라면, 교회의 모든 구성원 역시 죄인인 동시에 용납받은 사람임을 인정합시다.

그리고 서로를 위해 기도하며, 우리의 지상 교회를 더 좋은 모습으로 변화시키기 위해 노력합시다. 우리가 지금 가지고 있는 제도들을 개혁하고 보완하며, 하나님의 말씀에 충실한지 계속 자문하고, 서로를 돌아보고 죄를 고백하며 용서합시다. 교회 내의 악과 더불어 싸우고 저항하되 사랑 가운데서 그리합시다. 그렇게 인내로 이 지상 교회를 살아내는 동안, 우리에게 약속된 영광스러운 한 공동체가 점점 우리를 향해 다가올 것입니다.

10장 돌아보기

1. 하나님이 우리에게 사랑을 명하시다

- 예수께서는 승천하시기 전, 이 세상에 있는 자신의 제자들을 끝까지 사랑하셨다. 그러한 사랑의 본을 보이시기 위해 그분은 제자들의 발을 다 닦아 주셨다. 그리고 예수께서 그렇게 하셨듯이 제자들을 향하 서로 사랑하라고 말씀하신다.

  첫째, 이 말은 예수께서 주신 또 다른 행복한 선물이다 인간은 사랑을 주고 받을 때 행복한데, 예수께서 사랑을 명하심으로 행복을 명하신 것이다.

  둘째, "내가 너희를 사랑한 것같이"라고 말씀하심으로, 하나님의 수준에서 하시는 일을 우리에게 요구하시며 하나님의 사역에 동참시키신다.

  셋째, 이 계명을 기쁘게 순종하는 사람이야말로 참된 그리스도인이다.

2. 교회, 하나님의 사랑 안에 머무는 법

- 교회는 그저 외로움을 달래는 모임이 아니다. 오히려 교회는 예수 그리스도의 몸이다(엡 1:23). 머리와 몸은 불가분의 관계에 있으며, 서로가 없이는 존재하지 않는다.
- 교회는 그리스도인의 공동체다. 신자들은 그곳에서 하나님에 대하여 배우고, 양육을 받으며, 돌봄과 섬김을 받는다. 그렇다면 교회는 어떻게 신자들을 섬기는가?

  첫째, 교회는 신자들에게 하나님의 말씀을 지속적으로 공급해 준다.

  둘째, 교회는 예배를 통해 하나님을 직접적으로, 또한 교제를 통해 하나님을 간접적으로 만날 수 있도록 돕는다.

  셋째, 적절한 제도와 직분이 있어서 신자들을 실제적으로 돕는다.

  넷째, 무엇보다 신자들은 여기서 사랑을 할 장을 얻게 된다.

- 즉 교회는 하나님의 가족이며, 교회에 머물러 있는 것은 하나님의 가족 안에 머물러 있는 것이다.

3. 그러나 지상 교회는 불완전하다

- 현실교회가 이러한 이상에 부합하지 않는 모습을 보이고 있는 것도 사실이다. 하지만 가족이라고 생각하면 해결될 수 있는 오해들이, 일종의 '클럽'이

라고 교회를 오해함으로 생기는 경우도 많다.
- 그렇다면 그리스도인들이 저지르는 범죄는 어떻게 보아야 하는가? 우리는 하나님께 의롭다고 인정받은 사람들이지만 여전히 죄인이다. 게다가 교회는 항상 참된 믿음이 있는 그리스도인으로만 구성되지 않는다.
- 교회에서 우리는 하나님께서 이기적이고 교만하며 소심하고 사나운 죄인들 안에서 끈질기게 그들의 성품을 바꾸시는 것을 바라봄으로 은혜를 누린다.

4. 우리를 보존하시기 위한 우리 구주의 기도

- 예수님은 요한복음 17장에서, 제자들과 이후의 모든 그리스도인을 위해 간절한 기도를 하나님께 올리신다. 그 기도의 중심 내용은 다음과 같다.

첫째, 우리 구주께서는 우리가 하나되는 복이 있게 해달라고 기도하셨다. 특히 삼위 하나님께서 서로 사랑하시는 것처럼 신자들이 서로 사랑하게 해달라고 간구하고 계시다.

둘째, 우리 구주께서는 우리가 하나님을 사랑하게 해달라고 기도하셨다. 이러한 사랑 안에서 우리는 거룩하고 완전하게 변해가며, 우리의 불완전한 교회 생활은 아름다운 마지막을 향해 달려갈 것이다.

나눔을 위한 질문

1. 요한복음 13:34의 "새 계명을 너희에게 주노니 서로 사랑하라"는 말씀이 우리를 위한 큰 기쁨의 좋은 소식인 이유는 무엇입니까? (267-269쪽 참조)

2. 교회는 무엇입니까? 간단히 정의해 봅시다(271쪽 참조).

3. 교회가 신자들을 섬기는 네 가지 주요한 방식을 말해 봅시다(272-274쪽 참조).

4. 하나님의 은혜로 의롭다고 여김받은 교회이지만, 현실 교회는 온갖 죄와 연약함, 가식과 위선이 존재하는 이유는 무엇입니까?(275-276쪽 참조)

5. 요한복음 17장의 우리 구주께서 하신 기도를 보고 여기서 약속된 두 가지 복이 무엇인지 말해 봅시다(280-284쪽 참조).

6. 현재 출석하는 교회의 모습에 대하여 이야기를 나누어 봅시다. 그리고 우리가 이 교회를 더 좋은 교회로 세워가기 위해 각자 무엇을 할 수 있을지 생각해 봅시다.

▶ 고린도전서 15장을 읽어 보시면, 다음 장을 이해하는 데 도움이 됩니다.

11 장래의 행복

이제 우리는 새가족반의 마지막 여정에 이르렀습니다. 이제 당신은 지금까지의 이야기가 '새가족'이 결국 '하나님의 가족'에 들어오는 이야기임을 알게 되셨겠지요. 행복하신 하나님께서 만드신 모든 창조물은 인간의 죄에도 불구하고 하나님의 사랑 안에서 영원한 행복을 누리게 될 것입니다. 인간과 인간, 인간과 하나님의 깨어진 관계는 그리스도 안에서 연합과 통일을 이루게 됩니다. 그래서 사도 바울은 에베소서에서 "하늘에 있는 것이나 땅에 있는 것이 다 그리스도 안에서 통일되게 하려"(엡 1:10) 하신 것이 하나님의 비전이라고 말합니다. 이는 "하늘과 땅에 있는 모든 것을······만물의 중심인 그리스도 안에 모아서 그의 주권 안에 굴복하게 하고 하나님과 바른 관계를 맺게 하는 것"을 뜻합니다.[1]

즉 예수 그리스도 안에서 모든 것, 곧 세상의 모든 창조물까지 포함하여 하나님과 바른 관계를 맺도록 하는 것이라는 의미입니다. 우리는 이미 4장에서 인간과 인간, 인간과 하나님뿐 아니라 인간과 하나님의 창조물 전체의 관계 역시 망가져 버렸다는 것을 보았습니다. 그러나 하나님께서 세우신 미래의 비전은 하나님의 은혜 안에서 모든 인간과 창조물이 하나를 이루는 것입니다.[2] 따라서 우리는 그리스도 안에서 천국을 누릴 뿐만 아니라, 모든 것이 새롭게 되어 완전한 화목함을 이루는 새로운 '땅'을 바라보게 될 것입니다.

땅 역시 구원받는다

우리는 예수 그리스도를 믿으면, 마치 우리의 영혼이 하늘에 둥둥 떠다니면서 지루하고 재미없지만, 고통스럽거나 괴로운 일은 없는 천국에서 살아가게 될 것처럼 오해합니다. 우리는 정말 "저 먼 우주 공간 어딘가에서 영원히 살면서 흰 옷을 입고 하프를 뜯고 노래를 부르며 이 구름에서 저 구름으로 날아다니게"[3] 될까요? 앤서니 후크마는 오히려 이렇게 말합니다. "그와 반대로 성경은 우리가 영화롭게 된 부활한 몸으로 하나님을 찬양하며 살게 될 새로운 땅을 하나님이 창조하실 것이라고 말한다." 그렇습니다. 성경은 우리의 최종 상태에 대한 비전을 "내가 새 하늘과 **새 땅을** 보니"라고 묘사합니다(계 21:1).

온 우주는 불타 없어지고 우리가 모두 하늘에서 살게 되는 것이 아닙니다. 오히려 모든 우주는 새로워지고 갱신됩니다.[4] 자연재해, 환경오염 등으로 고통을 겪게 된 이 세상은 새로워집니다. 에덴에서 깨져 버린 인간과 창조물들의 관계는 새롭게 회복됩니다. 이러한 이상을 선지자 이사야는 이렇게 노래합니다.

> 그때에 이리가 어린 양과 함께 살며 표범이 어린 염소와 함께 누우며 송아지와 어린 사자와 살진 짐승이 함께 있어 어린 아이에게 끌리며 암소와 곰이 함께 먹으며 그것들의 새끼가 함께 엎드리며 사자가 소처럼 풀을 먹을 것이며 젖 먹는 아이가 독사의 구멍에서 장난하며 젖 뗀 어린 아이가 독사의 굴에 손을 넣을 것이라. 내 거룩한 산 모든 곳에서 해 됨도 없고 상함도 없을 것이니 이는 물이 바다를 덮음같이 여호와를 아는 지식이 세상에 충만할 것임이니라(사 11:6-9).

여기서 우리는 인간의 타락으로 말미암아 깨어진 자연과 인간의 관계가 어떻게 회복되는지 봅니다. 연약한 존재들(어린 양, 어린 염소, 송아지, 어린 아이, 젖 먹는 아이, 젖 뗀 아이)이 강하고 사나운 존재들(이리, 표범, 사자, 독사)과 더불어 사는 모습을 봅니다. 위협과 고통이 사라지고 모든 창조물은 하나가 됨니다. 모든 인간과 창조물은 하나님을 알며, 하나님을 즐거워하는 것 덕분에 행복할 것입니다.

창조물들 역시 이 새로운 세상을 간절히 바라고 있습니다(롬 8:19-21). 우리 구주 예수 그리스도께서 이 땅에 다시 오시고 하나님의 가족인 신자들이 부활할 그때, "창조세계 전체는 지금껏 그 아래에서 신음해 왔던 저주에서 해방될 것"입니다.[5] 우리는 새로운 하늘과 새 땅을 봅니다. 하나님의 사랑은 모든 것이 부서지고 망가진 세상을 그리스도의 새롭게 하시는 사역으로 회복하십니다. 땅은 새로워지고, 온 세상은 서로를 사랑하며 하나님을 높입니다.

이렇게 계획하신 하나님은 참으로 놀라우신 분입니다. 예를 들어, 세계 최고의 부자 빌 게이츠의 개인전용 제트기가 태평양의 한 섬에 추락해서 산산이 부서졌다고 가정합시다(다행히도 빌 게이츠는 하나도 다치지 않았습니다). 그는 당연히 그 비행기를 폐기처분하고 새로운 비행기를 만들 것입니다. 그러나 그가 망가진 비행기의 잔해를 다 주워 모아 이전의 비행기를 다시 만들되 더욱 완벽한 비행기를 만든다면 어떨까요? 빌 게이츠는 그렇게 할 리가 없고, 또 할 수도 없습니다. **그러나 하나님은** 그렇게 하시기로 결정하셨습니다.[6] 하나님은 세상을 사랑하셔서, 부서진 비행기보다 더 산산조각으로 망가진 우리를 완전하게 회복하셨습니다! 인간은 죄악으로 모든 것을 망쳐 버렸지만, 앤서니 후크마의 말처럼 하나님은 그분의 선하심으로 모든 것을 더 낫게 바꾸십니다.

> 역사가 시작될 때 하나님은 하늘과 땅을 창조하셨다. 역사가 끝날 때 우리는 화려함에서 우리가 이전에 본 모든 것을 훨씬 능가하는 새 하늘과 새 땅을 보게 된다. 역사의 중심에는 죽임 당한 어린 양, 죽은 자들 가운데서 부활하신 맏아들, 땅의 왕들의 통치자가 계신다. 언젠가 우리는 "경이감과 사랑과 찬양에 사로잡혀" 우리의 모든 면류관을 그분 앞에 던질 것이다.[7]

우리의 몸도 구원받는다

그뿐 아닙니다. 우리 구주께서 부활하셨을 때, 우리는 우리가 지금 입고 있는 몸의 부활도 약속받았습니다. 신자들 역시 육체가 죽음을 맞게 되면 썩어 땅에 묻히게 됩니다. 그래서 하나님께서는 타락한 이후의 아담에게 "너는 흙이니 흙으로 돌아갈 것이니라"(창 3:19)고 말씀하셨지요.[8] 그리고 나서 이후에는 심판이 있게 되지요. "한 번 죽는 것은 사람에게 정해진 것이요 그 후에는 심판이 있으리니"(히 9:27).

하지만 우리 구주께서 부활하실 때, 우리에게는 새로운 소망을 주셨습니다. 구주께서 죽으셨으나 새롭고 완전한 육체로 부활하셨듯이, 신자들도 새로운 몸을 입고 부활하게 되는 것입니다! 예수께서는 죽으시고 부활하신 분으로서 지금도 육체를 입고 하늘에 계십니다. 예수께서는 부활하신 이후에도 다른 사람이 만질 수 있었고(요 20:17, 27) 잡수실 수도 있었지요(눅 24:38-43). 하지만 그분은 공간의 제약을 받지 않으셨고(요 20:19, 문이 닫혀 있는데도 문을 통과하셨습니다), 썩거나 소멸되거나 연약하거나 한 육체가 아니었습니다. 마찬가지로 우리의 몸도 그렇게 부활할 것입니다. 아래의 말씀을 봅시다.

> 죽은 자의 부활도 그와 같으니 썩을 것으로 심고 썩지 아니할 것으로 다시 살아나며 욕된 것으로 심고 영광스러운 것으로 다시 살아나며 약한 것으로 심고 강한 것으로 다시 살아나며 육의 몸으로 심고 신령한 몸으로 다시 살아나나니 육의 몸이 있은즉 또 영의 몸도 있느니라(고전 15:42-44).

본문은 여기서 우리의 현재 육체와 장차 부활할 육체를 네 가지로 대조해서 설명합니다. 현재 육체는 썩을 것이지만, 부활한 육체는 썩지 않을 것입니다. 또한 부활할 육체는 영광스러울 것이고, 강할 것이며, 신령한(정확히 말하자면 성령의 인도를 받는) 몸이 될 것입니다.[9] 우리는 아름다워질 것이며, 그럼에도 불구하고 개성을 가질 것이고, 강할 것이며 영원할 것입니다. 몸을 만드신 하나님은 이 '몸'이라는 것을 너무 좋아하셨습니다. 그래서 성자 하나님께서는 스스로 몸이 되셨고, 또한 더 완전한 몸으로 부활하셨으며, 이제 그 완전한 몸을 우리에게 주려고 하십니다. 그래서 바울은 힘차게 외칩니다. "이 썩을 것이 반드시 썩지 아니할 것을 입겠고 이 죽을 것이 죽지 아니함을 입으리로다"(고전 15:53).

신자들도 병에 걸립니다. 그리고 선하신 하나님은 우리를 불쌍히 여기셔서, 때때로 우리의 기도를 듣고 치유해 주시기도 합니다. 그래서 신자들은 자신의 병을 낫게 해달라고 기도하기도 하지만, 사실 그들이 더욱 바라는 것은 부활입니다. 우리가 병에 걸린 것을 은혜로 치유받는다 한들, 우리의 노쇠화와 연약해짐은 막을 수 없습니다. 하지만 이 모든 연약함과 질병은 우리가 죽고 육체가 부활하는 날 모두 끝장나 버릴 것입니다! 믿는 하나님의 자녀들에게 아직 최상의 날은 오지 않았습니다. 우리는 완전한 육체를 입고 하나님을 쉼 없이 기뻐할 것입니다.

죽음의 죽음

학창 시절 저는 피천득 시인의 시를 좋아했습니다. 그의 서정적이고도 생생한 언어로 쓰인 시는 묘하게 사람의 마음을 두근거리게 하는 힘이 있었지요. 그중에서도 마음을 울린, 그러면서도 공포감을 주었던 시가 하나 있었습니다. 「이 순간」이라는 제목의 시인데 마지막 연이 특히 그러했습니다.

> 두뇌가 기능을 멈추고
> 내 손이 썩어가는 때가 오더라도
> 이 순간 내가
> 마음 내키는 대로 글을 쓰고 있다는 것은
> 허무도 어찌하지 못한 사실이다.[10]

물론 시인의 의도는 죽음 앞에서도 느끼는 의연함이겠지만, 제게는 뜻밖에도 오히려 죽음의 공포를 가져다주었습니다. "두뇌가 기능을 멈추고 내 손이 썩어가는 때"라는 생생한 표현이 죽음을 더 가깝게 느끼게 했지요. '나는 무엇인가? 내가 죽으면 어떻게 될까?' 그래서 성경은 인간이 "죽기를 무서워하므로 한평생 매여 종 노릇 하는 모든 자들"(히 2:15)이라고 말합니다. 사망의 어두운 그림자는 행복한 모든 순간 가운데도 우리의 즐거움이 덧없음을 생각나게 하지요.[11]

왜 두려워할까요? 이것은 죽음 이후의 삶이 어찌 될지 모르기 때문에 가지는 두려움입니다. 과학이 그렇게 발전했지만, 인간은 아직 죽음 이후의 삶을 과학적 방법으로 알아낼 수 없으며 앞으로도 그럴 것입니다. 늘 인간은 인간에게 가장 중요한 것은 과학으로 밝혀내지 못하지요. 인간의 기원이나 죽음 이후의 삶 같은 것 말입니다. 게다가 인간은 희미하게나마 죽음 이후에 심판이 있을 것을 생각합니다. 그리고 "내가 죽은 이후에 혹시 나쁜 곳으로 가게 되지는 않을까? 더 큰 불행이 있지는 않을까? 신이 있어서 내 죄를 정죄하지는 않을까?" 하는 생각에 사로잡히게 되는 것이지요.

하지만 신자는 다릅니다. 성경은 신자에게는 죽음의 공포가 없으며, 또한 죽음으로부터 우리가 건짐받았다고 말합니다(고후 1:10). 왜냐하면 신자는 죽음 이후에 그리스도와 함께 영원한 안식으로 들어가게 되기 때문입니다. 이러한 생각을 염두에 두고 다음의 말씀을 읽어 봅시다.

> 아버지여, **내게 주신 자도 나 있는 곳에 나와 함께 있어** 아버지께서 창세 전부터 나를 사랑하시므로 내게 주신 나의 영광을 그들로 보게 하시기를 원하옵나이다(요 17:24).

여기 이 본문을 자세히 들여다봅시다. 지난 시간에도 살펴보았던 요한복음 17장의 일부입니다. 우리 구주께서는 성부 하나님께 "내게 주신 자도 나 있는 곳에 나와 함께 있게" 해달라고 간구하십니다. 즉 예수님을 믿는 신자들이 지금 예수님 계신 천국에 함께 있게 해달라고 간구하시는 것이지요. 신자들이 죽으면 죽은 이후에 지금 천국에 계신 예수님과 함께 있을 것이라는 진리를 염두에 두면 이는 놀라운 말씀입니다. 캐나다의 목회자 마크 존스는 이 놀라운 말씀을 이렇게 설명합니다.

> 그리스도께서는 우리를 알기 원하실 뿐만 아니라 우리와 함께 있기 원하신다. 사랑하는 자기 백성 하나를 자기 곁으로 부르실 때 그리스도께서는 우리가 사랑하는 사람의 죽음으로 잃는 것보다 훨씬 많은 것을 얻는다는 사실을 우리는 기억해야 한다.……궁극적으로 볼 때, 우리가 그분 곁으로 불려가는 일이 생기는 것은 질병이나 치명적 사고 같은 어떤 일 때문이 아니라 성부께서 성자의 기도에 응답하셨기 때문이다.[12]

무슨 말인지 이해되십니까? 신자가 된 이후에 맞이하는 죽음의 궁극적 원인은 사고나 질병이 아닙니다. 신자와 정말 함께하고픈 간절한 열망을 가지신 예수님의 기도를 성부 하나님께서 기쁘게 응답하신 것입니다. 신자의 죽음은 얼핏 불행한 일처럼 보이지만, 하늘에서 천사들과 그리스도께서는 기쁘게 그를 영접하고 즐거워합니다. 죽음을 당한 신자는 더 이상 죽음과 관계가 없고, 오히려 그토록 보고팠던 주님을 보며 기뻐하게 됩니다.

신자의 죽음은 승리입니다! 신자가 믿음을 유지한 채 죽으면 즉시 그리스도와의 직접적 교제로 들어가게 됩니다. 그리고 이것이 예수님을 잘 믿던 사람들이 죽을 때 유족들이 그다지 많이 슬퍼하지 않는 가장 커다란 이유입니다. 생각해 보십시오. 제대하는 군인을 보며 슬퍼하는 병사가 있겠습니까? 오히려 부러워하고 빨리 자신도 국방의 의무를 마치고 자유하게 되기를 원하겠지요. 마찬가지입니다. 죽음을 맞이한 동료 신자를 보는 교회의 가족들은 많이 슬퍼하지 않습니다. 물론 당장 함께할 수 없다는 슬픔이 남아 있기는 하지만, 영원토록 기쁨 가운데 함께한다는 즐거움이 있기 때문입니다!

C. S. 루이스는 이 위대한 진리를 『스크루테이프의 편지』에서 재치 있는 방식으로 표현했습니다. 이 책은 상급 악마인 스크루테이프가 하급 악마인 웜우드에게 보내는 서른한 개의 가상 편지인데(물론 모든 악마와 악마 이름도 가상으로 꾸민 것입니다), 웜우드가 유혹하고 있는 남자는 한 신실한 그리스도인 여성의 전도로 인해 믿음을 가지게 되었을 뿐 아니라 자신을 전도한 사람과 연애중이었지요. 그러한 상황에서 웜우드는 여러 가지 방식으로 남자를 유혹하지만 잘 먹혀들지 않았고, 남자는 세계대전이 일어나 전쟁터로 끌려가게 됩니다. 웜우드는 폭탄이 터지고 총알이 빗발치는 상황에서 남자가 힘들어하고 있는 것을 보며 기뻐하고, 스크루테이프는 이 상황을 한심하게 여기며 편지를 쓰지요.

폭탄이 인간을 죽인다는 걸 알기나 해? 아니면 이 시점(믿음을 가진 시점)에서 환자(그리스도인 남자를 말합니다)가 죽어버리는 사태야말로 그 무엇보다 피해야 할 상황이란 걸 모르는 게냐? 환자는 네가 엮어 주려고 했던 세속적인 친구들에게서 잘도 빠져나갔다. 대단한 그리스도인 아가씨와 '사랑에 빠졌으니' 당분간은 순결을 겨냥한 공격에도 면역이 되어 있는 형편이고, 우리가 놈의 영적인 삶을 부패시키고자 사용했던 수많은 방법들도 지금까지는 실효가 없는 것으로 드러났다.

현시점에서는 전쟁의 전면적 충격이 점점 더 다가옴에 따라 세속적 희망이 차지하는 비중은 줄어들고, 그 대신 자신의 방어 임무와 그 아가씨 생각으로 마음이 꽉 차 버린 데다가, 인간들의 표현을 따르자면 '자신을 벗어나' 그 어느 때보다 이웃에게 관심을 갖게 되었고, 이런 상태를 자기가 생각했던 것보다 더 좋아하고 있으며, 의식적으로 원수(여수님을 가리킴)를 의지하는 마음 또한 날마다 커지고 있는 판국이니, 혹시라도 오늘 밤에 죽는다면 그를 영영 잃고 말 것이 확실하다.[13]

이후에 남자가 어떻게 되는지는 책을 읽어 보시기 바랍니다. 스크루테이프가 보낸 마지막 편지를 보면, 신자의 죽음이 어떻게 묘사되는지 더 생생하게 읽어 보실 수 있을 것입니다. 무엇보다 우리는 신자들에게 죽음이 더 이상 나쁜 일이 아니라는 것에 주목해야 합니다. 우리는 생존이 좋은 것이고 죽음이 나쁜 것이라고 생각하지만, 참된 믿음을 가진 사람에게는 살아 있는 것도 좋은 것이고 죽음 역시 좋은 것입니다. 그래서 신자에게 죽음은 죽어 버렸습니다. 죽음이 가지고 있는 모든 나쁜 점이 제거되었고, 이제 모든 것이 유익하게 되었습니다. 그래서 성경은 이렇게 말합니다.

> 우리가 알거니와 하나님을 사랑하는 자 곧 그의 뜻대로 부르심을 입은 자들에게는 모든 것이 합력하여 선을 이루느니라 (롬 8:28).

그리스도인의 소망

그렇다고 신자의 삶이 무의미한 것은 아닙니다. 우리에게는 천국이 있고 부활이 있으니 지상에서의 삶은 대충 살아 버리자거나 빨리 죽자고 생각하는 것은 잘못된 생각입니다. 이단적 믿음을 가지고 있는 집단은 시한부 종말론을 주장하며 "어차피 천국 갈 건데 무엇하러 삶을 열심히 사느냐? 있는 재산 다 바치고 교회 와서 기도만 해라"고 말하지만, 성경은 오히려 반대로 이야기합니다. 바울은 고린도전서 15장에서 신자의 부활에 대한 소망을 한참 이야기한 다음 마지막을 이렇게 장식합니다.

> 그러므로 내 사랑하는 형제들아, 견실하며 흔들리지 말고 항상 주의 일에 더욱 힘쓰는 자들이 되라. 이는 너희 수고가 주 안에서 헛되지 않은 줄 앎이라(고전 15:58).

신자는 부활할 것이고 영광스러운 미래를 맞이할 것입니다. 우리는 보통 '그러므로' 이 세상의 삶은 대충 마음껏 살아도 된다고 생각할지 모르지만, 성경은 오히려 '그러므로' 견실하며 흔들리지 말고 항상 주의 일에 더욱 힘쓰라고 말합니다. 여기서의 '주의 일'은 단순히 교회에서 행하는 봉사만을 가리키는 것이 아니라, "세상에서 살아가며 그리스도를 믿는 믿음 안에서 하는 모든 행동"을 가리킵니다.[14] 성경은 미래의 부활에 대한 소망이 있다면, 지금 현재 주의 일에 더욱 힘쓰라고 말하는 것입니다.

왜 그래야 합니까? 이러한 수고가 "주 안에서 헛되지 않"기 때문입니다. 우리의 수고는 보상받을 것이고 인정받을 것입니다. 하나님과 더불어 모든 신자는 지상의 수고와 슬픔을 위로하시고 눈에서 눈물을 닦아 주실 것입니다. 삼위 하나님과 하나님의 자녀들, 그리고 모든 천사와 피조물은 함께 즐거워하며 지상의 수고 위에 은혜로 보답하신 하나님을 찬양할 것입니다. 이러한 미래를 바라보는 사람은 이 땅에서의 삶을 더욱 힘껏 살아가고, 이 세상을 더욱 낫게 만들기 위해 노력할 것입니다. 때로 이러한 수고를 마다 않는 신자들에게는 고난과 괴로움이 있겠지만, 하나님은 위로하시고 약속하신 모든 복을 베풀어 주실 것입니다.

우리는 하나님의 영원한 행복으로부터 출발하여, 아담과 그의 타락 그리고 그로 인한 모든 고통스러운 현실을 지나 그리스도 안에서 받는 모든 유익을 살펴보았습니다. 그리스도 안에서 삼위 하나님은 영원한 행복과 만족을 예비해 놓으셨고, 하나님과 당신, 세상과 당신, 모든 신자와 당신은 서로 사랑하며 영원한 행복을 누리게 될 것입니다. 이미 그 행복 안으로 들어와 있고 말이지요. 비록 아직은 우리가 죄와 연약함으로 인하여 심지어 교회 내에서도 괴로움을 겪지만, 결국 모든 것은 선하신 하나님의 계획대로 이루어질 것입니다.

하나님을 찬양합시다. 그리고 우리 구주 예수 그리스도를 신뢰합시다. 장차 올 새 하늘과 새 땅을 소망합시다. 한편으로 우리에게 주실 좋은 것들을 기대하고 바라면서, 다른 한편으로는 이 땅에서의 삶을 힘껏 살아갑시다. 하나님을 사랑하십시오. 이웃을 사랑하십시오. 그리고 앞으로 우리가 보게 될 영광스러운 미래를 그리며 안식합시다.

주님은

모든 눈물 닦으시고,

신부를 보기 위해 돌아서신다.

신부의 심장은 이때를 천 년 동안 동경했다.

그분의 얼굴 태양처럼 빛나고,

모든 진노 사라졌다.

신부는 기쁨에 싸여 주인의 음성 듣는다.

"여길 보아라.

이리 오라, 땅의 모든 좋은 것을 취하라.

이리 오라, 땅은 즐거움으로 소생케 되리라."

그분이 말씀하실 때, 하나님의 보좌가

땅으로 내려와 빛나는 금 수정처럼 빛을 발하고,

단번에 어두움을 몰아낸다.

보좌로부터 한 시내가 기쁨의 소리와 더불어 흘러간다.

점차 그 시내는 강과 호수를 이루어

흘러가는 곳 어디에나

강둑을 따라 푸른 잔디가 돋아나고

죽은 자들의 부활처럼 힘차게 뻗어 나간다.

눈 깜짝할 사이에

성도들이 하늘로부터 내려온다.

시내 곁에 무릎을 꿇고

영원한 생명을 마시려 할 때,

금빛 잔디 저 너머를 바라본다.
오랫동안 길렀던 애완견, 블래키가 빠르게 달려온다.
개울을 뛰어 넘어오는 블래키의 눈에는
행복이 넘쳐난다.

물을 마시려 무릎을 꿇을 때에,
내가 영원한 기쁨의 가장자리에
있다는 사실을 깨닫는다.
바라보는 어디에나 놀라움이 가득 차 있다.
거구의 남자가 잔디 위를 뛰어다닌다.

그는 두 발로 걷고 있는 늙은 존 영[15]이다.
소경이 날아다니는 새를 바라보고,
벙어리가 소리 높여 노래한다.
당뇨병 환자도 마음껏 먹고,
심장병 환자는 언덕을 내달린다.
절름발이가 걷고, 귀머거리가 듣는다.
암에 걸렸던 뼈가 깨끗해지고,
관절염에 걸렸던 관절들이 유연하고 부드럽게 움직인다.
모든 고통이 사라졌다.
마음 깊이 뿌리내리고 있던 모든 슬픔과

끊어 버리지 못하던 오랜 죄악의 모든 자취가
사라져 버렸다.
남은 것은 오로지 기쁨뿐.
그리고 오고 오는 모든 세대에,
사람들은 주권자 하나님을 마음으로
이해하고 사랑한다.
그분은 자신의 모든 은혜를 누리기 위해서는
영원한 시간이 필요하도록 만드셨다.

오, 놀라우신 하나님, 능력의 하나님,
우리에게 영원의 날을 볼 수 있는
뛰어난 시력을 허락하소서.
우리로 하여금 지금까지 누리지 못한 기쁨을 보게 하소서.
당신이 베푸실 장래로 우리를 자유케 하시고,
당신이 회복하실 땅에 임할 은혜를 통해
우리가 영원토록 의롭게 되었다는
소망으로 우리를 보호하소서.[16]
―존 파이퍼

11장 돌아보기

- 예수 그리스도 안에서 우리를 포함한 세상 모든 창조물은 다시 하나님과 바른 관계를 맺게 된다. 즉 그리스도 안에서 모든 것이 하나님의 가족이 된다.

1. 땅 역시 구원받는다

- 보통 사람들은 예수님을 믿고 구원받으면 영혼만 천국에서 살 것이라고 생각한다. 그러나 우리는 부활하여 새로운 육체를 입고 새 하늘과 **새 땅**에서 살아가게 된다.
- 저주를 받아 분열하고 서로 미워하게 된 모든 피조물은 서로 사랑하며 하나되어 한 공동체를 이루게 된다(사 11:6-9).
- 하나님은 죄로 인해 부서지고 오염된 이 세상을 폐기하지 않으시고, 십자가에서 죽고 부활하신 그리스도 안에서 새롭게 재창조하시며 완전하게 만드신다.

2. 우리의 몸도 구원받는다

- 그뿐만 아니라 우리의 육체가 새롭게 될 것이다. 우리가 죽으면 육체가 썩어 땅에 묻히지만, 장차 그리스도께서 다시 오실 때 부활하여 완전하게 된 몸을 보게 될 것이다.

3. 죽음의 죽음

- 죽음은 모두에게 두려운 일이다. 왜 그러한가? 죽음 이후의 삶에 대하여 모르기 때문이다. 그러나 신자는 죽음 이후에 그리스도와 함께 영원히 거한다.
- 요한복음 17:24에서 예수님은 신자들이 자신과 함께 영원히 거하기를 간절히 바라신다. 즉 우리가 맞이하는 죽음의 궁극적 원인은 사고나 질병 같은 것이 아니라, 성부께서 성자의 기도에 응답하셨기 때문이다.
- 따라서 신자의 죽음은 승리다. 죽음 이후에 맞게 될 영원한 영광이 있다.

4. 그리스도인의 소망

- 이러한 부활과 영광은 이 땅에서의 삶을 무시하는 것이 아니라 힘 있게 살아갈 소망이 된다. 땅에서의 수고와 고난은 헛되지 않으며, 하나님께서 베푸시는 상 안에서 보상받게 될 것이다.

나눔을 위한 질문

1. 그동안 천국에 대하여 가지고 있던 생각과, 성경이 약속한 새 하늘과 새 땅은 어떻게 다릅니까?(291-294쪽 참조) 장차 맞이할 새 하늘과 새 땅에 대하여 기대가 되십니까?

2. 고린도전서 15:42-44을 읽어 봅시다. 장차 우리가 입을 부활한 육체는 어떤 특징을 가지고 있습니까?(295-296쪽 참조)

3. 신자에게 죽음의 의미는 믿기 전과 어떻게 다릅니까?(299-300쪽 참조, 요 17:24)

4. 마지막에 실린 존 파이퍼의 시를 소리내어 읽어 봅시다.

5. 새가족반이 끝났습니다. '그리스도 안에서 누리는 영원한 행복'이 이해되시나요? 삼위 하나님의 새로운 가족이 되었다는 사실에 대한 기쁨이 있으십니까? 다 함께 소감을 나누어 봅시다.

나가는 말

이제 드라마가 끝났습니다. 아니, 정확히 말하자면 드라마의 '개요'가 끝났다고나 할까요. 혹시 유튜브 같은 사이트에서 여덟 편이나 되는 「스타워즈」 혹은 그 이상의 대하드라마 전체를 10분 이내로 요약해 주는 동영상 같은 것을 보신 적이 있으신가요? 사실 이 책은 그런 정도의 역할을 할 뿐입니다. 하나님께서 역사 가운데 일하시는 거대한 드라마는 너무나 위대하고 탁월하기 때문에, 요약본 정도의 이야기로는 그 즐거움을 다 전달할 수 없습니다.

이 대하드라마 전체를 즐기고 싶으시다면, 성경으로 가십시오. 드라마 전체가 계시되어 있는 성경 안에서 당신은 요약본 정도로는 비교도 할 수 없을 정도로 흥미진진한 이야기들을 만날 수 있을 것입니다. 그 이야기의 즐거움과 감동이 얼마나 크고 아름다웠는지, 수많은 그리스도인들은 그것을 읽고 누린 감동을 말하고 설명하기 위해 수많은 양의 잉크와 종이를 소비했습니다. 이 책도 그중 하나입니다.

하지만 이 드라마는 그저 듣고 즐기며 끝나는 종류의 드라마가 아닙니다. 이것은 거대한 현실이며, 그 안에 당신은 한 명의 구성원으로 참여합니다. 드라마 전체의 내용은 성경을 통해 모두 드러났지만, 내용의 성취는 당신의 삶과 더불어 이루어지기 때문입니다. 하나님의 인도를 받고 그분을 따르며, 그분을 섬기는 가운데, 교회와 세상의 일원으로, 무엇보다 하나님의 가족으로 세상을 살아가십시오.

당신을 위해 쓴 이 책이 보다 훌륭했으면 얼마나 좋았을까요. 그래도 당신이 이 책을 통해 우리 하나님께서 당신을 위해 하신 일을 알게 되었다면, 저는 그것으로 만족합니다. 그리스도께서 당신을 위해 행하신 사랑이 얼마나 크고 놀라운지, 성부 하나님과 성령 하나님께서 당신을 위해 지금도 하고 계신 일이 얼마나 아름다운지. 이 모든 아름다운 이야기의 지극히 일부라도 아시게 되었다면, 저는 그것으로 만족합니다. 사랑이신 하나님의 사랑 안에서, 영원히 그분의 가족으로 살아가며 기뻐하시길 빕니다.

주

시작하는 말

1. 복음을 이러한 비유로 보는 표현은 도로시 세이어즈, 『기독교 교리를 다시 생각한다』, 홍병룡 옮김(서울: IVP, 2009) 3장의 "도그마는 곧 드라마다"라는 표현에서 빌려왔다.

1. 영원히 행복하신 사랑의 하나님

1. C. S. 루이스, 『네 가지 사랑』, 이종태 옮김(서울: 홍성사, 2005), p. 22.
2. Raymond E. Brown, *The Epistles of John: Translated, with Introduction, Notes, and Commentary*, vol. 30, Anchor Yale Bible(New Haven; London: Yale University Press, 2008), p. 515. (『앵커바이블: 요한서신』 CLC)
3. I. Howard Marshall, *The Epistles of John*, NICNT(Grand Rapids, MI: Eerdmans, 1978), p. 213.
4. Jonathan Edwards, *Writings on the Trinity, Grace, and Faith*, in The Works of Jonathan Edwards, vol. 21, ed. by Sang Hyun Lee(New Haven, Conn.: Yale University Press, 2003), pp. 113-114(필자 강조).
5. 마이클 리브스, 『선하신 하나님』, 장호준 옮김(서울: 복 있는 사람, 2015), p. 45.
6. Augustine of Hippo, *The Trinity*, ed. Hermigild Dressler, trans. Stephen McKenna, vol. 45, The Fathers of the Church(Washington, DC: The Catholic University of America Press, 1963), p. 491.
7. John Calvin and William Pringle, *Commentary on a Harmony of the*

Evangelists Matthew, Mark, and Luke, vol. 1(Bellingham, WA: Logos Bible Software, 2010), p. 204를 보라.

8. John Owen, *Pneumatologia* in The Works of John Owen, ed. William H. Goold, vol. 3(Edinburgh: Banner of Truth, 1968), p. 162를 보라. 존 오웬은 그리스도께서 행하신 기적이나 다른 일들도 모두 자신의 힘과 능력이 아니라 성령님의 능력으로 했다고 말한다.

9. Augustine of Hippo, *The Trinity*, p. 206.

10. Jonathan Edwards, *Writings on the Trinity, Grace, and Faith*, p. 118.

11. 데럴 존슨, 『삼위 하나님과의 사귐』, 김성환 옮김(서울: IVP, 2006), pp. 50-51을 보라.

12. William Arndt, Frederick W. Danker, and Walter Bauer, *A Greek-English Lexicon of the New Testament and Other Early Christian Literature*(Chicago: University of Chicago Press, 2000), p. 610.

13. John Piper, *The Pleasures of God: Meditations on God's Delight in Being God*, Rev. and expanded(Sisters, OR: Multnomah Publishers, 2000), p. 26 (『하나님의 기쁨』 두란노)

14. 마이클 리브스, 『선하신 하나님』, p. 42.

2. 행복으로 초대받은 인간

1. David W. Pao, *Colossians and Philemon*, Zondervan Exegetical Commentary on the New Testament:(Grand Rapids, MI: Zondervan, 2012), p. 97.

2. Richard R. Melick, *Philippians, Colossians, Pnilemon*, vol. 32, The New American Commentary(Nashville: Broadman & Holman Publishers, 1991), p. 218.

3. Jonathan Edwards, *The Miscellanies*, in The Works of Jonathan Edwards, vol. 13, ed. by Thomas A. Schafer(New Haven, Conn.: Yale University Press, 1994), p. 495.

4. 오비디우스, 『원전으로 읽는 변신이야기』, 천병희 옮김(서울: 숲, 2005), p. 28.

5. James Bennett Pritchard, ed., *The Ancient Near Eastern Texts Relating to the Old Testament*, 3rd ed. with Supplement(Princeton: Princeton University Press, 1969), p. 68.
6. John Piper, *Desiring God*(Sisters, OR: Multnomah Publishers, 2003), p. 288. (『하나님을 기뻐하라』 생명의 말씀사)
7. John Piper, Jonathan Edwards, *God's Passion for His Glory*(Wheaton, IL: Crossway, 1998), p. 34.(『하나님의 영광을 위한 하나님의 열심』 부흥과개혁사)
8. Bruce K. Waltke and Cathi J. Fredricks, *Genesis: A Commentary*(Grand Rapids, MI: Zondervan, 2001), p. 67.
9. Itzhak Bars, John Terning, *Extra Dimensions in Space and Time*(New York, NY: Springer, 2010), p. 27.
10. 이 말씀에서 '우리'가 신격 복수성 곧 삼위일체에 관한 것이라는 현대적 변증을 위해서는 K. A. Mathews, *Genesis 1-11:26*, vol. 1A, The New American Commentary(Nashville: Broadman & Holman Publishers, 1996), pp. 161-163을 보라. 또한 Bruce K. Waltke and Charles Yu, *An Old Testament Theology: An Exegetical, Canonical, and Thematic Approach*(Grand Rapids, MI: Zondervan, 2007), pp. 212-215와 존 페스코, 『태초의 첫째 아담에서 종말의 둘째 아담 그리스도까지』, 김희정 옮김(서울: 부흥과개혁사, 2012), pp. 51-57을 보라.
11. 앤서니 후크마, 『개혁주의 인간론』, 이용중 옮김(서울: 부흥과개혁사, 2012), p. 101.
12. John Piper, *The Pleasures of God: Meditations on God's Delight in Being God*, Rev. and expanded(Sisters, OR: Multnomah Publishers, 2000), p. 82. (『하나님의 기쁨』 두란노)
13. 존 페스코, 『태초의 첫째 아담에서 종말의 둘째 아담 그리스도까지』, pp. 60-61을 보라.
14. Walter Brueggemann, *Genesis*, Interpretation, a Bible Commentary for Teaching and Preaching(Atlanta, GA: John Knox Press, 1982), p. 32.
15. 같은 책, p. 32.

16. 빅터 해밀턴, 『NICOT 창세기 1』, 임요한 옮김(서울: 부흥과개혁사, 2016), p. 183.
17. 레이 오틀런드, 『결혼과 복음의 신비』, 황의무 옮김(서울: 부흥과개혁사, 2017), p. 21.
18. 빅터 해밀턴, 『NICOT 창세기 1』, p. 189.
19. Gordon J. Wenham, *Genesis 1-15*, vol. 1, Word Biblical Commentary (Dallas: Word, Incorporated, 1998), p. 70. 창세기 2:23에 나오는 아담의 노래는 총 다섯 소절로 이루어져 있는데, 앞의 세 소절은 각각 두 개의 강음이 들어가며, 뒤의 두 소절은 각각 세 개의 강음이 들어간다고 웬함은 설명한다.
20. Matthew Henry, *Matthew Henry's Commentary on the Whole Bible: Complete and Unabridged in One Volume*(Peabody: Hendrickson, 1994), p. 10. (『매튜 헨리 주석』 크리스천다이제스트) 이러한 매튜 헨리의 추정이 실제 하나님의 의도에 부합한다고 생각할 필요는 없다. 하지만 여성은 남성의 지배자가 아니며, 남성 또한 여성의 지배자가 아니라는 진리, 그리고 여성은 남성의 사랑과 보호의 대상인 동시에 동등하다는 진리는 충분히 강조할 만하다.
21. 마이클 리브스, 『선하신 하나님』, 장호준 옮김(서울: 복 있는 사람, 2015), p. 19를 보라. 또한 p. 58도 보라.

3. 인간이 불행하기를 선택하다

1. 에피쿠로스가 한 말로 알려져 있는데, 출처는 찾을 수 없었다.
2. C. S. 루이스, 『순전한 기독교』, 장경철, 이종태 옮김(서울: 홍성사, 2001), p. 73-74.
3. Alvin Plantinga, "A Christian Life Partly Lived", *Philosophers Who Believe*, ed. Kelly James Clark(Downers Grove, IL: IVP, 1993), p. 73. 팀 켈러, 『팀 켈러, 하나님을 말하다』, 최종훈 옮김(서울: 두란노, 2017), p. 374에서 재인용.
4. K. A. Mathews, *Genesis 1-11:26*, vol. 1A, The New American Commentary(Nashville: Broadman & Holman Publishers, 1996), pp. 206-

207. 또한 그레고리 K. 비일, 『성전신학』, 강성열 옮김(서울: 새물결플러스, 2014), pp. 88-106을 보라.

5. John Calvin and John King, *Commentary on the First Book of Moses Called Genesis*, vol. 1(Bellingham, WA: Logos Bible Software, 2010), pp. 116-117.
6. 빅터 해밀턴, 『NICOT 창세기 1』, p. 177.
7. K. A. Mathews, *Genesis 1-11:26*, p. 211.
8. 디트리히 본회퍼, 『창조와 타락: 창세기 1-3장에 대한 신학적 해석』, 강성영 옮김(서울: 대한기독교서회, 2010), p. 112.
9. 많은 학자들에 의해 받아들여지고 있는 이러한 설명은 게할더스 보스, 『성경신학』, 원광연 옮김(고양: 크리스천다이제스트, 2005), pp. 43-60을 보라.
10. Gordon J. Wenham, *Genesis 1-15*, vol. 1, Word Biblical Commentary (Dallas: Word, Incorporated, 1998), p. 73.
11. 빅터 해밀턴, 『NICOT 창세기 1』, p. 203.
12. Gordon J. Wenham, *Genesis 1-15*, p. 73.
13. K. A. Mathews, *Genesis 1-11:26*, p. 235.
14. 하와가 말한 것에 대한 해석은 번역본마다 다르다. NIV의 경우 히브리어 '펜-테무툰'을 "죽으리라"라고 번역하고, KJV나 개역개정은 "죽을까 하노라"로 번역한다. 필자는 개역개정의 번역이 낫다고 생각한다. 칼뱅은 이렇게 말한다. "히브리어에서의 '펜'이 항상 의심을 의미하는 것은 아니지만, 일반적으로 이러한 의미로 받아들여지기에 나는 하와가 동요하고 있다는 견해를 기꺼이 받아들인다." John Calvin, *Commentary on the First Book of Moses Called Genesis*, p. 149를 보라.
15. Bruce K. Waltke and Cathi J. Fredricks, *Genesis: A Commentary*(Grand Rapids, MI: Zondervan, 2001), p. 91.
16. 최광희 작사·송세라 작곡으로, 파이디온 선교회 음반에 수록되어 있다.
17. Bruce K. Waltke, *Genesis: A Commentary*, p. 91.
18. 같은 책, p. 91.

4. 관계의 붕괴

1. Bruce K. Waltke and Cathi J. Fredricks, *Genesis: A Commentary* (Grand Rapids, MI: Zondervan, 2001), p. 90.
2. 이는 창세기 4:7과의 구문을 비교해 보면 알 수 있다. 동생 아벨을 향한 가인의 적의를 다루는 본문에서 하나님은 "죄가 너를 원하나 너는 죄를 다스릴지니라"라고 말씀하신다. 가인 안에 있는 죄가 가인을 분노로 들끓게 하고 동생 아벨을 죽이려는 마음을 넣어 가인을 지배하려고 했던 것처럼, 장차 여자도 남자와의 평등의 관계를 깨뜨리고 지배하려고 들 것이다. 이러한 해석의 자세한 설명을 원한다면, Foh, Susan T. *"What is the Woman's Desire?."* Westminster Theological Journal 37.75(1974): pp. 376-383를 보라. 또는 존 파이퍼, 『독트린 매터스』, 오현미 옮김(서울: 복 있는 사람, 2014), pp. 230-233을 보라.
3. 이 문단 전체는 빅터 해밀턴, 『NICOT 창세기 1』, p. 218의 내용을 풀어 쓴 것이다. 혹자는 남녀가 화목하게 잘 살고 해로하는 모습이 여전히 인간에게 있지 않느냐고 반문할 수 있다. 이에 대해서 성경은, 하나님께서 인간을 위해 죄를 억누르시고 인간을 돌보고 계시기 때문이라고 말한다. 즉 죄로 물든 자신의 죄성을 따라 살기만 하면 인간은 스스로를 해치며 자멸하는 데까지 이르게 되고, 그러면 하나님께서 인간을 구원하시는 데 이르는 역사가 진행되지 않으므로, 인간의 죄성을 어느 정도 억누르고 인간 안에 선과 정의를 향한 갈망을 주신다는 것이다. 이것을 '일반 은혜'라고 부르는데, 그리스도를 믿는 사람뿐만이 아닌 모든 인류가 공통적으로 받는 은혜다.
4. 그 사례를 잘 분석해 놓은 논문으로는, "엄진, 「전략적 여성혐오와 그 모순」, 2015., 이화여자대학교 대학원"을 보라. 이러한 맥락에서 현대 사회의 여성혐오와 남성혐오는 심각한 죄이며, 그리스도인들은 여기에 저항해야 한다. 성경은 "남자나 여자나 다 그리스도 예수 안에서 하나"(갈 3:28)라고 말한다. 그래서 1세기의 그리스도인들은 당대 유례가 없을 정도로 남녀가 평등한 공동체를 만들었다. 이러한 초대교회의 모습은 로드니 스타크, 『기독교의 발흥』, 손현선 옮김(서울: 좋은씨앗, 2016) 5장을 보면 자세히

알 수 있다.
5. "홍성인,「인터넷 공간 내 익명성 분화가 집단 인상 관리에 미치는 영향에 관한 연구」, 2017., 연세대학교 대학원"을 보라.
6. 아래의 내용은 필자의 책 『야근하는 당신에게』의 일부를 옮겨온 것이다. 이정규, 『야근하는 당신에게』(서울: 좋은씨앗, 2017), pp. 88-90.
7. Francis Brown, Samuel Rolles Driver, and Charles Augustus Briggs, *Enhanced Brown-Driver-Briggs Hebrew and English Lexicon* (Oak Harbor, WA: Logos Research Systems, 2000). 또한 창 21:8, 출 2:6, 욥 38:41, 사 57:4을 보라.
8. Derek Kidner, *Genesis: An Introduction and Commentary*, vol. 1, Tyndale Old Testament Commentaries (Downers Grove, IL: IVP, 1967), p. 83.
9. Bruce K. Waltke, *Genesis: A Commentary*, p. 85.
10. 물론 인간과 자연은 서로 간에 도움을 준다. 자연을 보호하려 하는 것도 인간이며, 무엇보다 자연은 인간이 살 수 있도록 많은 것들을 준다. 하지만 이러한 관계는 죄로 인한 타락이 자연과 인간과의 관계에 미치지 않은 증거라기보다는, 죄로 인한 타락에도 불구하고 하나님께서 자연과 인간을 보존하신 증거로 보아야 한다. 그리고 이러한 개념을 하나님께서 베푸시는 '일반은혜'라고 부른다. 더 공부하기를 원한다면 아브라함 카이퍼, 『일반은혜 1』, 임원주 옮김(서울: 부흥과개혁사, 2017)을 참조하라.
11. 팀 켈러, 『당신을 위한 로마서 2』, 김건우 옮김(서울: 두란노, 2015), pp. 57-58.
12. Bruce K. Waltke, *Genesis: A Commentary*, p. 95.
13. Gordon J. Wenham, *Genesis 1-15*, vol. 1, Word Biblical Commentary (Dallas: Word, Incorporated, 1998), p. 76. '거니시는'(히브리어 '미트할레크')은 '할라크'의 히트파엘 분사로, 반복과 습관을 가리킨다.
14. Gordon J. Wenham, *Genesis 1-15*, p. 76.
15. 기동연, 『창조부터 바벨까지: 창세기 1-11장 주석』(서울: 생명의양식, 2009), pp. 132-133.

16. 디트리히 본회퍼, 『창조와 타락: 창세기 1-3장에 대한 신학적 해석』, p. 161.
17. 같은 책, p. 163.
18. 장 폴 샤르트르, 『닫힌 방, 악마와 선한 신』, 지영래 옮김(서울: 민음사, 2013), p. 82.

5. 심판 앞에 서게 되다

1. John Stott, *Basic Christianity*, IVP Classics(Downers Grove, IL: IVP, 2006) p. 77. (『기독교의 기본 진리』 생명의 말씀사)
2. 도로시 세이어즈, 『기독교 교리를 다시 생각한다』, 홍병룡 옮김(서울: IVP, 2009), p. 68.
3. Bruce K. Waltke and Cathi J. Fredricks, *Genesis: A Commentary*(Grand Rapids, MI: Zondervan, 2001), p. 88. 또한 이 주제에 대한 더글러스 무의 해설도 보라. Douglas J. Moo, *The Epistle to the Romans*, The New International Commentary on the New Testament(Grand Rapids, MI: Wm. B. Eerdmans Publishing Co., 1996), p. 320. (『NICNT 로마서』 솔로몬)
4. 앤서니 후크마, 『개혁주의 인간론』, 이용중 옮김(서울: 부흥과개혁사, 2012), p. 207.
5. 신학적으로, 전자를 '오염'이라 부르고 후자를 '죄책'이라 부른다. 원죄의 이러한 측면을 더 깊이 공부하기를 원한다면, 루이스 벌코프, 『벌코프 조직신학』, 권수경, 이상원 옮김(고양: 크리스천다이제스트, 2000), pp. 464-466을 보라.
6. 지그문트 프로이트, 『문명 속의 불만』, 김석희 옮김(서울: 열린책들, 2004), p. 289. 중간에 나오는 라틴어 경구는 로마의 희극 작가 플라우투스의 『아시나리아』에서 프로이트가 인용한 말이다.
7. W. D. Davies and Dale C. Allison, *A Critical and Exegetical Commentary on the Gospel According to Saint Matthew*, Vol. 1, International Critical Commentary(Edinburgh: T&T Clark, 2003), p. 582.
8. Scot McKnight, *Sermon on the Mount*, ed. Tremper Longman III and

Scot McKnight, The Story of God Bible Commentary(Grand Rapids, MI: Zondervan, 2013), p. 163.

9. D. Martyn Lloyd-Jones, *Studies in the Sermon on the Mount*(Grand Rapids, MI: W.B. Eerdmans, 1984), p. 301. (『산상설교』 베드로서원)

10. 다만 이 불사름이 소멸을 의미하는 것은 아니며, 오히려 갱신과 변혁을 가리키는 것이다. 리처드 미들턴, 『새 하늘과 새 땅』, 이용중 옮김(서울: 새물결플러스, 2015)을 보라.

11. 교회용어사전 '최권능, 최봉석' 항목, http://terms.naver.com/entry.nhn?docId=2380041&cid=50762&categoryId=51369 참조(최종접속 2017-09-28)

12. 물론 누군가는 "불신이야말로 죄이기 때문에 믿지 않는 것이 지옥의 원인이지 않겠는가?"라고 반문할 수 있다. 그러나 이 말도 역시 원인이 죄라는 것에는 변함이 없다. 단순히 신을 믿지 않는다고 지옥에 보내는 것이 정당하지 않다고 항변하는 사람들의 전제는, 불신이 죄가 아니며 신앙은 선택할 수 있는 취향의 문제, 즉 도덕적으로 가치중립적인 문제라고 보기 때문이다. 다만 필자는 이 문제를 단순화하여 설명하기 위하여 불신과 악행을 나누어서 설명하였다.

13. 이러한 논지의 철학적 이해를 더 공고히 하기 원한다면, 조나단 에드워즈, 『참된 미덕의 본질』, 노병기 옮김(서울: 부흥과개혁사, 2005)를 보라.

14. 이정규, 『야근하는 당신에게』(서울: 좋은씨앗, 2017), pp. 77-78.

15. K. A. Mathews, *Genesis 1-11:26*, vol. 1A, The New American Commentary(Nashville: Broadman & Holman Publishers, 1996), p. 404.

16. 미로슬라브 볼프, 『베풂과 용서: 값없이 주신 은혜의 선물』, 김순현 옮김(서울: 복 있는 사람, 2008), pp. 218-219.

17. 마이클 리브스, 『선하신 하나님』, 장호준 옮김(서울: 복 있는 사람, 2015), p. 187.

18. 팀 켈러, 『당신을 위한 로마서 1』, 김건우 옮김(서울: 두란노, 2014), 203-204.

6. 불행을 선택하신 행복하신 분

1. John Flavel, *Works*(repr, Edinburgh: Banner of Truth, 2015), 1:61. 마크 존스, 『그리스도를 아는 지식』, 오현미 옮김(서울: 복 있는 사람, 2017), pp. 48-49에서 재인용(필자 강조).
2. 여기서의 뱀의 후손은 사탄(마귀)의 길을 따르는, 하나님께 대적하는 사람들을 가리킨다. 예수께서는 그들을 향해 '독사의 자식'(마 3:7, 12:34, 13:33, 눅 3:7)이라고 말씀하시며, 또한 그들을 향해 "너희 아비 마귀"(요 8:44)라고도 말씀하신다. 더 자세한 설명을 원한다면 K. A. Mathews, *Genesis 1-11:26*, vol. 1A, The New American Commentary(Nashville: Broadman & Holman Publishers, 1996), pp. 247-248을 보라.
3. Bruce K. Waltke and Charles Yu, *An Old Testament Theology*, pp. 265-266.
4. K. A. Mathews, *Genesis 1-11:26*, vol. 1A, The New American Commentary(Nashville: Broadman & Holman Publishers, 1996), p. 265.
5. Cicero, *Pro Rabirio*, V.16, Martin Hengel, *Crucifixion: In the Ancient World and the Folly of the Message of the Cross*, trans. John Bowden(Philadelphia: Fortress Press, 1977), p. 42에서 재인용.
6. 2006년 9월 10일 방영, 「MBC 미스터리 세계사: 스파르타쿠스의 실체」 방영 내용 중 일부.
7. D. A. Carson, *The Gospel according to John*, The Pillar New Testament Commentary(Grand Rapids, MI: Eerdmans, 1991), p. 597. (『PNTC 주석 시리즈: 요한복음』 솔로몬)
8. 게리 버지, 『NIV 적용주석 요한복음』, 김병국 옮김(서울: 솔로몬, 2010) p. 648.
9. 이정규, 『야근하는 당신에게』(서울: 좋은씨앗, 2017), pp. 130-131.
10. W. D. Edwards. "On the Physical Death of Jesus Christ." *Journal of the American Medical Association*, March 1986.
11. 김헌수, 『하이델베르크 요리문답 강해 II』(서울: 성약출판사, 2010), p. 391.
12. John Calvin and William Pringle, *Commentary on a Harmony of the*

Evangelists Matthew, Mark, and Luke, vol. 3(Bellingham, WA: Logos Bible Software, 2010), p. 228.

13. R. T. France, *The Gospel of Matthew*, The New International Commentary on the New Testament(Grand Rapids, MI: Wm. B. Eerdmans Publication Co., 2007), p. 1076.

14. Philip Yancey, *The Jesus I Never Knew*(Grand Rapids, MI: Zondervan, 2008). (『내가 알지 못했던 예수』 IVP)

15. 더 깊은 연구를 위해서는 Cranfield, C. E. B. "The Cup Metaphor in Mark Xiv. 36 and Parallels." *Expository Times* 59(1947-1948): pp. 137-38을 보라. 또는 D. A. Carson, "Matthew", in The Expositor's Bible Commentary: Matthew-Mark(Revised Edition), ed. Tremper Longman III and David E. Garland, vol. 9(Grand Rapids, MI: Zondervan, 2010), p. 609를 보라.

16. William Hendriksen and Simon J. Kistemaker, *Exposition of the Gospel According to Matthew*, vol. 9, New Testament Commentary(Grand Rapids, MI: Baker Book House, 2001), p. 970.

17. John Piper, *The Pleasures of God: Meditations on God's Delight in Being God*, Rev. and expanded(Sisters, OR: Multnomah Publishers, 2000), pp. 160-161. (『하나님의 기쁨』 두란노)

7. 되찾은 행복

1. D. A. Carson, *The Gospel according to John*, The Pillar New Testament Commentary(Grand Rapids, MI: Eerdmans, 1991), p. 637. (『PNTC 주석 시리즈: 요한복음』 솔로몬)

2. Henry Latham, *The Risen Master*(Cambridge: Deighton Bell and Company, 1901), pp. 36, 54.

3. James Montgomery Boice, *The Gospel of John: An Expositional Commentary*(Grand Rapids, MI: Baker Books, 2005), p. 1566.

4. 아래의 표를 보라. 이 표는 예수께서 나타나신 모든 장면을 순서대로 종합

한 것이다.

	나타나신 대상	성경구절
1	막달라 마리아	요 20:14
2	무덤에 다녀오던 여자들	마 28:9–10
3	시몬 베드로	눅 24:34
4	엠마오의 두 제자	눅 24:13
5	다락방의 열 제자	요 20:19
6	다락방의 열한 제자(도마 포함)	요 20:26–29
7	디베랴 호숫가에서 일곱 제자	요 21장
8	열한 사도 및 다른 제자들	마 28:16
9	오백여 명의 형제들	고전 15:7
10	야고보	고전 15:7
11	감람산상에 있던 열한 사도와 다른 제자들	행 1장

5. 본문의 '영'이 성령을 가리키는 것이라는 내용에 대한 변증은 William D. Mounce, *Pastoral Epistles*, vol. 46, Word Biblical Commentary(Dallas: Word, Incorporated, 2000), pp. 224-230을 보라.
6. 김헌수, 『하이델베르크 요리문답 강해 II』(서울: 성약출판사, 2010), pp. 23-24.
7. 존 머레이, 『로마서 주석』(서울: 아바서원, 2014), 278-280.
8. John Stott, *Men Made New*, p. 28. (『새 사람』 아바서원)
9. 싱클레어 퍼거슨, 『성도의 삶』, 장호준 옮김(서울: 복 있는 사람, 2010), pp. 170-171.
10. 길성남, 『에베소서 어떻게 읽을 것인가』(서울: 성서유니온, 2005, 개정판 2016), p. 171.
11. 앤서니 후크마, 『개혁주의 구원론』, 이용중 옮김(서울: 부흥과개혁사, 2012), pp. 189-190.
12. 이 예화는 필자의 책 『통합적 성경공부 갈라디아서』(수원: 그책의 사람들, 2014), p. 69에 있던 예화를 다시 풀어서 쓴 것이다.

13. 앤서니 후크마, 『개혁주의 구원론』, p. 189.
14. Richard D. Phillips, *Hebrews*, ed. Richard D. Phillips, Philip Graham Ryken, and Daniel M. Doriani, Reformed Expository Commentary(Phillipsburg, NJ: P&R Publishing, 2006), p. 390 (『개혁주의 성경강해 주석 시리즈: 히브리서』 부흥과개혁사)
15. 토머스 슈라이너, 『토머스 슈라이너 히브리서 주석』, 장호준 옮김(서울: 복 있는 사람, 2016), p. 500
16. 마르틴 루터, 『루터 저작선』, 존 딜렌버거 편집, 이형기 옮김(서울: 크리스천다이제스트, 1994), p. 62(필자 강조)
17. 존 머레이, 『구속: 구속의 성취와 그 적용』, 장호준 옮김(서울: 복 있는 사람, 2011), pp. 169-170.
18. 필자는 회개에 대한 일반적 오해를 풀고자, 회개의 본질과 의미에 대하여 간략하게 정리한 책을 썼다. 이정규, 『회개를 사랑할 수 있을까』(서울: 좋은 씨앗, 2016).
19. 『새찬송가』 288장 「예수를 나의 구주 삼고」.

8. 지금 누릴 수 있는 행복

1. John R. W. Stott, *God's New Society: The Message of Ephesians*, BST(Downers Grove, IL: IVP, 1979), p. 136.
2. 그리스도 안에서 우리가 누리는 이러한 선물들을 더 깊이 알기를 원한다면 다음을 보라. 싱클레어 퍼거슨, 『성도의 삶』; 앤서니 후크마, 『개혁주의 구원론』; 김남준, 『구원과 하나님의 계획』(서울: 부흥과개혁사, 2011).
3. 루터의 표현이라고 알려져 있다. 출처는 찾지 못했다.
4. 싱클레어 퍼거슨, 『성도의 삶』, p. 139.
5. John Bunyan, Grace *Abounding to the Chief of Sinners*, Works of John Bunyan vol. 1(Bellingham, WA: Logos, 2006), pp. 35-36.(『죄인의 괴수에게 넘치는 은혜』 크리스천다이제스트)
6. Douglas J. Moo, *The Epistle to the Romans*, pp. 355-356. (『NICNT 로마서』 솔로몬)

7. Martyn Lloyd Jones, *Romans: The New Man-Exposition of Chapter 6* (Edinburgh: The Banner of Truth Trust, 1972), p. 8. (『로마서 강해』 CLC)
8. 필립 얀시, 『놀라운 하나님의 은혜(미니북)』(서울: IVP, 1997, 보급판. 2013), p. 277.
9. 이러한 성화의 과정에는 점진적인 부분만 있는 것이 아니라 단회적이고 결정적인 측면도 있다. 이를 '확정적 성화'(Definite Sanctification)라고 부르는데, 존 머레이의 저작을 살펴보라.
10. 필자는 이 열매가 모두 하나님의 속성을 표현하는 것이라는 논증을 성경 구절들을 인용하여 제시한 바 있다. 이정규, 『통합적 성경공부 시리즈 갈라디아서』(수원: 그 책의 사람들, 2014), pp. 164-167을 보라.
11. 여기서의 '나'가 과연 이미 회심한 사람을 가리키는지에 관하여는 여러 논쟁이 있다. 필자는 여기서 이미 회심한 사람이라는 입장을 선택했고, 이 주장에는 역사적·주해적 근거들이 많다고 생각한다. 본문에 대한 논쟁의 쉬운 개관을 위해서는, 토머스 슈라이너, 『BECNT 로마서』, 배용덕 옮김(서울: 부흥과개혁사, 2012), pp. 478-510을 보라.
12. Douglas J. Moo, *The Epistle to the Romans*, p. 536. (『NICNT 로마서』 솔로몬)
13. Richard N. Longenecker, *The Epistle to the Romans: A Commentary on the Greek Text*, ed. I. Howard Marshall and Donald A. Hagner, New International Greek Testament Commentary(Grand Rapids, MI: William B. Eerdmans Publishing Company, 2016), p. 731.
14. Douglas J. Moo, *The Epistle to the Romans*, p. 525.
15. 옥타비우스 윈슬로우, 『십자가 아래서』(서울: 지평서원, 2008), pp. 192-194.
16. 싱클레어 퍼거슨, 『성도의 삶』, p. 154.
17. 같은 책, p. 165.
18. D. A. Carson, *The Gospel according to John*, The Pillar New Testament Commentary(Grand Rapids, MI: Eerdmans, 1991), p. 645. (『PNTC 주석 시리즈: 요한복음』 솔로몬)
19. David Martyn Lloyd-Jones, *God the Father, God the Son*(Wheaton, IL: Crossway, 1996), p. 170에서 재인용.

9. 행복 안에 계속 머무르기

1. William Arndt et al., *A Greek-English Lexicon of the New Testament and Other Early Christian Literature*(Chicago: University of Chicago Press, 2000), p. 402.
2. 존 파이퍼, 『하나님이 복음이다』, 전의우 옮김(서울: IVP, 2006), p. 48.
3. J. C. 라일, 『거룩』, 장호준 옮김(서울: 복 있는 사람, 2009), p. 634.
4. 조나단 에드워즈, 『조나단 에드워즈 대표설교선집』, 백금산 옮김(서울: 부흥과개혁사, 2005), p. 370.
5. 필 파샬, 『무슬림의 생활 지침서 하디스를 읽다』, 김대옥 외 옮김(서울: 죠이선교회, 2014), p. 214에서 재인용.
6. "Musnad Ahm ad ibn Hanbal, Sunan al-Tirmidhi." 이 외에도 여러 구절이 있다. http://wikiislam.net/wiki/Authenticity_of_72_Virgins_Hadith에 가면 이 부분에 대해 자세히 말하는 구절들을 찾을 수 있다.
7. 「A mind at perfect peace with God」, 정확한 작사가는 알 수 없다. 케이츠비 패짓이라고 볼 수도 있지만, 호라티우스 보나가 만든 찬송가집에 실려 있다. 듣고 싶다면 다음 링크를 참조하라. https://www.hymnal.net/en/hymn/h/299
8. 헤르만 바빙크, 『개혁교의학 1』, 박태현 옮김(서울: 부흥과개혁사, 2011), p. 601.
9. *Augustinus, Contra Faustum Manichaeum*, XI, p. 5, 헤르만 바빙크, 『개혁교의학 1』, p. 536에서 재인용.
10. D. A. Carson, *The Gospel according to John*, The Pillar New Testament Commentary(Grand Rapids, MI: Eerdmans, 1991), p. 263. (『PNTC 주석 시리즈: 요한복음』 솔로몬)
11. James R. Edwards, *The Gospel according to Luke*, ed. D. A. Carson, The Pillar New Testament Commentary(Grand Rapids, MI: Eerdmans, 2015), p. 733.
12. Edmund Clowney, *Preaching Christ in All of Scripture*(Wheaton, IL: Crossway, 2003), p. 11.

13. Eckhard J. Schnabel, *Acts*, Expanded Digital Edition, Zondervan Exegetical Commentary on the New Testament(Grand Rapids, MI: Zondervan, 2012), Ac 1:1을 보라. "첫 번째 책에서, 누가는 예수님의 행하심과 가르치심의 시작을 묘사한다. 그리고 두 번째 책에서 그는 이제 성령님을 통해 열 두 제자들과 스데반, 빌립, 바울과 같은 다른 신자들 안에 계신 **성령님을 통한 예수님의 행하심과 가르치심을 지속적**으로 묘사한다."
14. 존 스토트, 『성경이란 무엇인가』, 박지우 옮김(서울: IVP, 2015), p. 53.
15. 헤르만 바빙크, 『개혁교의학 1』, p. 535.
16. 존 파이퍼, 『하나님을 기뻐할 수 없을 때』, 전의우 옮김(서울: IVP, 2005), p. 136.
17. 존 스토트, 『성경이란 무엇인가』, p. 56.
18. John Wesley, "Preface to Sermons on Several Occasions, 1746", *The Works of John Wesley, vol. 1*, 104-106. 존 파이퍼, 『하나님을 기뻐할 수 없을 때』, p. 160에서 재인용. "나는 내가 공중을 나는 화살처럼 삶을 거쳐 가는 하루살이라고 생각했다. 나는 하나님으로부터 와서 하나님께로 돌아가는 영혼이다. 나는 큰 틈 사이를 떠돌고 있을 뿐이며 잠시 후면 사라질 것이다. 나는 불변하는 영원 속으로 떨어진다! 나는 한 가지, 천국에 가는 길을 알고 싶다. 그 행복한 해안에 안전하게 내려앉는 법을 알고 싶다. 하나님이 그 길을 가르쳐 주시려고 친히 내려오셨다. 바로 이 목적을 위해 그분이 천국에서 내려오셨다. 그분은 한 권의 책에 그 길을 기록해 두셨다. 내게 그 책을 달라! 값이 얼마든 내게 하나님의 책을 달라! 나는 그 책을 가지게 되었고, 거기에는 나에게 충분한 지식이 있다. 나는 '호모 우니우스 리브리'(homo unius libri, 한 책의 사람)가 되리라."
19. Raymond E. Brown, *The Gospel according to John(XIII-XXI): Introduction, Translation, and Notes*, vol. 29A, Anchor Yale Bible(New Haven; London: Yale University Press, 2008), p. 679. (『앵커바이블: 요한복음 II』 CLC)
20. 그레엄 골즈워디, 『기도와 하나님을 아는 지식』, 정옥배 옮김(서울: IVP, 2005), p. 25.

21. K. A. Mathews, *Genesis 1-11:26*, vol. 1A, The New American Commentary(Nashville: Broadman & Holman Publishers, 1996), p. 162.
22. 그레엄 골즈워디, 『기도와 하나님을 아는 지식』, p. 29.
23. 누가복음 5:16에서 말하는 "한적한 곳"은 그리스어로 '에레모스'인데, 이는 광야를 가리킨다. BDAG, pp. 391-392를 보라.
24. 존 파이퍼, 『하나님을 기뻐할 수 없을 때』, pp. 230-231.

10. 하나님의 행복한 가족으로

1. Anthony C. Thiselton, *First Corinthians: A Shorter Exegetical and Pastoral Commentary*(Grand Rapids, MI: Cambridge, U.K.: William B. Eerdmans Publishing Company, 2006), p. 233.
2. D. A. Carson, *The Gospel according to John*, The Pillar New Testament Commentary(Grand Rapids, MI: Eerdmans, 1991), p. 462. (『PNTC 주석 시리즈: 요한복음』 솔로몬)
3. 본문을 문맥상 예수께서 가장 최근에 행하신 사랑의 행위(발을 씻어 주신 사건)처럼 서로를 사랑하라고 해석할 수도 있다(예를 들어, 신약학자 게리 버지는 이렇게 해석한다). 그러나 예수께서 자기 백성을 위해 죽기까지 희생하신 사건을 예견하고 있다고 보는 것이 더 정확한 해석일 것이다. Craig S. Keener, *The Gospel of John: A Commentary & 2*, vol. 1(Grand Rapids, MI: Baker Academic, 2012), p. 924을 보라.
4. 달라스 윌라드, 『잊혀진 제자도』, 윤종석 옮김(서울: 복 있는 사람, 2007), p. 21.
5. 예를 들어, '제자'라는 말은 신약성경에 269번 나오는 데 반해, '그리스도인'이라는 말은 단 3번 등장한다.
6. D. A. Carson, *The Gospel according to John*, p. 484.
7. Lucian of Samosata, *The Passing of Peregrinus*, p. 13, Loeb Classical Library ed. in Boring, *Hellenistic Commentary*, pp. 313-314. 아지스 페르난도, 『NIV 적용주석 사도행전』, 채천석 옮김(서울: 솔로몬, 2011), p. 216에서 재인용. 놀라운 사랑은 옛 신앙의 선배들의 커다란 특징이었다. 예를 들어, 2세기의 작가였던 사모사타의 루키아노스의 글을 보면 잘 알 수 있

다. 그는 철저한 반기독교인으로 여러 모로 당대의 기독교를 욕하고 조롱했는데, 그의 글 중에는 이런 내용이 있었다. "그들은 어떤 공개적 행동(그리스도인의 체포)이 취해졌을 때마다 놀라운 속도로 움직인다. 즉시로 그들은 자신들의 것을 아낌없이 내어 주고, 모든 재물을 싫어하고, 그것을 공동의 재산으로 생각한다. 그러므로 때로 이득을 얻으려는 어떤 협잡꾼이나 사기꾼이 그들 가운데 들어온다면, 그는 순진한 자들을 사기침으로써 재빨리 부를 획득할 것이다."

8. Markus Barth, *Ephesians: Introduction, Translation, and Commentary on Chapters 1-3*, vol. 34, Anchor Yale Bible(New Haven; London: Yale University Press, 2008), p. 208.

9. Harold W. Hoehner, *Ephesians: An Exegetical Commentary*(Grand Rapids, MI: Baker Academic, 2002), p. 291을 보라.

10. John Calvin, *Institutes of the Christian Religion & 2*, ed. John T. McNeill, trans. Ford Lewis Battles, vol. 1, The Library of Christian Classics(Louisville, KY: Westminster John Knox Press, 2011), p. 1012. 또한 Augustine of Hippo, *Expositions on the Book of Psalms: Psalms 1-150*, vol. 4, A Library of Fathers of the Holy Catholic Church(Oxford; London: F. and J. Rivington; John Henry Parker, 1847-1857), p. 269를 보라.

11. 아더 핑크, 『요한복음 강해』, 지상우 옮김(고양: 크리스천다이제스트, 2010), p. 925에서 재인용.

12. Gerald L. Borchert, *John 12-21*, vol. 25B, The New American Commentary(Nashville: Broadman & Holman Publishers, 2002), p. 206.

13. 물론 우리는 성삼위 하나님의 완전한 연합에는 영원의 시간이 걸리더라도 이르지 못할 것이다. 우리가 신의 성품에 참여하는 것은 맞지만 하나님이 되는 것은 아니기 때문이다.

14. 조나단 에드워즈, 『조나단 에드워즈 대표설교선집』, p. 389.

15. D. A. Carson, *The Gospel according to John*, p. 570. 또한 John Piper, *The Pleasures of God: Meditations on God's Delight in Being God*, Rev. and expanded(Sisters, OR: Multnomah Publishers, 2000), pp. 311-312를 보라.

16. John Piper, Jonathan Edwards, *God's Passion for His Glory*, p. 251.

11. 장래의 행복

1. 길성남, 『에베소서 어떻게 읽을 것인가』(서울: 성서유니온, 2005, 개정판 2016), p. 93.
2. John R. W. Stott, *God's New Society: The Message of Ephesians*, pp. 43-44. (『에베소서 강해』 IVP)
3. 앤서니 후크마, 『개혁주의 종말론』, 이용중 옮김(서울: 부흥과개혁사, 2012), p. 382.
4. 같은 책, 389-391을 보라. 특히 이러한 논의를 더 깊이 이해하기를 원한다면, 리처드 미들턴, 『새 하늘과 새 땅』, 이용중 옮김(서울: 새물결플러스, 2015)을 보라.
5. 앤서니 후크마, 『개혁주의 종말론』, p. 392.
6. 이 예화의 출처는 2011년 2월 14일 필자가 참석했던 한국성경신학회에서 발제한 이강택 교수(당시 국제신학대학원 신약학)가 말했던 비유다.
7. 앤서니 후크마, 『개혁주의 종말론』, p. 399.
8. 어떤 학자들은 이 본문에 직접적으로 죽음이 언급된 것은 아니라면서, 육체의 죽음이 아담의 범죄 이전에도 있었으리라는 추측을 한다. 하지만 이러한 추정은 본문을 자신의 추정에 투영시켜 읽는 방식이며, 올바른 주해라고 볼 수 없다. Gordon J. Wenham, *Genesis 1-15*, vol. 1, Word Biblical Commentary(Dallas: Word, Incorporated, 1998), p. 83을 보라.
9. 앤서니 후크마, 『개혁주의 종말론』, p. 344.
10. 피천득, 『피천득 시집』(서울: 범우사, 2011).
11. 토머스 슈라이너, 『토머스 슈라이너 히브리서 주석』, 장호준 옮김(서울: 복 있는 사람, 2016) p. 173.
12. 마크 존스, 『그리스도를 아는 지식』, 오현미 옮김(서울: 복 있는 사람, 2017), p. 29.
13. C. S. 루이스, 『스크루테이프의 편지』, 김선형 옮김(서울: 홍성사, 2000), pp. 162-163.

14. Roy E. Ciampa and Brian S. Rosner, *The First Letter to the Corinthians*, The Pillar New Testament Commentary(Grand Rapids, MI: William B. Eerdmans Publishing Company, 2010), p. 838.
15. 존 영(John Younge)은 존 파이퍼가 개인적으로 존경하던 목사다.
16. 존 파이퍼, 『장래의 은혜』, 차성구 옮김(서울: 좋은씨앗, 2007), pp. 581-584.